《江西省哲学社会科学成果文库》编辑委员会

主　任　　祝黄河

成　员（按姓氏笔画为序）

王　晖　邓小华　叶　青　白文松　许光洪　吴永明

罗志坚　胡春晓　涂宗财　黄万林　蒋金法　熊　建

江西省哲学社会科学成果文库

JIANGXISHENG ZHEXUE SHEHUI KEXUE
CHENGGUO WENKU

中国道教文化资源开发及产业化

RESEARCH ON THE DEVELOPMENT AND
INDUSTRIALIZATION OF
TAOIST CULTURAL RESOURCES IN CHINA

陈雅岚 著

社会科学文献出版社
SOCIAL SCIENCES ACADEMIC PRESS (CHINA)

总　序

作为人类探索世界和改造世界的精神成果，社会科学承载着"认识世界、传承文明、创新理论、资政育人、服务社会"的特殊使命，在中国进入全面建成小康社会的关键时期，以创新的社会科学成果引领全民共同开创中国特色社会主义事业新局面，为经济、政治、社会、文化和生态的全面协调发展提供强有力的思想保证、精神动力、理论支撑和智力支持，这是时代发展对社会科学的基本要求，也是社会科学进一步繁荣发展的内在要求。

江西素有"物华天宝，人杰地灵"之美称。千百年来，勤劳、勇敢、智慧的江西人民，在这片富饶美丽的大地上，创造了灿烂的历史文化，在中华民族文明史上书写了辉煌的篇章。在这片自古就有"文章节义之邦"盛誉的赣鄱大地上，文化昌盛，人文荟萃，名人辈出，群星璀璨，他们创造的灿若星辰的文化经典，承载着中华文明成果，汇入了中华民族的不朽史册。作为当代江西人，作为当代江西社会科学工作者，我们有责任继往开来，不断推出新的成果。今天，我们已经站在了新的历史起点上，面临许多新情况、新问题，需要我们给出科学的答案。汲取历史文明的精华，适应新形势、新变化、新任务的要求，创造出今日江西的辉煌，是每一个社会科学工作者的愿望和孜孜以求的目标。

社会科学推动历史发展的主要价值在于推动社会进步、提升文明水平、提高人的素质。然而，社会科学的自身特性又决定了它只有得到民众的认同并为其所掌握，才会变成认识和改造自然与社会的巨大物质力量。因此，社会科学的繁荣发展和其作用的发挥，离不开其成果的运用、交流与广泛传播。

为充分发挥哲学社会科学研究优秀成果和优秀人才的示范带动作用，促进江西省哲学社会科学进一步繁荣发展，我们设立了江西省哲学社会科学成果出版资助项目，全力打造《江西省哲学社会科学成果文库》。

《江西省哲学社会科学成果文库》由江西省社会科学界联合会设立，资助江西省哲学社会科学工作者的优秀著作出版。该文库每年评审一次，通过作者申报和同行专家严格评审的程序，每年资助出版 30 部左右代表江西现阶段社会科学研究前沿水平、体现江西社会科学界学术创造力的优秀著作。

《江西省哲学社会科学成果文库》涵盖整个社会科学领域，收入文库的都是具有较高价值的学术著作和具有思想性、科学性、艺术性的社会科学普及和成果转化推广著作，并按照"统一标识、统一封面、统一版式、统一标准"的总体要求组织出版。希望通过持之以恒地组织出版，持续推出江西社会科学研究的最新优秀成果，不断提升江西社会科学的影响力，逐步形成学术品牌，展示江西社会科学工作者的群体气势，为增强江西的综合实力发挥积极作用。

祝黄河

2013 年 6 月

序

陈雅岚博士的著作《中国道教文化资源开发及产业化》摆上案头，阅之不胜欣喜。这是一个有创意的研究课题。道教是中国本土固有的宗教，与儒教、佛教共同构成中国传统文化的三大主干。近代以来，道教面临传统文化向现代性转型的诸多课题。其中一个重要问题就是怎样适应现代社会的世俗化及市场化，善用其传统文化资源继续为社会提供宗教服务。实事求是地说，近现代中国道教界对这一重要问题的理论探讨及践行方式的摸索，都是很不够的。

近年来，随着中国社会主义市场经济的发展，国人的本土文化意识正在觉醒，包括道教在内的中国本土宗教及传统文化出现了复苏趋势。道教怎样适应现代社会市场经济的问题更加突出。道教有哪些适用于现代社会的传统文化资源？如何看待保持传统宗教的神圣性与适应现代社会世俗性的平衡尺度？宗教文化能否产业化，或采用市场经济范式来经营？这些问题已成为紧迫的研究课题。为此学术界也做过一些探讨，但深入系统的研究成果还不多。陈雅岚博士的著作对上述问题做了初步的思索和探讨，是值得鼓励的。注重探讨有实践意义的新课题，显示了作者的问题意识。希望有更多年轻学者来共同探讨这些问题。故为之序。

王 卡

2014 年 5 月

（作者系中国社会科学院世界宗教研究所道教

文化研究室主任、研究员）

摘 要

中国道教文化对中华文化的形成与发展有着重大的影响。从秦汉的神仙信仰文化开始，在中国道教文化形成和发展的历史长河中，累积了极其深厚和丰富的道教文化资源。道教对生命的珍重、对神仙的崇拜、对自然的敬畏而产生的道教养生文化资源、道教音乐文化资源、道教医药文化资源、道教生态文化资源等已经代代相传并在创新中不断发展，古人用智慧和劳动创造的道教文化产品、文化服务与中国人思维的影响、生活风俗的形成、健康方式的设计等密切相关。本文对中国道教文化资源开发及产业化问题的提出，直接源于对中国道教文化资源的重要性分析，经过对道教文化资源的整理、比较、反思，从产业经济学的视角以理性、科学的态度充分认识和评估道教文化资源的经济价值，分析其区域优势所形成的竞争力，借鉴并设计我国道教文化资源开发及产业化的模式。

本文从文化学角度，梳理了道教文化及道教文化资源的类型、形成与发展，明确了道教文化资源是人类劳动创造的成果，是一种"有用"的、"多功能"的资源；从经济学角度，运用评估模型对道教文化资源的经济价值进行了分析，认为道教文化资源是一种特殊的"准公共品"，是一种具有比较优势和区域竞争力的文化资源，是能够作为文化产业发展的重要资源。道教文化资源是一种宗教性的文化资源，因此，对于道教文化资源开发及产业化的选择应符合我国国情、符合道教文化资源特色、符合道教文化资源可持续发展的要求。本文运用比较优势理论、产业集聚理论及SWOT方法，剖析了道教文化资源在城市经营、生态经济发展、文化产业园区及区域经济发展中的比较优势和竞争力，回答了企业和政府相关部门对道教文化资源关注的根本原因，同时也澄清了社会对道教文化资源开发及产业化的模糊认识，探讨了道教文化资源开发及产业化的多种模式；从管理学角度，本文还在现有相关问题研究的基础上就理顺道教文化资源管理体制，强化政府规制，明确道教文化资源产权，建立东、中、西部道教文化资源开发及产业化区域合作，推动道教文化产品和服务"走出去"等方面提出了建议。

本文共分七章展开研究，第一章为导论，主要是阐述中国道教文化资源开发及产业化问题研究的时代背景、国际背景和历史背景及其重要意义，并对道教文化资源产业化开发相关的文献进行梳理和评述，同时也提出了本文研究的方向和重点。

第二章为道教文化发展的回顾与展望，首先简述了世界宗教文化和中国宗教文化的形成和发展，从宗教文化对中国社会发展史、神仙文化、仪式文化、节日文化、艺术文化、养生文化、生态文化及和谐思想的影响，比较分析宗教文化的价值功能。这一章通过详细分析，提出了道教文化是一座蕴含多种资源的"富矿"，有待于"开采"的论断。

第三章为道教文化资源的形成和发展，探析了中国道教文化中的"资源"观念，介绍了远自汉魏、两晋、南北朝、隋唐、北宋、南宋，近至明清、民国，历代道教"洞天福地"文化资源、道教神仙文化资源、道教祖庭文化资源、道教建筑文化资源、道教仪式文化资源、道教音乐文化资源、道教养生文化资源、道教劝善文化资源、道教生态文化资源的演变和体制的影响。这一章除了探究各类道教文化资源的内涵和发展过程之外，更从道教文化资源"天人合一"的生态观、"尊道贵德"的道德观、"和谐共生"的生命观等终极目标，探讨了道教文化资源对经济、社会、生态、生命的多重意义。此外，这一章还提出，在今天，人类要以"敬畏"的态度，对待这些价值深厚的"资源"。

第四章为道教文化资源的评估，主要探讨道教文化资源的经济价值。首先集中探讨了道教文化资源的品相要素、价值要素、效用要素、发展预期、传承能力，设计了"道教文化资源评估指标体系"，并制定了龙虎山道教文化资源评估测量表，记录整理了道教文化专家的意见，肯定了道教文化资源对龙虎山旅游的核心作用。

第五章为道教文化资源的 SWOT 分析与区域影响，着重探讨了道教文化资源区域文化竞争力价值。道教文化资源的丰富程度固然是影响区域经济发展的一个方面，但更重要的是整合区域的人才、资金、市场等，才能形成区域文化产业的竞争力，制定东部地区"走出去"的战略举措：东部地区应发挥其人才、技术、资本、市场的优势，对道教文化资源进行深层次产业化开发，重点做细、做优道教文化产品，率先推动道教文化产品和文化服务"走出去"；制定中部地区"请进来"的战略举措：中部地区丰富的道教文化资源优势是其"请进来"的核心竞争力，重点做强、做实道教祖庭文化、养生文化，以吸引海内外的道教信众和对道教养生文化感兴趣的社会游客；制定西部地区"区域化发展"的战略举措：西部地区有旅游基础较好和道教文化资源丰富的"双优势"，要重点加强外部环境的改善，通过与东盟合作的平台吸引东南亚国家的游客并实施道教文化产品"走出去"和"请进来"。

第六章为中国道教文化资源开发及产业化发展，论述了道教文化资源开发及产业化的发展模式。首先，阐述了公共品理论与道教文化资源产品的定义及产品性质、比较优势理论与道教文化资源对区域经济发展的影响、产业集聚理论与道教文化资源产业园区建设。其次，剖析了道教文化资源开发及产业化存在的问题：产业发展规模不大，未形成规模经济效益；产业链条尚未形成，资源有待进一步整合；缺乏对道教文化资源进行产业化运作的保障机制，产业发展后劲不足。再次，考察了国际、国内对文化资源产业化的综合和单项运作模式，古城类、生态类、园区类综合运作模式对道教文化资源丰裕的中部地区和西部地区具有一定的借鉴意义，而单项类道教文化资源运作模式对道教文化资源相对一般的东部地区具有一定的借鉴意义。最后，借助国际、国内的成功案例设计了龙虎山道教文化资源开发及产业化的模式。

第七章为结论与政策建议，对道教文化资源开发及产业化研究做出总结并提出了政策性建议。得出的主要结论是：道教文化资源开发及产业化是对道教文化资源保护和传承的一种有效方式。博大精深的道教文化资源所形成的道教文化产品和道教文化服务就像中国的"酒"和"茶"，不仅可以让中国人分享，而且还可以让全世界人来品尝。提出的建议为：建立道教文化资源产权制度，即明确"身份"并且为子孙后代留下宝贵的文化遗产；建立道教文化资源开发及产业化的支持和服务体系是推动道教文化资源开发及产业化的重要举措；对具有重大价值和影响力的道教文化资源进行保护性修缮是中华文化发展战略的重要组成部分；道教文化产品和道教文化服务"走出去"，没有国家层面的支持和服务难度非常大。

在借鉴和吸收已有研究成果的基础上，本文的主要创新如下：（1）从产业经济学视角分析了道教文化资源的经济价值，认为道教文化是一种"有用"的资源，但道教文化资源中的核心部分，即神仙信仰文化资源是绝对不能作为经济资源开发的，这是道教文化生存和传承的根本；（2）在保护传统道教文化资源的基础上，提出了通过开发及产业化保护和传承道教文化资源。引入公共经济学、产业经济学、产权经济学理论，为道教文化资源开发及产业化的发展寻找理论支持，把道教文化资源作为特殊的"准公共产品"，使其具有引入市场机制并进行产业化开发的基础；根据道教文化资源成长和发展的规律，设计了道教文化保护和开发的可持续发展政策；利用产业经济学中的比较优势理论、产业集聚理论，分析与比较道教文化资源优势和竞争力价值，在城市经营、生态旅游发展、文化产业园区建设中发挥道教文化资源的比较优势和强劲的竞争力作用，在区域经济发展、产业结构调整中推动城镇化建设、推动生态经济发展、推动文化产业发展；（3）用评估、SWOT、案例、调研的方法，对道教文化资源的经济价值、开发模式等进行分析。借助文化资源的评估模型分析了道教文化资源的经济价值；借助 SWOT 方法，分析了道教文化资源在区域经济发展中的影响作用；在借助国际、国内案例经验的基础上，设计了龙虎山世界道教文化中心的模式；提出了创新文化贸易方式，推动道教文化产品通过贸易的方式"走出去"，变"送出去"为"卖出去"；提出了发挥企业的市场经营优势，深度挖掘道教文化资源价值，变"资源"为"产品"；提出了使用实地调研数据分析，力图揭示"道教文化资源开发及产业化"这个具有挑战性命题的诸多答案。

关键词： 道教文化　资源　开发及产业化

目　　录

第一章　导　论 …………………………………………………………… 1
　第一节　研究背景 ……………………………………………………… 1
　第二节　研究意义 ……………………………………………………… 5
　第三节　研究综述 ……………………………………………………… 7
　第四节　研究思路 ……………………………………………………… 17
　第五节　研究方法 ……………………………………………………… 22
　第六节　主要创新 ……………………………………………………… 23

第二章　道教文化发展的回顾与展望 …………………………………… 24
　第一节　宗教文化综述 ………………………………………………… 24
　第二节　我国宗教文化概述 …………………………………………… 30
　第三节　我国宗教文化的比较 ………………………………………… 34
　第四节　小结 …………………………………………………………… 49

第三章　道教文化资源的形成与发展 …………………………………… 54
　第一节　道教文化内涵 ………………………………………………… 54
　第二节　道教文化资源的分类 ………………………………………… 57
　第三节　道教文化资源的类型 ………………………………………… 57
　第四节　道教文化资源的形成与发展 ………………………………… 89
　第五节　道教文化资源管理体制 ……………………………………… 98
　第六节　小结 …………………………………………………………… 119

第四章 道教文化资源的评估 ··· 126
 第一节 道教文化资源评估要素构成 ································· 127
 第二节 道教文化资源评估指标体系设计 ···························· 131
 第三节 以江西龙虎山道教文化资源评估测量为例 ················ 134

第五章 道教文化资源 SWOT 分析与区域影响 ······················· 144
 第一节 道教文化资源开发及产业化优势（Strength）分析 ······ 144
 第二节 道教文化资源开发及产业化劣势（Weakness）分析 ····· 158
 第三节 道教文化资源产业化的内外部机遇
    （Opportunity）分析 ·· 161
 第四节 道教文化资源产业化的外部威胁（Threat）分析 ········ 164
 第五节 我国道教文化资源开发及产业化战略矩阵 ················ 166
 第六节 小结 ·· 167

第六章 道教文化资源开发及产业化发展 ································ 169
 第一节 道教文化资源开发及产业化发展的理论基础 ·············· 169
 第二节 道教文化资源开发及产业化模式分析 ······················· 179
 第三节 道教文化资源产业化运作存在的问题分析 ················· 197
 第四节 道教文化资源开发及产业化模式设计
    ——以龙虎山为例 ··· 201
 第五节 小结 ·· 205

第七章 结论与建议 ·· 210
 第一节 结论 ·· 211
 第二节 政策建议 ·· 218
 第三节 结束语 ··· 228

参考文献 ··· 230

致　谢 ·· 238

第一章 导 论

第一节 研究背景

中国是道教的故乡,道家思想是中国博大精深的思想文化的重要标志之一。没有中国,就没有道教产生的空间;没有道教文化,中国社会就像日常生活少了"酒"和"茶"一样,缺少一种味道,一种境界。

20世纪90年代以来,文化产业以其独特的魅力和惊人的成长性吸引着全球的目光。越来越多的国家开始将文化产业视为一种战略产业,进行策划和推动。文化产业的发展已延伸到经济和社会的各个领域,以知识、信息、娱乐、养生、休闲等为主要特征的文化产业得到了极大的发展。与此同时,新的分支层出不穷。时至今日,文化产业在一些发达国家,已经成为一项重要的支柱产业,不仅推动着本国经济的发展,而且提升了国家参与世界竞争的"软实力"。未来学家阿尔温·托夫勒20年前预言:"一个高技术的社会必然是一个高文化的社会,以此来保持平衡。"世界经济的发展正在印证这一预言:美国文化产业年产值占了GDP的25%。美国人创造了电影产业,美国电影的出口额在其所有产品中雄踞第二,仅次于航空产品,占据了世界电影市场80%的份额。日本经济曾创造世界奇迹,以现代科技为核心的文化产业功不可没,几乎垄断了全球的唱片业、出版业和动漫卡通业。从前景来看,文化产业经营有着广阔的发展空间,有着"无烟产业""朝阳产业"的美誉。大力发展文化产业已成为全球的大趋势,在国际舞台上,文化产业正在成为国与国之间竞争的利器。党的十七届六中全会提出了建设社会主义文化强国的战略目标，推动文化产业成为支柱性产业。笔者认为，中国要实现文化产业的蓬勃发展，就要立足于中国国情，对五千年文明古国的文化资源进行整理、比较、评估，并进行战略思考，理顺体制，以理性、科学的态度充分认识道教文化"软实力"的地位和作用，发挥道教文化在对内构建和谐社会和对外文化交流中的独特作用，以及道教文化资源对文化产业发展的独特优势；充分利用道教文化产品在对外文化贸易中的独特价值，为我国文化产业的腾飞提供更有力的理论支持和更有效的实践探索。应该把道教文化作为研究的主要对象，分析其构建和谐社会的价值。目前在国内外的研究中，对于道教文化之经济属性、道教文化资源产业化发展的研究，基本属于空白，本文立足于代表中国特色、中国气派、中国风格的传统文化——道教文化资源，从产业经济学的角度切入道教文化资源的开发问题，以弥补这方面的研究空白，其中对中国道教文化资源开发及产业化问题的研究还着重解读其时代背景、国际背景和历史背景。

一 研究中国道教文化资源开发及产业化的时代背景

1. 积极参与文化产业发展的需要

中共中央明确提出要推动文化产业成为支柱性产业。道教建筑文化、道教音乐文化、道教养生文化、道教茶文化、道教酒文化等都是发展文化产业的极其珍贵的传统文化资源。道教文化产业作为文化产业的一个分支，以其中国特色、中国风格、中国气派的文化身份展示中国文化。道教文化是维系中华民族的生命线之一，其在世界上的影响力正在不断扩大。例如，根据联合国教科文卫组织的统计，在世界文化名著中，《道德经》是被翻译成外国文字而发行量最大的作品之一，道教经典《道德经》已被翻译成23种语言，传播到100多个国家。道教太极拳正在形成以中国为核心，以日本、韩国和东南亚各国及澳大利亚、美国、英国等国家为中心，向非洲、南美洲、中东、中亚等国家与地区渗透辐射的道教太极拳网络，仅河南陈小旺就有洋弟子30多万人，并被评为2012年度传播中华文化"十大突出贡献人物"。道教太极拳网络不仅为经营者带来了丰厚的商业利润，而且传播了中国传统文化，带动了道教太极拳这一非物质文化遗产的发展与传承。

2. 满足人民精神生活的需求

道教文化资源开发及产业化在20世纪80年代逐渐形成，具体来讲，道教文化资源开发及产业化的产生有以下几个方面的原因：

精神文化消费的需求。由于经济发展、科学技术不断进步，社会生产力水平得到空前提高，人们在享有更多的物质财富的同时，拥有更多的休闲时间。人们的消费观念和消费行为开始发生巨大的变化，人们开始追求更高的生活质量，即追求文化和精神层次的消费。

道教文化资源已成为满足新的消费服务的最重要的资源之一，能够为人们提供文化和精神消费服务的资源包括人文资源、自然资源等各种资源。中国本土的道教文化资源是其中具有综合竞争力，并能满足人们多方面的文化与精神需求的资源，道教文化资源除了具有各种价值外，还能激发海外华人的"寻根问祖"意识。

当道教文化资源为社会提供消费服务时，就意味着它具有经济功能并且在国民经济中发挥作用，而且这种作用随着人们对文化和精神消费的不断增加而得到加强；当道教文化资源用于为社会提供文化与精神消费服务时，所需费用已经成为经营成本；当社会的文化与精神需求日益增长时，道教文化资源作为一种稀缺资源，其稀缺性日益突出，道教文化资源具有与一般经济资源相同的基本特征。

3. 城镇化建设对道教文化资源的极大破坏

城市的建设和农村的大规模改造，新生事物与旧事物的新陈代谢本是不可避免的事，但对道教文化资源造成了极大的破坏。部分精美的道教建筑，不是被毁就是挪作他用，缺乏维护，这些存在数千年的道教建筑面临消失之灾。雄踞数百年甚至数千年、充满艺术趣味的古道观，在城市建设中，在"改造"的旗帜下做出了牺牲。20世纪有三个阶段对道教文化资源的破坏非常明显，第一个阶段是第二次世界大战期间，第二个阶段是"文化大革命"期间，第三个阶段是改革开放前期。其后果：一是许多道教宫观归政府部门管理，因经济力量薄弱，政府部门没有能力保护，任其倒塌、损坏。二是道教文化的艺术标准没有明确，道教建筑拆毁严重、道教文化知识产权侵权严重、道教文化资源的主体权利未得到保障。三是缺乏对道教文化作为遗产资源的认识，无论是政府官员还是老百姓都没有爱护道教文化遗产的意识，甚至一些部门长期占用道教宫观，任其损毁、消失。

二 研究道教文化资源开发及产业化的历史背景

我国许多学者都把道教文化资源作为智慧之源、生命宝藏对其厚爱有加。梁思成先生在《中国建筑史》和《中国雕塑史》中，把道教的宫观庙宇作为建筑艺术精华来研究；李岚清先生在《中国近现代音乐笔谈》中，把道教音乐《二泉映月》归入其中。许嘉璐先生说，20 世纪 90 年代初，很多留学生思乡了就听《二泉映月》，以寄托那种撕心裂肺的思乡之情；中国医学家屠呦呦受晋代道士葛洪《肘后备急方》的启发，发明了青蒿素。青蒿素成功治愈了世界上几百万名疟疾病人，屠呦呦也因此于 2011 年 9 月 29 日获得美国拉斯克最高医学奖。

三 研究道教文化资源开发及产业化的机遇分析

在过去，没有真正的力量能及时阻挡这股破坏的狂潮。新时代文化大发展大繁荣的机遇已经到来，搜集资料，考证历史，在"传统的血流"中寻找新的发展，这是需要我们这一代人去努力的任务。

1. 中国道教文化是我国延续了 2000 多年的传统文化

中国道教文化作为我国传统文化，是"神仙之道"，即人的生命修炼技术，这种"神仙之道"在春秋战国时期被称为"方伎"，后来演变为道教，其学说许多都是生命科学的问题，包含了许多认知科学。唐朝以后，儒、释、道三家被认为既是学术也是宗教。佛家是从印度传入中国，逐步衍变成中国文化的；儒家以入世为主；道家变成道教，修神仙之学，以"出世"为主，但正统道家是"不出不入、也出也入"，对中国的文化与政治起着很大的作用。历史上，"高士"或"隐士"层出不穷。在现代，深厚的道教文化资源无论是对建设和谐社会、和谐世界，还是满足人民文化生活需要、带动文化产业发展、成为新的经济增长点等都有其特殊的功能和作用。

2. 中国道教文化资源体现了中华文化特色

中华特色文化对于让世界了解中国是非常重要的，因为"只有中国的才是世界的",如果因为模仿人家而丧失了自己的特色,那么中国的文化产品就无法打开世界市场。文化产业振兴规划指出,重点加快文化产业园区建设,扩大文化消费、扩大文化贸易。通过园区建设,集聚道教文化资源的禀赋优势,生产道教文化产品和提供道教文化服务。道教文化产品和道教文化服务可以对满足老百姓的消费需求,带动文化贸易发展发挥独特的作用。

3. 研究道教文化资源的开发及产业化对探讨培育和增强国家软实力具有重要作用

在道教文化资源形成和发展的过程中,道教建筑文化资源、道教音乐文化资源、道教养生文化资源便已形成一个艺术系统,而且是最有价值的道教文化资源。截至2011年6月,中国目前已有41种项目被列入《世界遗产名录》,其中与道教有关的有湖北武当山道教古建筑群、河南登封中岳庙"天地之中"古建筑群、四川青城山道教古建筑群等6处道教建筑群,还有道教庙会、道教音乐、道教太极拳等被列为国家级非物质文化遗产。这些世界级道教文化遗产资源和国家级非物质文化遗产资源都是我国文化软实力的代表,也是极具经济价值的文化资源。

4. 研究道教文化资源的开发及产业化有益于纠正国际上某些对中国的偏见

尽管我国的综合实力增长很快,国际地位也迅速提高,但在国际上一些人对我国了解还是甚少,一个很重要的原因是中华文化在国际上影响不够大。其实,道教音乐文化产品、道教太极拳文化服务等在国际上是很受欢迎的。

如果我们有复兴国家民族的决心,有实现"中国梦"的愿望,就要尊重这些古老而灿烂的文化,对我国历史文化资源加以认真整理、科学保护、合理利用,同时也不能忽视对中国道教文化资源进行合理的产业化利用的研究。

第二节 研究意义

一 社会意义

中国道教文化资源作为文化遗产是人类共有的宝贵财富,具有巨大的实践价值、学术价值和经济价值。合理保护利用道教文化资源有利于传承中华民族的传统文化，增强民族自豪感和凝聚力；有利于推动道教文化资源所在地的旅游与经济相关产业的发展，继而促进当地经济社会全面、协调、可持续发展；有利于促进文化多样性，促进海内外相互的交流、尊重和理解。中国道教文化资源开发及产业化的社会意义，具体来讲，有以下几个方面的内容。

（1）中国道教文化资源兼具历史文化方面的物质性、文化传承方面的物质和精神统一性。中国道教文化资源传承了民族文化、民族精神的精髓，中国道教文化资源以其独特性在多元文化世界中占有一席之地。对中国道教文化资源开发及产业化研究应充分挖掘优秀的道教文化资源对公众身体健康教育和服务、生态保护教育和实践、和谐社会理念教育和参与等的作用。

（2）中国道教文化资源是发展现代科技、医学科研和实践的有益借鉴。中国道教文化资源对现代科技的借鉴作用的表现形态多种多样，有的可以直接应用，有的可以间接借鉴，它还为现代科技提供了重要的参考信息。

（3）中国道教文化资源是发展文化产业的重要基础，也是提高国家软实力的重要因素。对中国道教文化资源进行合理的产业利用，不但能把道教的文化价值转化为经济价值，而且还有利于更好地保护道教文化资源。

二 经济意义

随着文化旅游业的兴盛和中华文化"走出去"战略的实施，中国道教文化资源在产业经济学上的价值日益凸显，尤其是道教文化和优美的自然环境相结合的世界自然遗产，其品牌效应及其特殊资源凸显的垄断经营价值，更会为地方带来巨大的社会效益和经济效益。大部分道教文化资源属于不可交易型产品，不能直接进入市场流通，普通经济规律不能发挥作用。道教文化资源的经济价值比较分散，从形式上来看，道教文化资源的经济价值可分为直接经济价值和间接经济价值。直接经济价值包括纯道教文化旅游景区或与自然遗产相结合的旅游景区的门票收入、文物买卖等；

间接经济价值指道教文化资源为所在地带来的综合经济利益。例如，道教文化资源的品牌效应能够直接促进文化旅游业的发展，从而带动交通、住宿餐饮、商业等各行各业发展，增加就业机会；从对外贸易来看，道教音乐文化产品、道教养生服务等都是对外文化贸易的新产品，在国外很受欢迎。

三　保护意义

研究中国道教文化资源的经济价值及其产业化运作，主要是对道教文化资源间接经济价值的研究。道教文化资源是独特资源，片面追求直接经济价值，势必对道教文化资源造成破坏，也会使道教文化资源的经济价值大打折扣，造成无可挽回的损失。而对道教文化资源研究的很重要的一个方面是致力于找到解决这一矛盾的有效方法。在保护的前提下，合理开发利用道教文化资源的经济价值，把有转化条件的道教文化资源转化为生产力，形成文化品牌效应，为地方经济增长发挥积极作用；通过合理开发又为道教文化资源保护筹集保护资金，使道教文化资源得到更好的保护和发展，使道教文化资源得到可持续利用，为我国社会和谐、经济发展发挥独特的作用。

第三节　研究综述

一　关于道教文化的研究

首先要明确的是对"文化"一词的理解。《易经·贲卦》说："观乎天文，以察时变；观乎人文，以化成天下"。中文的"文化"一词就是从《易经》的"人文化成"演化而来，其本意是用人文教化百姓、治理天下。英文的"文化"（culture），是指"人造自然物"，这个概念是同"自然存在的东西"相对的。可见，东西方古人对"文化"的理解是一致的。美国学者泰勒指出："文化或文明，就其广泛的民族意义来讲，是一个复合整体，包括知识、信仰、艺术、道德、法律、习俗以及作为一个社会成员的人所习得的其他一切能力和习惯。"英国学者马林诺夫斯基认为，文化"是指传统的器物、货品、技术、思想、习惯、价值和社会组织";鲁迅先生曾说,"中国的根柢全在道教";英国著名学者李约瑟博士潜心研究中国文化十年之后指出:"中国如果没有道家思想,就会像是一棵某些深根已经烂掉了的大树",同时认为未来也许是属于道家哲学的。李约瑟所说的"道家"既指先秦以老子、庄子为代表的道家学派,也包括汉代以来的道教。这些观点说明道教文化在中国文化乃至世界文化中的重要地位和巨大影响。

(一) 国内学者对道教文化的研究

对"和谐"理论的解释。卿希泰(2009)考察了道教和谐思想,其表现为"玄同"思维,这种思维方式有助于人类和平相处,利于世界和谐。所谓"玄同"就是与大道融通为一,因此谓之"大同",其主要思想,一方面强调社会公平,另一方面要求对个体的私欲予以克制,从而升华思想境界。道教"和谐"思想还体现在"感通"思维,这种思维方式有助于人类的相互理解、相互尊重,共同发展。所谓"感通",就是遵循"大道周行"法则的一种思维方式。道教"和谐"思想与整体思维方式是密切联系在一起的,其主要表现在"天人合一"的思想理念中,道教是非常重视人的行为与天地运行规律相合拍的。丁常云(2011)认为,道教讲"和谐世界,与道相通",以"尊道贵德"为核心,以"和谐之道"为追求目标,主张慈爱和同、维护人类安宁,强调重生贵命、关爱生命安全,追求身心和谐、自然和谐、社会和谐与世界和谐。

对"美学"理论的解释。老子《道德经》是道教的圣典,老子在《道德经》中提出和阐发了一系列关于"美"的概念,如"道""气""象""有""无""虚""实""味""妙""虚静""玄鉴""自然",等等。叶郎(2008)认为,中国美学的真正起点是老子,老子对于中国古典美学形成自己的体系和特点产生了极为重大的影响。老子开创了道家美学的传统,中国古典美学关于"气韵生动"的理论、关于"境生于象外"的理论、关于"虚实结合"的原则、关于"味"和"妙"的理论、关于"平淡"和"朴拙"的理论以及关于审美心胸的理论等,都发源于老子美学。庄子认为,作为宇宙本体的"道"是最高的、绝对的美,而现象界的"美"和"丑"则不仅是相对的,而且在本质上是没有差别的,因为

"美"和"丑"都是"气"。另外,庄子还提出了"心斋"与"坐忘"的美学概念,其核心思想就是要人们从自己内心彻底排除利害观念。闻一多谈到,读《庄子》的书是一种审美享受,这不仅是由于书中"有着你看不完的花团锦簇的点缀——断素,零纨,珠光,剑气,鸟语,花香——诗,赋,传奇,小说,种种的原料,尽够你欣赏的,采撷的。"

对"养生"理论的解释。杨玉辉(2011)考察了道教形气神或精气神并养理论、性命双修理论、虚静无为理论、阴阳协调理论、调理脏腑理论、后天返先天理论、和顺自然理论、人我和同理论等,这些理论不仅从生理上说明了养生的一系列原理,更从心理上和社会上阐述了达致健康、快乐、幸福的原理和方法。胡孚琛指出,内丹学是中国学者数千年来苦苦探究宇宙自然法则和人体生命科学的智慧结晶,是一种集道、释、儒文化的宇宙论、人生哲学、人体观、修持经验为一体的理论体系和行为模式,也是一项为探索生命奥秘,开发精神潜能而修炼的人体系统工程。牟钟鉴阐释了道教"性命双修""阴阳交合"的养生理论;盖建民(2001)认为道教医学模式是一种融生理治疗、心理治疗、社会治疗和精神信仰治疗为一体的综合医学模式。黄永锋(2007)在广泛考查《道藏》内外各种文献的基础上,全面阐述了饮食均衡、饮食有节、饮食制宜、饮食禁忌、饮食保健、饮食疗养等道教饮食养生思想主旨。

对"生态"理论的解释。詹石窗(2009)等论证了早期道教基本经典之一的《太平经》的生态思想,分析了"天父地母"的深刻内涵。"天父地母"的思想体现了天、地、人互相和谐共同生养万物的理念,意味着天地自然界与人属于同类,应当受到像父母那样的尊重而不可伤害,包含了天地能够对人类破坏自然环境的行为予以处罚的思想;蔡林波(2007)认为,道教蕴藏着丰富的自然知识和技术,分别涉及天文、地理、物理、化学、生物学、医学、养生、农学、工艺等诸多领域,其内容之广、水平之高,令今人惊叹,在古代道人眼中,这些知识和技术并非用来征服或战胜自然,以单纯地张扬人类的主体能力,而是在追求长生成仙的终极目标下,力求使之合理地运用于促进人与自然、人与社会以及人类自身的和谐。

对"科技"理论的解释。盖建民(2009)考证了汉魏两晋南北朝、隋唐至北宋、南宋至明代中叶的道教科学思想。汉魏两晋南北朝时期道教科学思想的特点：注重观察的实践精神，即"仰观俯察""勤求试之"的思想，道教素有"夜观天象"的传统，重视星象和物候地理的观测。道教在中国古代化学、医药学和天文地理领域能取得成就，与道教重视观察、勤于实验的科学思想是分不开的。研究证明，"实验"一词最早出现在道书中，在道教外丹黄白术的实践活动中，道教金丹学家不仅通过观察收集了大量化学材料，而且采用"实验"手段，充分利用他们所创制的各种合丹仪器、设备，制造了异常丰富的化学药物，从而树立了中国古代科学中独树一帜的科学思想，即观察和实验相结合的科学方法论。《周易参同契》《抱朴子内篇》就蕴含了这一科学思想。王明（1985）指出："在葛洪身上，体现了宗教家和科学家两种不同的人格。"隋唐至北宋时期道教科学思想的特点：天文历算以及医学养生思想最具有代表性，道教天文历算体现在隋代道士李播的《天文大象赋》和道士李淳风注释的《九章算术》；道教医学养生思想主要体现在道教医家孙思邈的《备急千金要方》，其中最突出的思想是以"备急"为指南的治疗方法和"药食两攻"的食疗方法。南宋至明代中叶道教科学思想的特点：道教科技理论与方法日趋完善，体系更加合理和科学化，这一时期涌现了一批带有总结性质的道教医学养生书，如南宋曾慥的《道枢》、元代李鹏飞的《三元延寿参赞书》、丘处机的《摄生消息论》等。

对"音乐"理论的解释。胡郁青（2007）分析了老子"大音希声"的音乐思想，其核心思想是无为而自然的音乐，它是一切人为音乐之本，无所不在、无所不包、无所不容，它是极致极美的，但它又是无声的，它是音乐的最高境界。同时，她也分析了庄子的"人籁""地籁""天籁"三种音乐层次（"人籁"即人工合成的一种音乐；"地籁"即大地万物，如洞穴、孔穴等发出的经常能听见的声音；"天籁"即天地间发出的声音，无须任何外力的作用，自鸣自息，合乎自然本性、客观规律的声响），强调"天籁之音"是"道"的音乐特性，是音乐的一种最高境界。浦亨强（2003）考证了中国道教音乐所蕴含的生命科学潜能，与生理和心理的健康有密切联系。

对"管理"理论的解释。葛荣晋（2011）把老子《道德经》的商道文化概述为:"上善若水"与商人的理想人格;"逍遥游"与商人的人生境界;"身重于物"与商人的潇洒人生;"为而不争"与商人的"舍得之道";"光而不耀"与商人的"低调做人";"上德若谷"与商人的和谐人生;"道法自然"与商人的生态智慧;"柔弱胜刚强"与商人的人生谋略;"方而不割"与商人的"方圆之道";"大智若愚"与商人的糊涂哲学;"自胜者强"与商人的"无为"品格;"无为而治"与商人的现代管理;"不知有之"与商人的管理境界;"有无相生"与商人的创新精神[①]。在中国,《论语》比《道德经》影响大;而在世界上,《道德经》比《论语》影响大。周南(2012)根据《道德经》思想的启示,提出"要钱还是要命"的命题,认为"名可名,非常名"应该成为企业家的"盘古志",也是企业的品牌经营之道。

对"战略"理论的解释。王岳川等(2010)认为,本土文化认同感的迷失,对于东方人而言,民族国家是他们摆脱殖民主义的历史标志和光荣印记,也是其获得身份认同感的最后屏障,是"家园、圣殿和港湾"。对于个体而言,民族文化更是绵延至今的"集体无意识",是祖先灵魂的反复召唤。正是在民族文化中,个体的心灵才能获得平静和皈依。这种神圣感正在被全球消费社会一点点吞噬,而今文化的原生态绿洲越来越少。在唐朝,玄奘在求取佛经的过程中也不忘向印度翻译传播中国的《道德经》,鉴真东渡后则将唐文化的精髓传至日本。文化输出是一个绵延不断的可持续发展过程,以美国政府为例,美国充分发挥了传教士等民间非政府力量的作用,从19世纪30年代起,美国新教传教士就来到中国,1889年达到513人,他们采取办报纸、办教育等方式传播美国文化,树立了良好的国家形象,从而扩大了自己在华的利益。20世纪初,美国还决定退回庚子赔款,用于中美教育经费,甚至同欧洲、日本争抢中国留学生,其目的在于培养一批亲美的知识分子。

(二)国外学者对道教文化的研究

国外关于中国道教文化的研究很广泛,尤其是道教的内丹学。早在1920年,德国学者卫礼贤(R. Wilhelm,1873—1930)就在北京得到一本

---

① 葛荣晋:《老子的商道》,辽宁人民出版社,2011。

丹经《太乙金华宗旨》，发现了其中的科学价值，于 1926 年将其译成德文。1928 年，卫礼贤将自己的译稿交给瑞士著名的心理学家荣格（G. G. Jung，1875—1961），荣格为此写了长篇评述，于 1929 年出版。荣格在对《太乙金华宗旨》的评述中认为，中国古老的内丹学和西方现代心理学、心身医学是相通的，在心理学中"看到了一个接近东方智慧的崭新的意象不到的途径"。《太乙金华宗旨》德文第 5 版上载有歌德的诗句"西方与东方，不会再天各一方"，而内丹学的研究正是指向同一目标的。英国学者李约瑟博士自号"十宿道人"，他对道教方术中的科学内容进行了认真挖掘，《中国科学技术史》第 5 卷第 5 分册专门讨论内丹学，并称之为"生理炼丹术"，这说明道教内丹学已开始传往西方，它的真实面目正逐步被西方学者所认识。日本学者野口铁郎与松元浩一说："近几年来，不仅是研究中国问题的专家，而且一般人对道教的关注也出现了蓬勃发展的热潮。特别是中国问题研究专家中，有一种认识，即在探明中国的社会和文化或中国人的气质时，不可或缺的是探明道教或道教文化的作用，这种认识正在逐渐加强和深化。"

二　关于道教文化经济学的研究

王天玺（2010）在《文化经济学》中指出，中国传统文化中的阴阳平衡方法可以分析现代经济运行规律。比如，供给是阳，需求是阴，只要供需互相适应，就可以保持阴阳平衡，使经济繁荣，社会稳定。如果供给大于需求或需求大于供给，阴阳平衡就不能保持，经济就会出现危机。顾江（2009）在《文化遗产经济学》中指出，宗教文化遗产的经济价值是文化遗产的文化价值的延伸，是文化价值的物质载体表现形式。基于经济维度而言，宗教文化价值涉及众多方面，包括文化遗产对旅游业的带动作用、对地区经济发展的贡献、宗教文化遗产的继续使用功能，等等。另外，宗教文化遗产具有稀缺性、公共性、不可替代性、外部性等经济学特征。陈雅岚（2011）认为，根据非排他性、非竞争性来界定文化遗产产品特性，符合公共经济学基本原理，但必须兼顾文化遗产资源"保护第一"的特殊要求，尤其是宗教文化遗产资源还涉及广大信教群众的感情需求，即使景区因设立门票而成为"准公共产品"，也不能由市场供给。杨燕（2007）在

《宋代道观经济简论》中认为，宋代是一个道教非常兴盛的时代，无论北宋还是南宋，首都的许多重要道观都得到朝廷的重视，甚至由国家出资建设。道观的收入有土地收入、朝廷的资助，以及做斋醮法事所得、民众施舍等，同时，道观也要承担一定的经济义务，比如缴纳僧道免丁钱等。

三　关于道教文化资源开发及产业化的研究

（一）道教文化资源开发及产业化的理论解释

胡惠林（2006）在《文化产业学》一书中认为，文化产业与意识形态的关系是文化产业研究中一对最重要的关系。意识形态是一种价值系统，是一种关于自身和世界关系的理解系统，意识形态可生产和传播。文化产业就是其具体形态和具体方式，文化产业是实践的意识形态，离开了意识形态可实践性的内在要求，也就没有所谓的文化产业。反过来，离开了文化产业，现代一切所谓意识形态也就失去了其存在形态。当代意识形态的特殊性、复杂性、艰巨性和手段的先进性，媒介形态的丰富多样性，都决定了文化产业和意识形态之间的内在联系。要把文化产业作为意识形态来抓，只有这样，才能在文化产业和意识形态之间建立起科学的文化政策关系。但要防止把文化产业意识形态化的倾向，应根据文化产业的发展规律来建立文化产业发展与意识形态的科学关系。同时，他提出了"守土有责"的观点，指出中国文化产业要成为中国思想文化和意识形态建设的精神土地，并积极参与全球文化市场竞争，才能真正守住中国的"土地"。中国的先进文化也要置于世界文化和人类文明的整体前进方向中，中国文化才能获得一种文化多样性所应有的文明价值和文明支持。顾江（2007）在《文化产业经济学》中，分析了文化资源、需求、技术和制度是发展文化产业的影响因素，其中宗教文化资源是文化资源的内容之一，也是发展文化产业的因素之一，其文化资源的种类决定了区域文化产业的发展模式；文化资源的丰裕程度决定了文化产业的创新能力，对文化产品而言，其创新体现在内容创新、表现手段创新和商业模式的创新。

（二）道教文化资源开发及产业化的实证解释

毛丽娅（2010）在分析四川青城山道教文化旅游资源优势的基础上，

结合青城山灾后重建，提出了深度开发"洞天福地"主题游、"天人合一"生态游和养生休闲度假游的建议。张香风（2003）认为，神秘的道教文化应成为龙虎山景区的文化主题，底蕴深厚的道教文化旅游资源应成为景区旅游业发展的资源优势。然而，龙虎山在开发利用道教文化旅游资源方面存在诸多不足，其中最突出的是景区从业人员自身道教文化修养不高，旅游资源开发者无力深入挖掘资源中蕴含的文化精髓；一些导游也并不了解道教文化旅游产品中的天师道文化内涵；等等。为此，毛丽娅认为，龙虎山旅游业的发展应着重提高从业人员的道教文化修养，将景区文化主题定位于天师道文化上，并把道教文化旅游业作为景区支柱产业来发展。杨丽霞（2004）认为，神仙文化绝非可以用"迷信"二字所能概括，当然其间夹杂有迷信和糟粕的成分，但作为我国传统文化中异彩纷呈的一部分，其对我国的影响是巨大的，涉及科学、文学、艺术、建筑、社会等诸多方面，其间存在许多合理科学的成分，为我们留下了许多宝贵的文化遗产，其中很大一部分可以作为潜在旅游资源进行开发，比如，利用道教资源中的"洞天福地"进行区域性联合开发等。

四　小结

（一）简评

为了正确认识道教文化资源的内涵、地位和作用，积极挖掘道教文化资源的价值，国内外的许多学者和有关道教文化管理部门对道教文化资源进行了多角度和多学科的考察和研究。其中，最基本的工作包括：第一，文献整理与考析。其中包括影印和校勘出版明代留下来的《道藏》，编辑《老子集成》《中国道教史》《中国道教思想史》等，这也是本文的重要文献资料。第二，从哲学、历史学、社会学、考古学、艺术学、文学、神话学、心理学、医学养生学、天文学、历算学、物理学、化学、旅游学等诸多领域进行分门别类研究，并且取得了可观的成果，一系列研究论著相继问世，显示出道教文化资源的多重文化特质与价值，这也是本文的主要参阅资料。第三，将道教文化资源置于当今社会、经济的环境下予以观照，认识其现实的社会意义和经济价值。

从国际、国内的理论研究和实证研究来看，近年来关于我国道教文化建设、道教文化资源开发与利用的研究非常活跃,而且产生了相当丰富的科研成果,具体有以下特点。

首先,研究结论差异很大。一些研究提出要挖掘我国道教文化对促进社会和谐作用的资源(卿希泰,2009;丁常云,2011);一些提出要挖掘我国道教文化资源促进生态建设的资源(詹石窗,2009;蔡林波,2007);一些提出要挖掘我国道教文化关于养生保健的资源(盖建民,2009;杨玉辉,2011;黄永锋,2007;荣格,1929);一些提出要挖掘我国道教文化促进艺术产业发展的资源(胡郁青,2007;叶郎,2008;浦亨强,2003);一些提出要挖掘我国道教文化提升企业经营管理水平的资源(葛荣晋,2011;周南,2012);一些提出要突破宗教文化意识形态的固有观念,全面科学认识我国道教文化的内涵与外延,树立保护第一的观念,科学合理地挖掘道教文化促进经济发展的作用(王天玺,2010;顾江,2009;胡惠林,2007);一些提出要挖掘我国道教文化促进旅游产业的资源(张香风,2003;毛丽娅,2010;杨丽霞,2004);一些提出要完善道教文化资源产权制度建设(顾江,2007;陈雅岚,2011);一些提出要挖掘我国本土道教文化资源,提升中国传统文化在全球文化中的核心竞争力,并提出"守土有责"的观点(胡惠林,2007;王岳川,2010)。总体来看,在各种研究中,认为我国道教文化资源内容丰富多彩,其作为一种资源值得开发和利用,应在保护的基础上发展道教文化旅游产业者占多数,但趋势是随着人们对道教文化资源的认识逐步深化和道教文化管理体制的逐步完善,道教文化资源得到可持续发展,其优质资源的巨大价值将得到体现,并不断服务我国经济、政治、社会,为"走出去"战略发挥特殊作用。

其次,一些研究结论尚不够稳健及可靠,从而不能很好地论证道教文化资源开发及产业化如何运行以及选择怎样的模式。道教文化资源开发是政府垄断还是企业竞争,在同样的道教文化发展制度下,可能得出不同的结论。

最后,研究方法、研究视角、制度建设和数据尚需突破。在实证研究中,本文大多数是定性分析,对于道教文化资源的价值没有评估模型和数据;在研究视角上,对于道教文化资源的经济价值大多从单一的旅游产业方面分析，对于道教文化资源如何综合利用其价值，并设计相应的道教文化资源可持续发展的制度和政策，明确政府、企业、非政府组织以及道教文化主体的角色定位等，尚需进一步研究。

(二) 需要进一步讨论的问题

道教文化就像一座宏伟工程，它由许许多多美丽而鲜活的殿堂组成，精妙的思想、精美的建筑、独到的音乐、精致的饮食、精心的养生等形成了众多极具开发价值的稀有珍贵资源，它们像一坛千年老酒深藏于中国大地，因此，对于道教文化这座"富矿"，存在可"开采"的资源很多，依然有着广阔的空间。

通过对道教文化资源开发及产业化的理论与实证解释的阐述，我们可以看到，自从中共中央明确提出大力发展文化产业的战略后，对文化经济的研究逐渐增多，对于"道教文化资源开发及产业化"这个命题，诸多经济学者从各个方面进行了解释与分析，取得了丰硕的成果，但仍然留下了诸多的难题：

第一，道教文化与道教文化资源的定义没有一个统一的规范。随着研究的深入，一些与道教文化建设和发展相关的现象是否被归入道教文化资源的开发还存在分歧。如，道教文化资源与风景区、道教文化资源与企业的关系等。如果不能很好地界定概念的边界，那么可能会影响后续的研究，以及在不同研究者之间比较研究结论。

第二，理论研究方面。在传统的保护道教文化资源的理论基础上，引入公共经济学、产业经济学、产权经济学理论，大大增强了理论的现实说服力，在此基础上，随着第三方的引入，道教文化资源作为"准公共产品"，如何利用产权经济学研究界定政府、企业、非营利机构对道教文化资源及其产品的产权关系，并根据道教文化资源的成长和发展规律，对道教文化资源管理体制进行改革，设计有利于道教文化资源保护、有利于道教文化传承、有利于道教文化资源价值体现的政策；如何发挥政府规制作用对道教文化资源开发及产业化进行特许经营；如何利用产业经济学中的比较优势理论、产业集聚理论，分析与比较道教文化资源的优势和竞争力价值，在城市经营、生态旅游发展、文化产业园区建设中发挥道教文化资源的比较优势和强劲的竞争力作用，在区域经济发展、产业机构调整中推动城镇化建设、推动生态经济发展、推动文化产业发展，这些问题亟待解决。

第三，实证研究方面。本文借助评估、SWOT、案例、调研的方法，分析了道教文化资源的经济价值，分析了道教文化资源在旅游业、电影业、艺术表演业、出版业、工艺品等文化产业中的特殊作用。利用 SWOT 方法，分析道教文化资源在区域经济发展中的带动作用；通过案例分析探讨道教文化资源最优开发模式；创新文化贸易方式，推动道教文化产品通过贸易的方式"走出去"，变"送出去"为"卖出去"；发挥企业的市场经营优势，深度挖掘道教文化资源价值，变"资源"为"产品"；通过实地调研，寻找"道教文化资源开发及产业化"这个具有挑战性命题的答案，并提出如何利用实证结果提出有效的道教文化资源开发及产业化的规制对策。

第四，对道教文化资源及产业化开发的研究具有很强的政策意义，如何利用已有的研究成果来更好地分析中国现象，可持续地利用道教文化资源进行产业化开发，进而提出有针对性的解决措施，这是一个很重要的研究方向。国内学者顾江指出，我国文化遗产资源（道教文化）的"公地悲剧"是"无产权制度"导致的，如何处理好政府、企业、非营利机构的利益关系是一个亟待解决的老问题。如何在借鉴国外相关研究与实证方法的基础上，从理论方面、实证检验方面探讨我国的道教文化资源产业化开发将是一个既有吸引力又颇具挑战的课题。

第四节　研究思路

本文的研究思路为：导论→道教文化发展的回顾与展望→道教文化资源的形成与发展→道教文化资源的评估→道教文化资源 SWOT 分析与区域影响→道教文化资源开发及产业化发展→结论与建议。

基于上述研究思路，本文共分七章展开研究，具体章节安排如下。

第一章为导论，主要阐述中国道教文化资源开发及产业化问题研究的时代背景、国际背景、历史背景及其重要意义，对道教文化资源产业化开发相关的文献进行梳理和评述，同时也提出了本文研究的方向和重点。

第二章为道教文化发展的回顾与展望，本章首先阐述了世界宗教文化和中国宗教文化的形成和发展，从宗教文化对中国发展史、神仙文化、仪式文化、节日文化、艺术文化、养生文化、生态文化及和谐思想的影响，比较分析宗教文化的价值功能。这一章有详细分析，借以指出道教文化是一座蕴含多种资源的"富矿"，有待于"开采"。

第三章为道教文化资源的形成和发展，本章探析了中国道教文化中的"资源"观念，介绍了远自汉魏、两晋、南北朝、隋唐、北宋、南宋，近至明清、民国，历代道教"洞天福地"文化资源、道教神仙文化资源、道教祖庭文化资源、道教建筑文化资源、道教仪式文化资源、道教音乐文化资源、道教养生文化资源、道教劝善文化资源、道教生态文化资源的演变和发展。这一章除了探究各类道教文化资源的内涵、类型、分类以及形成与发展之外，更从道教文化资源"天人合一"的生态观、"尊道贵德"的道德观、"和谐共生"的生命观等"终极目标"，探讨了道教文化资源对经济、社会、生态、生命的多重意义。不仅如此，这一章还提出，在今天，人类要以"敬畏"的态度，对待这些价值深厚的"资源"。

第四章为道教文化资源的评估，本章先探讨道教文化资源的品相要素、价值要素、效用要素、发展预期、传承能力，后设计道教文化资源评估指标体系，并列出"龙虎山道教文化资源评估测量表"，吸取了道教文化专家的意见，肯定了道教文化资源对龙虎山文化旅游业发展的核心作用，提出要将资源优势转化为发展优势，还需要努力挖掘潜力。

第五章为道教文化资源 SWOT 分析与区域影响，这一章提出，道教文化资源的丰裕程度固然是影响区域经济发展的一个方面，但更重要的是整合区域的人才、资金、市场等，才能形成区域文化产业的竞争力。东部地区"走出去"的战略举措为：发挥其人才、技术、资本、市场的优势，对道教文化资源进行深层次产业化开发，重点做细、做优道教文化产品，率先推动道教文化产品和文化服务"走出去"。中部地区"请进来"的战略举措为：丰裕的道教文化资源优势是其"请进来"的核心竞争力，重点做强、做实道教祖庭文化、养生文化，吸引海内外的道教信众和对道教养生文化感兴趣的社会游客。西部地区"区域化发展"的战略举措为：充分利用旅游基础较好和道教文化资源丰富的"双优势"，重点加强外部环境的改善，通过与东盟合作的平台吸引东南亚国家的游客，使道教文化产品"走出去"和"请进来"。

第六章为道教文化资源开发及产业化发展，论述了公共品理论与道教文化资源及产品的定义、比较优势理论与区域经济发展、产业集聚理论与道教文化产业园区建设；剖析了道教文化资源开发及产业化存在的问题，认为存在三个方面的问题（产业发展规模不大，未形成规模经济效益；产业链条尚未形成，资源有待进一步整合；缺乏对道教文化资源进行产业化运作的保障机制，产业化发展后劲不足）；考察了道教文化资源开发及产业化模式，古城类、生态类、园区类开发模式对道教文化资源丰裕的中部地区和西部地区具有借鉴意义，单项类道教文化资源开发模式对道教文化资源相对一般的东部地区具有一定的借鉴意义，此外，还借助国际、国内的成功案例设计了龙虎山道教文化资源开发及产业化的模式，其具体情况如下。

道教文化资源开发及产业化综合发展模式：（1）关于古城类道教文化资源产业化开发，本文分析了"丽江模式"和"布拉德福德模式"。我国的丽江在开发文化资源的过程中充分利用道教文化资源发展旅游，同时又较好地保护和传承了道教文化遗产，被联合国教科文卫组织称为"丽江模式"；英国的"布拉德福德模式"是一个积极参与国际分工而确立城市在全球文化产业中新定位"电影之城"的案例，布拉德福德在一个曾具有严重污染的纺织业城市的基础上发展文化创意产业，被联合国教科文卫组织宣布为第一座"电影之城"。

（2）关于生态类道教文化资源产业化开发，本文探析了美国国家公园的经验，它的主要特点是在国家公园建立健全法律法规、严格规划管理、旅游服务特许经营等。本文认为，不能完全照搬国外国家公园的政策，而应立足我国国情，区分道教文化资源的类别和级别，具体选择与其实际情况相适应的道教文化资源管理和经营的方式。

（3）关于园区类道教文化资源产业化开发，本文探析了美国的"圣达菲模式"和我国的"龙潭模式""中华灵宝文化产业园模式",它们共同的特点是形成了一种"和而不同"的发展模式。美国的"圣达菲模式"是最具有创意的城市案例,它是在一个没有文化遗产资源的沙漠上,以来自世界各地的人的创意来打造一个吸引世界游客的城市,圣达菲被联合国教科文卫组织命名为"创意城市"。我国的"龙潭模式"是由道教活动中所需要的"金箔"而形成金箔产业集聚的模式,其1000多年的金箔锻制技艺被列为国家级非物质文化遗产名录,龙潭成为世界金箔制造中心,为当地的老百姓带来了丰厚的利润。"中华灵宝文化产业园模式"是由政府支持、企业参与、道教唱戏的新型模式,其定位是以弘扬道教文化为主题,以修性养生为依托,中医药业、休闲基地为辅助的多功能文化产业园区,是一个传承中华优秀文化、具有文化产品的公益性和市场性的综合文化旅游项目,极具中华文化个性和樟树地方特色,具有创新意义,对江西乃至全国、全世界的道教文化建设、文化资源开发,中医药文化产业、旅游文化产业的发展都具有较大的影响,并具有一定的示范性。

道教文化资源单项开发及产业化发展模式:(1)关于道教音乐文化资源产业化发展模式,本文探析了"十二生肖模式""纳西古乐模式""香港蓬瀛模式"。"十二生肖模式"是中国传统文化"走出去"的成功范例,儿童剧《十二生肖》是中国儿童艺术剧院和澳大利亚国家艺术中心合作的项目,在国外取得了非常好的演出效果和可观的经济收益;"丽江纳西古乐模式"是传承道教经典音乐的典型案例;"香港蓬瀛模式"是传承道教音乐内涵和创新道教音乐传承形式的典型案例,每年在各地举办并走上国际舞台的道教音乐会在社会上反响强烈。

(2)关于道教太极文化资源产业化发展模式,本文探析了"武当山模式"和"陈小旺模式"。"武当山模式":武当山运用市场机制组建了一支由道教界、企业、社会人士参与的武当山太极拳团队,包括武当功夫艺术团、武当太极功夫团、道教功夫团,形成了表演、电影、艺术等产业链,吸引了海内外的游客参观。

(3)关于道教医药文化资源产业化运作模式,本文探析了"恩威模式"和"隆力奇模式"。"恩威模式":恩威集团深度挖掘道教文化资源,研制了一批造福人类的中药品种,经过27年的探索,该企业由一家只有几十名员工的小企业发展成为以制药为主体的高科技跨国企业集团。恩威集团积极寻找道教文化的发源地，投资上亿元帮助恢复位于四川鹤鸣山的道教宫观。"隆力奇模式"：隆力奇集团积极参与道教文化资源开发的研究与实践，一方面，与中国社会科学院合作研究道教文化资源的开发；另一方面，借助道教文化资源生产了一批符合现代人生活的保健文化产品，同时，还参与道教文化建设，捐善款恢复道教场所——真武观，并积极推动道教文化"走出去"。

此外，本文在参照国际、国内经验的基础上，分析了"龙虎山模式"，龙虎山为道教文化的发源地和道教祖庭，是世界道教徒的朝拜圣地，既处在一个小城镇，又要面对世界游客的吃、住、行、游，龙虎山要建成世界道教文化之城，就要在旅游、朝圣、养生、修行、道教陶瓷文化展等方面加大开发力度。

本文认为，无论是综合类还是单项类道教文化资源开发及产业化的发展模式，各有各的特点，道教文化资源的开发及产业化因其资源的特殊性，在模式选择上，需要考虑区域资源的丰裕程度、适合道教文化资源的管理人才及融资情况等各方面因素，最根本的是有利于道教文化资源可持续发展（保护与传承）和产业化发展的需要。比如，关于道教音乐文化资源的开发，本文提出了需要产业化运作的思路，在对道教音乐文化资源的开发中传承和保护这世界上独一无二的文化遗产。对于道教太极拳文化资源，本文提出需要整合、规范，由专门的非营利机构来统一运作，使其广泛进入社区、百姓家，在帮助中国老百姓健康的过程中传承和保护这一道教文化遗产，同时，组建由政府主导，企业、道众参与的道教太极拳文化传播中心，推动道教太极拳文化产品成为我国对外文化贸易的项目，把道教太极拳文化产品卖到世界各国，让世界人民分享中华传统文化。此外，我国要从科研、财政、金融、投资、贸易等方面给予政策支持，引导更多的科研机构和企业共同挖掘我国道教文化资源宝库，并把中国的传统文化产品推广到世界各国。

第七章为结论与政策建议，本章尝试为道教文化资源开发及产业化研究做出总结并提出建议。主要结论：道教文化资源开发及产业化是对道教文化资源保护和传承的一种有效方式。博大精深的道教文化资源所形成的道教文化产品和道教文化服务就像中国的"酒"和"茶",不仅可以让中国人分享,还可以让全世界人民来品尝。"中国的味道"走向世界,"中国神仙"逍遥全球,这是"中国梦"的终极境界。提出的建议为:建立道教文化资源产权制度是明确身份并且为子孙后代留下宝贵的文化遗产的重要措施;建立道教文化资源开发及产业化的支持和服务体系是推动道教文化资源开发及产业化的重要措施;对具有重大价值和影响力的道教文化资源进行保护性修缮是中华文化发展战略的重要组成部分;道教文化产品和道教文化服务"走出去"需要国家层面的支持和服务。

第五节 研究方法

从产业经济学的角度研究道教文化,综合运用多种经济研究方法是本文的重要特征,本文采用了产业经济学以及经济学的总体分析框架。也就是说,经济学的研究方法,特别是产业经济学的研究方法是本文遵循的基本研究方法。此外,道教文化产业作为一个交叉性的产业门类,必然需要使用史学(如中国道教史、中国道教思想史、中国文化史、中国哲学史、中国中医学史、中国饮食史、中国美学史、中国建筑史、中国音乐史、中国科技史等)、文化学、管理学、社会学、数学、法学等学科的研究工具,因此,道教文化资源开发及产业化的具体分析方法也随之多样化。总体而言,本文的研究方法是以经济学研究方法为主的多种方法的集合。

在具体研究方法上,本文将定性分析和定量分析相结合,理论研究和实证分析相结合,并辅之以评估方法、问卷调查方法、实地调研方法等。理论研究范围主要涉及道教文化资源开发及产业化的概念、特征、类型以及相关概念的比较,实证分析主要立足于道教文化资源开发及产业化的发展实践以及相关案例。在研究中国道教文化资源开发及产业化的历史演进、社会基础、经济理论的基础上,本文分析了中国道教文化资源开发及产业化的路径,针对我国道教文化资源开发及产业化的相关问题进行实地调研,并就我国道教文化资源产业化开发提出政策建议。

第六节 主要创新

本文对道教文化及道教文化资源的含义进行定义，并对道教文化资源进行分类、归纳、比较。

本文在保护传统道教文化资源的基础上，提出了通过开发及产业化保护和传承道教文化资源；引入公共经济学、产业经济学、产权经济学理论，为道教文化资源开发及产业化的发展寻找理论支持，把道教文化资源当作特殊的"准公共品"，引入市场机制并进行开发及产业化；根据道教文化资源的形成和发展规律，尝试设计道教文化资源保护和开发的可持续发展政策；利用产业经济学中的比较优势理论、产业集聚理论，分析与比较道教文化资源的优势和竞争力价值。在城市经营、生态旅游发展、文化产业园区建设中，要充分发挥道教文化资源的比较优势和强大的竞争力作用，在区域经济发展、产业结构调整中，推动城镇化建设，推动生态经济发展，推动文化产业发展。

本文借助评估、SWOT、案例、调研的方法，对道教文化资源的经济价值、开发模式等进行分析。借助文化资源的评估模型分析了道教文化资源的经济价值；借助 SWOT 方法，分析了道教文化资源在区域经济发展中的作用；借助国际、国内案例设计出龙虎山世界道教文化中心模式；借助实地调研，寻找"道教文化资源开发及产业化"这个具有挑战性命题的诸多答案。

第二章　道教文化发展的回顾与展望

第一节　宗教文化综述

宗教是人类历史上一种古老而普遍的文化现象。"人的宗教观念的产生和发展，以及对人的活动所产生的影响是人类意识形态的重要组成部分，是必不可少和核心的一部分。"① 作为人类意识形态的重要组成部分，宗教至今仍然是构成不同地域和民族独特文化形态的重要因素。人类的文化，无一不是从宗教中来。现代人的日常生活，纵然没有宗教心理的感受，却也很难摆脱宗教现象的影响。

许嘉璐认为，文化分为三个层次：第一层与日常物质生活有关，是围绕衣、食、住、行所展现的爱好和取向，如烹饪文化、酒文化、茶文化，这是表层；第二层（或中层）是风俗、习惯、礼仪、宗教、艺术乃至政治制度和法律，比如，中国人过春节，西方人过圣诞，这就是习俗；第三层是价值观、伦理观、世界观、审美观。这三层中，第一层最容易变化，而且还会慢慢向第二层、第三层渗透。同时，他还说，文化是作用于人心的，对于一个民族来说，文化是一种凝聚力。一个文化强国，关键在于老百姓是不是保留、迷恋自己民族的文化。②

王作安认为，宗教不仅是一种信仰体系，还是一种文化现象。宗教随着人类社会的发展而不断演进，逐渐形成以信仰为核心的宗教文化传统。宗教信仰与其他意识形态相互影响，产生了宗教哲学、宗教伦理、宗教文

---

① 徐行言：《中西文化比较》，北京大学出版社，2004。
② 许嘉璐：《打造文化强国从身边做起》，《凤凰周刊》2012 年第 3 期。

学、宗教音乐、宗教美术、宗教建筑等,其中很多成为人类文化的宝贵财富。在人类文明史上,宗教扮演了十分重要的文化角色,并对其他文化现象产生了重要影响。在中华文化的形成和发展中,宗教同样发挥着重要作用,对我国政治、哲学、道德、文学、语言、美术、建筑、医学、科技等都产生了深刻影响,留下了丰富的文化遗产,是极其宝贵的传统文化资源。[①]

当今,要推动文化产业成为国民经济的支柱性产业,就不能不关注宗教文化及其资源在发展文化产业中的作用,尤其是要关注产生于中国的文化土壤。走过了近2000年岁月的中国道教文化资源已成为中华传统文化的重要基因和组成部分。了解道教,分析、比较与人类生命健康关系密切的道教文化资源在社会、经济中的作用和地位,无疑是文化产业研究中的重要领域之一。

一 世界宗教文化概述

恩格斯曾提出了宗教发展的三种形态:部落宗教、民族宗教、世界宗教。在古代社会解体的过程中,产生了与占统治地位的民族、国家宗教相对立的民间宗教。与国家宗教重集体、重现世不同,民间宗教比较重个人、重来世,因此深受下层人民的欢迎。经过长期的历史考验,一些民间宗教脱颖而出,成为像基督教、伊斯兰教、佛教这样的世界宗教。其他在世界上较有影响的传统宗教还有犹太教、印度教、神道教,但其影响力与上述三大宗教有一定的差距。

(一) 世界宗教的形成

世界宗教的形成,有着社会发展的原因,也有着宗教自身的原因。首先,经济、政治和文化的发展突破了民族、国家的界限,出现了区域性甚至更大范围的交流,各种民族宗教、国家宗教之间的碰撞和交融也由此日益增强。在这个过程中,有的宗教被淘汰,有的宗教则扩大了影响,最终成为世界宗教。其次,基于强大政权的推行。公元前6世纪,佛教创立于印度,到公元前3世纪才开始向亚洲其他国家传播,到中国隋唐时期,佛教全盛,成为真正意义上的世界性宗教。道教产生于东汉时期,在宗教形

---

① 王作安:《发挥宗教界在文化建设中的积极作用》,《人民日报》2011年12月16日。

成的漫长过程中，道教积累了丰富的文化内涵。隋唐时期，中国成为雄踞世界东方的大帝国，对外经济、文化交流十分频繁，这个时期的道教无论在理论上还是实践上（如道教科仪）都非常成熟，也因此得以向周边国家传播。伊斯兰教于公元7世纪初创立于阿拉伯半岛，到8世纪中叶已成为横跨亚、非、欧三大洲的世界性宗教。基督教于公元1世纪起源于巴勒斯坦，逐渐流传于罗马帝国全境。最后，基督教、伊斯兰教、佛教、道教的宗教理论和神学思想具有普遍意义，加上这些宗教具有简便易行的仪式和完备的组织制度，决定了它们能够超越疆界和血缘的限制，为不同国家、不同种族、不同肤色的人接受这种信仰提供了可能。

（二）世界宗教文化的形成

亚洲是宗教文化形成的根源，西亚产生了具有"先知品格"的第一大宗教河系——亚伯拉罕体系，其中包括三个依此产生、有共同根源并相互影响的"一神教"——犹太教、基督教和伊斯兰教；南亚次大陆产生了具有"神秘品格"的第二大宗教河系，包括婆罗门教、印度教、佛教、锡克教等，神秘的冥思和苦行是它们的共同品格；东亚产生了具有"道德品格"的第三大宗教河系——长江流域体系，长江流域是"多神教"——道教的发源地，长江流域的道教洞天福地文化、道教祖庭文化、道教建筑文化等，资源丰富，灿若银河，从长江上游、中游至下游依次分布并扩散到东南亚地区。现仍声名显赫的道教建筑有：昆明太和宫金殿、成都青羊宫、武当山宫观建筑群、武汉长春观、南岳衡山黄庭观、龙虎山天师府、茅山九霄万福宫、苏州玄妙观、杭州抱朴道院、上海城隍庙等。下面分别对目前在世界上影响较大的基督教文化、伊斯兰教文化、佛教文化、道教文化进行简单阐述。

1. 基督教文化的形成

基督教于公元1世纪起源于西亚的巴勒斯坦，兴起于欧洲，是世界三大宗教之一。

（1）《圣经》的文化价值。基督教的经典文化作品为《圣经》，由《旧约全书》和《新约全书》两大部分组成，《圣经》中的许多神话、故事、寓言、格言在基督教流传的地区，渗透社会生活的各个领域，成为西方文化的重要组成部分。由此可见，基督教对西方文明产生过举足轻重的作用，它吸收和融合了古希腊、古罗马以及希伯来文明的精华，而在其框架中，构筑出庞大的西方文化体系和价值核心，缔造了基督教文明，形成了当今以欧美为核心的西方基督教文化阵营。

（2）基督教的哲学思想。基督教思想与西方哲学传统密不可分，早期基督教教义及神学最初形态也是西方早期哲学的重要构成部分。此外，在中世纪西方哲学发展过程中，基督教也帮助或直接参与了将阿拉伯哲学、古希腊亚里士多德等人的哲学引入西欧，形成了中世纪西方哲学的复新和鼎盛，在现阶段，基督教思想基本上与西方哲学交织发展、融通互摄。

（3）基督教的教育思想。在世界教育史上，完成分科分系，并设有学位制度的高等教育或"大学"教育，与基督教的发展有密切关联。在基督教的倡导和参与下，欧洲中世纪的学校得以形成，并率先设立"七艺"类型的分科课程，由此开始了向高等教育的过渡。12世纪前后，欧洲最早的一批大学乃是从基督教修道院学校和大教堂发展而来的。这些大学延续至今，为人类教育的发展进步做出了重要贡献。欧洲宗教改革运动后，新教各派亦开始兴办大学。后来，在基督教海外传教和欧洲往外移民的过程中，这种体现新的教育理念的学校尤其是大学在各州出现。

（4）基督教文学艺术思想。基督教与文学的联系始于古罗马后期，发轫于"圣经文学"的基督教文学对西方文学史产生了巨大影响。中世纪早期的欧洲文学表现为教会文学，中世纪鼎盛时期的"骑士文学""梦幻文学"等也浸润着基督教的精神。欧洲文艺复兴既是欧洲古代精神的复兴，也是基督教文化的复兴。基督教艺术是世界艺术重要的构成部分，主要有空间艺术绘画、雕塑、建筑、音乐等。

2. 伊斯兰教文化的形成

伊斯兰教在公元7世纪产生于阿拉伯半岛麦加城，是仅次于基督教的世界第二大宗教。伊斯兰教是信仰"安拉"的一神论宗教，"安拉"在通行汉语地区被译称为"真主"，在通行波斯语、突厥语和乌尔都语的地区被称为"胡达"，主要包括逊尼派和什叶派。伊斯兰教主要流行于阿拉伯世界，伊斯兰文化圈也是阿拉伯世界的代名词。

（1）《古兰经》的文化价值。《古兰经》既是一部宗教经典，也是一部阿拉伯文化经典。它包含了古代阿拉伯世界的神话、历史、风土人情、法律和道德规范，直接反映了 7 世纪初发生在阿拉伯半岛的一场变革，是阿拉伯文学和语言的典范。

（2）伊斯兰教艺术文化。在伊斯兰世界的一些国家里，艺术领域尤其是绘画艺术，充分反映了伊斯兰教反对偶像崇拜的一神论思想。在绘画中，它禁止出现人、鸟、兽等动物形象。在清真寺的绘画中，表现的基本上是几何图案、植物图案或花卉图案，没有动物和人的形象。

（3）伊斯兰教建筑文化。清真寺礼拜大殿的建筑方位必须朝向麦加，这是伊斯兰教对建筑文化最重要的影响，它以此保证礼拜者礼拜朝向的正确。

3. 佛教文化的形成

佛教于公元前 6 世纪产生于印度，由乔达摩·悉达多（释迦牟尼）创立。

（1）佛教经典文化。佛教经典通常称为佛经、藏经。"藏"的梵文原意是盛放各种东西的竹箧。佛教学者借以概括佛教的全部经典，有近乎"全书"的意思。"经"是纵线的意思，取其能贯穿摄持各种佛教义理的意思。藏经又称"三藏经"，包括以佛祖释迦牟尼口气叙述的"经藏"，约束教徒行为的"律藏"，从理论上解释经的"论藏"。"三藏经"卷帙浩繁，为形容其量多、量全，也称"众经""群经""一切经""大藏经"。"大藏经"原指汉文佛教经典，现泛指一切文种的佛典丛书。除汉文的藏经外，还有巴利文的南传达藏经，以及藏文、蒙文、满文、西夏文和日文的大藏经。其中最重要的是汉文、藏文和巴利文的大藏经，尤其是汉文、藏文的大藏经内容最为丰富，也最为完备。

（2）佛教艺术思想。佛教艺术是佛教宣传的最有效的手段和方式之一，佛教在长期的发展过程中，形成了以寺院建筑为中心，以雕塑、绘画和音乐为辅助的佛教艺术。在雕塑方面，在中国的代表作有：敦煌、云冈、龙门的石窟造像；在音乐方面，僧人采用民间音乐、宫廷音乐改编传入的佛曲，或直接创作新佛曲，形成中国的佛教音乐。[①]

4. 道教文化的形成

道教作为中国的本土宗教，以其适合中华民族发展、高超的智慧和包

[①] 赖永海：《中国佛教文化论》，中国人民大学出版社，2007。

容天下的胸怀，在近2000年孕育、发生、发展的历程中历经坎坷，为中华文化的延绵、发展做出了极其巨大的贡献。

（1）由道家到道教。在2500多年前出现了道家，而后数百年诞生了道教，这是中华民族之幸、世界之幸。

（2）道教文化在国内的影响。道教的理念，包括它的世界观、价值观、伦理观，至今仍然存在并活跃于亿万中国人的生活和思维中，同时也和各国学者围绕着对人类未来进行探索而提出的许多真知灼见相近。鲁迅先生曾说过："中国根柢全在道教，……以此读史有多种问题可以迎刃而解。"[①] 这表明道教在中华传统文化中占有极其重要的地位，是中华传统文化的支柱之一。

（3）道教文化的国际传播。道教远布海外，在世界许多国家和地区产生了重大影响。例如，亚洲的韩国、越南、马来西亚、新加坡、泰国等国是道教繁衍和道教文化传播的重要地区。在国际上对道教的研究也相当广泛，日本著名学者野口铁郎与松元浩一指出："不仅是研究中国问题的专家，而且一般人对道教的关注也出现了蓬勃发展的热潮。特别是在中国问题研究专家中，有一种再认识，即在探明中国的社会和文化或中国人的气质时，不可缺少的是探明道教或道教文化的作用，这种认识正在逐渐加强和深化。"[②] 道教在海外的研究成果有日本学者栖木直良的《日本的道教研究》、福井文雅的《欧美的道教研究》、酒井忠夫的《道教研究动向》等。1968年9月，在意大利的佩鲁贾召开了第一次国际道教研究学术会议；1972年9月，在日本长野县召开了第二次国际道教学术会议，可是，最遗憾的是两次国际道教学术会议竟然没有一个来自道教故乡中国的代表，这显然是不正常的。

（4）道教文化的当代发展。2007年在陕西西安、香港举办的国际道德经论坛和2011年在湖南南岳衡山举办的国际道教论坛都是在中国召开的，有来自28个国家和地区的代表参加，中国道教文化进一步引起国际社会的关注，但是，这对于中国来说，仅仅是一个良好的开端，在国际

---

① 《鲁迅全集》第11卷，人民文学出版社，1981，第353页。
② 卿希泰主编《中国道教思想史》，人民出版社，2009。

上，真正了解道教历史、道教价值的人还是很少，懂得道教养生、道教音乐的人就更少了。这严重影响了道教文化承担起当前和以后促进社会经济发展、文化繁荣与世界和平的伟大使命，因此，还需要多方面共同的努力。①

第二节　我国宗教文化概述②

中国不仅是一个多民族的国家，还是一个多宗教的国家。在长期历史发展中，形成了道教、佛教、伊斯兰教、天主教、基督教五大宗教并存的格局。除道教外，其他各大宗教都是由国外传入的。

一　我国道教文化的形成与发展

千百年来，中国人的宗教生活基本上受道教和佛教的影响。道教是我国现有五大宗教中唯一土生土长的宗教，发源于中国、由中国人创立，我国史学界和道教界一般都认为道教形成于公元2世纪。

道教文化的形成是假托道家黄老学，融合民间流传的各种方技、术数、神仙、鬼怪、神话等内容，杂取儒家、墨家、阴阳家、养生家、神仙家等多种学说，通过清修养性、积精炼气、金丹服食、符箓科教等方法，追求长生成仙。从总体上看，道教文化形成的思想渊源有四个层次：第一个层次是中国上古时代的以"敬天法祖"为轴心的宗教观念和占卜术相结合，形成了道教易学和丰富多彩的法术样式；第二个层次是以老庄为代表的道家学说和神仙思想，《道德经》是道教思想的基础，道教的宇宙论、本体论、生命论、生态学、历史论、历史观等都是以道家思想为根基进行建构并发展起来的。神仙思想和神仙方在《庄子》中有明显的阐述，神仙思想对道教理论建设也显示了其独特的作用；第三个层次是儒、墨的伦理学说，道教的经典《太平经》《老子想尔注》《周易参同契》等都有儒家"仁、义、礼、智、信"和墨家"兼爱""非攻"思想的影子和痕

---

① 许嘉璐：《促进道教道学的国际化》，《中国宗教》2011年第11期。
② 王作安：《中国的宗教问题和宗教政策》，宗教文化出版社，2002。

迹；第四个层次是传统医学养生理论与兵家术思想，从某种意义上说，道教是迄今为止人类社会中最关注生命健康的一种宗教，由于重视生命，就必须了解生命、研究生命，从而形成保护生命的方法。道家是从精神的安顿方面来关注生命，神仙家是从方术的角度来寻找养护生命的途径，医学家是从身心健康的角度创造一套具有自身特色的生命理论模式。我国的医学经过长期的临床实践，到秦汉阶段已经取得了相当可观的成就，如经络学说、脏象学说、病理学说、药物学说、预防学说等。有学者指出，道家与医家都是以易学为基础，它们有共同的思想渊源。道教文化在形成过程中，既吸收道家思想，又吸取了医家的思想养分。中国古代的术数学是先民对抗灾难、安顿生命的一种技术形态，在秦汉时期，术数学被兵家所吸收，成为兵家理论体系的重要组成部分，在中国传统中有"用药如用兵"的说法。从一般的理论讲，兵家解决的是社会政治问题，但从根本上看，也是由生命的安顿需要引起的，当兵家理论与术数学结合时，这种安顿生命的意义更加突出。因此，从这个角度讲，兵家、术数学可以视为广义的医学。这种情况在道教文化之中不仅得到延续，而且有了很大的发展。①

二 我国佛教文化的形成与发展

在从国外传入的宗教中，佛教传入最早，其后来不仅实现了中国化，而且实现了使佛教中心由印度向中国的转移，并相继由中国传入日本、朝鲜、越南等国，成为中国的民族宗教。（1）与中国传统文化不断融合并不断发展。佛教进入中国后不断吸收中国传统文化尤其是道教文化，中国佛教文化是中国外来宗教文化中实现中国化最成功的例子。（2）佛教文化三大特色。佛教在印度发展时形成了不同的派别，不同时期、不同派别的佛教传入中国后，经过长期传播发展，逐渐与中国传统文化相融合。现在，三大语系的佛教在中国都存在，即汉地佛教文化（汉语系）、藏传佛教文化（藏语系）和南传上座部佛教文化（巴利语系）。与藏传佛教和南传上座部佛教相比，汉地佛教文化在中国历史上的地位最重要，影响最大，流传最广，主要有八大宗派：一是天台宗，二是三论宗

---

① 卿希泰主编《中国道教思想史》第一卷，人民出版社，2009。

(又名法性宗),三是瑜伽宗(又名法相宗),四是律宗,五是净土宗,六是贤首宗(又名华严宗),七是禅宗,八是密宗,其中禅宗文化是各宗教中最具有中国特色的,而且"此宗和净土宗一样,一直是中国流传最广的宗教"①,对中国传统文化影响极其深远。

三 我国伊斯兰教文化的形成与发展

伊斯兰教,又称清真教、天方教,以《古兰经》为根本经典,由穆罕默德创立。(1)传播到中国的时间。唐朝时,就有穆斯林来到我国,初步形成了我国的伊斯兰教文化。(2)传播到中国的路线。伊斯兰教是由阿拉伯商人传入中国的,主要有两条路线:一条是陆路,即著名的"丝绸之路",由波斯、阿富汗到我国新疆天山南北,再到西安;另一条是水路,水路即著名的"香料之路",由波斯湾经孟加拉湾、马六甲海峡,到中国南海,再到广州、泉州、杭州等地。(3)在吸收中国传统文化中发展。外来的穆斯林要长期留在中国,并保持其原有的宗教信仰文化,使其落地生根,就必须适应中国这个生存环境。事实上,在长期的发展过程中,伊斯兰教不断地吸收中国传统文化,逐步形成了与阿拉伯或世界上其他地域的伊斯兰教不同的具有中国文化的特点。主要表现在教坊制(特别是门宦制度)和经堂教育两个方面。所谓教坊制就是以清真寺为中心的穆斯林聚居区,实际上是一个独立的区域性伊斯兰组织。经堂教育是中国伊斯兰教进行宗教教育的一种方式,又称寺院教育。随着经堂教育的发展,在中国穆斯林中形成了一套独特的语言,被称为"经堂语",由阿拉伯语、波斯语和汉语混合组成,其中一些语汇来自儒、释、道经典或日常汉语,"经堂语"在通晓汉语的穆斯林中普遍使用,促进了中国伊斯兰教文化的发展,也丰富了中国汉语词汇。②

四 中国天主教文化的形成与发展

基督教在唐贞观年间传入中国,天主教文化传入中国经历了反复、曲

---

① 赵朴初:《佛教常识问答》,中国佛教协会印制,1983。
② 王作安:《中国的宗教问题和宗教政策》,宗教文化出版社,2002。

折的过程，大概可分为四个阶段。第一个阶段是唐代。唐贞观年间，基督教的一个派别——聂斯脱利派从波斯派遣传教士到达中国，受到唐太宗礼遇，之后唐代大多数官员对此也都持包容态度。该教派当时被称为"景教"，经过近200年的发展，已具一定的规模。到了唐武宗，崇道禁佛，景教也被禁止。第二个阶段是元代。元朝建立后，元世祖对各宗教派别都持宽容的态度，还要求罗马教皇派传教士来华。但随着元朝的灭亡，天主教的两个教派（当时均被称作"十字教"或"也里可温教"）绝迹于中原。第三个阶段是明代和清代前期。16世纪以后，随着西方殖民主义的发展，天主教会的眼光再次投向中国，各教派以前所未有的势头相继派传教士来华传播天主教。起初，许多传教士只是在中国东南沿海一带立足，其中一些天主教徒总结经验教训，改变传教方式，主张学习中国语言，研究中国文化，不强行推行西方习俗。耶稣会士利玛窦等传教士穿中国服，戴儒冠，学汉文，研究中国文化，并以介绍西方科学知识为媒介进行传教。后来，天主教传教士与中国人在祭祖祀孔的问题上发生了所谓"礼仪之争"，被清廷下令严禁外国人传教。第四个阶段是1840年鸦片战争后，清政府被迫签订了屈辱的不平等条约，为天主教、基督教在中国的传教活动规定了种种"方便"。新中国成立后，清除了中国天主教界的帝国主义分子及其影响。1957年，中国天主教爱国会成立。1980年，中国天主教主教团成立，中国天主教实行了自选自圣主教，摆脱了长期以来为外国势力操纵的局面，转变为中国天主教界自办的宗教事业。

五　中国基督教文化的形成与发展

与天主教相比，基督教传入中国要晚得多，第一个来华传教的是英国传教士马礼逊，时间是清仁宗嘉庆十二年（1807）。（1）从翻译《圣经》经典文化开始。马礼逊完成了两项重要的翻译和编纂工作，即汉文基督教经典《圣经》和《华英字典》。（2）为传播基督教文化做铺垫。英、美、俄、德、法等国陆续派遣教士来华，他们除收集情报外，还出版书刊、开设医局、创办学校等，为在中国大规模传播基督教文化做准备。与天主教一样，基督教也是在鸦片战争之后借助一系列不平等条约深入中国内地，传播基督教文化。（3）形成中国基督教文化特色。新中国成立后，肃清了基督教内部帝国主义的影响,实现了中国基督教的自治、自养、自传。1954年中国基督教三自爱国运动委员会成立,1980年中国基督教协会成立。

第三节 我国宗教文化的比较

"人类文化都是以宗教开端,且都以宗教文化为中心。人群秩序及政治,导源于宗教,人的思想知识以及各种学术,亦无不导源于宗教。不仅文化不甚高的时候如此,便是高等文化亦多托庇于这一伟大宗教而孕育发展出来……文化是以宗教开端,中国亦无例外"。①

一 从中国发展史角度比较宗教文化

从世界发展史看,一个国家、一个民族在世界上的兴旺和强盛,不仅体现出经济上的繁荣,还必有一定的文化、文明为其依托。而宗教文化在构成这种文化、文明的依托上,起过重要的历史作用。奥斯曼土耳其帝国横跨欧、亚、非三洲,就是以伊斯兰文化、文明为依托。近代西方之所以强大,除了经济、政治的原因,还有文化的原因。在西方大众文化中,有一个全民的宗教——基督教作为其联络民众情感精神的核心。② 在中华文化的形成过程中,宗教文化同样发挥了重要作用。宗教随着中国社会的发展而不断演进,逐渐形成以信仰文化为核心的宗教文化传统。道教产生于中国的文化土壤,已成为中华传统文化的重要基因和组成部分。在长期的发展过程中,道教文化对我国古代的思想文化和社会生活的各个领域都产生过巨大而复杂的辐射作用,产生了深刻的影响。直到当今,道教文化依然在中国人的生活方式和文化构成中显示出独有的生命力。佛教传入中国后与中华文化相互交融,对中华文化的品格和特质影响至深。伊斯兰教、天主教、基督教经历了从碰撞到融合的过程,对沟通东西方文化起到了重要作用,并在一定程度上丰富了中华文化,这些宗教丰富

---

① 梁漱溟:《人生的三路向——宗教、道德与人生》,当代中国出版社,2010。
② 叶小文:《宗教问题——怎么看怎么办》,宗教文化出版社,2007。

的典籍、哲学、艺术、圣地、礼仪等，都蕴含着独具特色、极其丰富的传统文化资源。

二　从崇拜对象角度比较宗教文化

由于中西文化在历史进程中选择了不同的价值尺度和不同的发展方向，使得各自的文化不仅在对宗教的问题上采取完全不同的态度，而且在具体的信仰实践中也显示出完全不同的宗教观念。多神崇拜是中国宗教文化的突出特点，如龙王信仰、城隍信仰、土地信仰、门神信仰、灶王信仰、财神信仰、药王信仰、瘟神信仰等，这些神灵与中国民众的生产、生活密切相关，既有源自儒家传统的三皇、五帝、舜、禹及祖先崇拜，也有对天、地的崇拜等。

（1）道教的崇拜对象：三清（玉清元始天尊、太清道德天尊、上清灵宝天尊）、四御（昊天玉皇大帝、中天紫微北极大帝、勾陈上宫天皇大帝、后土皇地祇）、八仙、九天玄女和盘古真人等神仙崇拜。

（2）佛教的崇拜对象：三世佛（过去佛、现在佛、未来佛）、四大菩萨（大智文殊、大行普贤、大悲观音、大愿地藏）、四大金刚或天王（东方持国天王、南方增长天王、西方广目天王、北方多闻天王）、诸罗汉等神佛。相比较而言，伊斯兰教、天主教、基督教都是一神崇拜。

（3）伊斯兰教的崇拜对象：它是信仰安拉的一神论宗教，它的基本表述方式为"认主独一"，安拉在通行汉语的地区被译为"真主"，信仰安拉的人被称为穆斯林。

（4）基督宗教的崇拜对象：它是一种信奉耶稣基督为救世主的宗教体系，包括天主教、东正教、基督教。

三　从仪式角度比较宗教文化

（1）道教的主要仪式文化。玄门日课，指道士每天在宫观内的诵经活动，这项活动早在东汉时期太平道出现时就开始了；斋醮科仪，是指道教所讲的"道场""法事"，这是道教规模较大的诵经礼拜活动。"斋"指清洁身、口、意的活动，"醮"指上章祭祀神灵的活动。斋醮科仪还有独特的道教音乐与舞蹈，以音乐的形式来宣扬道教信仰，传播道教教义，表达人们祈盼神仙赐福、降妖驱魔、消灾却祸的感情，并起到使整个斋醮科仪仪式显得更加庄严、神圣的作用。道教斋醮，历代高道都非常重视，并称之为"非科教无以宏扬大道"。① 祀典，指道教重大的纪念活动，主要有圣诞（尊神、祖师的诞辰）、祝愿、接驾、祭星、展墓等。

（2）佛教仪式文化。水陆法会，全称为"法界圣凡水陆普度大斋胜会"，也称"水陆道场""水陆斋仪"。法会的目的在于以食施和法施为主救度一切众生，水陆法会举行的时间最少七天，最长可达四十九天。法会设内坛和外坛，供养众生，诵经设斋，礼佛拜忏，放焰口。密教的一种仪式，亦称"焰口施食仪"。"焰口"是佛教经典所说的鬼王之名，据《焰口施食仪》，佛陀以施食的方法救度饿鬼，体现了佛陀度人苦厄、普度众生的愿力；"打七"，佛教修行者的修行期，通常以七日为期，又称"结七"，包括净土宗的"打佛七"和中国禅宗的"打禅七"两种修持法门。"打七"的时间有一个七天至十个七天不等；诵戒，又称"布萨""优波婆素陀"，意译为长净、增长、净住、说戒。同住的比丘每半月集会于说戒堂或法堂，由精于律法的比丘诵读戒本，反省半月来的言语行为是否与戒律一致。

（3）伊斯兰教仪式文化。伊斯兰教规定了每一个穆斯林的基本宗教义务，称为"五功"，即念、礼、斋、课、朝，这也是伊斯兰教仪式的基本内容。念，指穆斯林念诵"清真言"，即"万物非主，唯有安拉，穆罕默德是安拉的使者"，以此对自己的信仰进行公开的表白或"作证"。礼，即礼拜，是伊斯兰教徒朝向麦加的克尔白寺庙诵经、祈祷、跪拜等礼仪的总称，分为日礼、聚礼、会礼三类。日礼在每天的晨（破晓时）、晌（正午过后）、晡（下午太阳偏西时）、昏（黄昏）、宵（入夜）五个时辰进行；聚礼每周一次，也称主麻，星期五晡拜时进行；会礼在每年开斋节、宰牲节时各进行一次。斋，教历9月为斋月。斋月中每天黎明前到日落时，凡成年（男11岁，女9岁）穆斯林，禁止饮食、性交、

---

① 任宗权：《道教科仪概览》，宗教文化出版社，2006年。

放血，日落后开斋。斋戒的目的在于戒除邪念，培养忍耐精神，激发同情和救济穷人的恻隐之心。课，也称"纳天课"，是向安拉缴纳的具有慈善性质的一种赋税。《古兰经》规定，具备一定资财的穆斯林有义务每年岁末按比例缴纳一定份额的财富用于救危济贫。朝，即"朝觐"，伊斯兰教规定，教历的每年12月7~10日为法定朝觐日期，凡身体健康、备有路费和旅途方便的教徒，不分性别，一生要去麦加的克尔白天房朝觐一次。

（4）基督教仪式文化①。公元4~5世纪时，基督教基本形成了完备的礼仪，后为天主教和东正教所延续。基督教主要仪式包括：①圣事，天主教和东正教共同承认7件圣事，即洗礼（入教仪式），坚振（坚定宗教信念），忏悔（向教会悔罪思过以求宽恕），婚礼，终傅（神父为临死病人进行的一种仪式），神品授予（为神职人员晋升而举行），圣餐礼（纪念耶稣受难日）；新教一般只承认洗礼和圣餐礼为耶稣设立的圣礼。②祈祷，也称念经，所念的经本主要有圣号经、天主经、圣母经、信经、悔罪经等，经文是教会针对某个具体事情而编写，根据不同的"圣事"和"礼仪"而有不同的用法。③主日崇拜，起源于公元1世纪，星期日在教堂举行，纪念耶稣被钉死在十字架后在星期日复活，区别于犹太教以星期六为"安息日"的习俗。主日崇拜由牧师主持，有固定的礼仪程序和祈祷文。

四　从各种节日比较宗教文化

1. 道教的主要节日

道教的主要节日有：三元日，即"正月十五上元、七月十五中元、十月十五下元"。称"天地水三官检校之日，可修斋祈福"。上元节即民俗元宵节，又传为天师张道陵的诞辰。七月十五是道教的中元节，佛教的盂兰盆节，民俗称"鬼节"，保留了古代五腊祭鬼神的遗风。道教的戊日，是道教的重要忌日。道教称"戊不朝真"，以干支纪日，逢六戊（戊子、戊寅、戊辰、戊午、戊申、戊戌）天地造化之日，关闭殿堂，不上

---

① 彭自强主编《宗教学》，宗教文化出版社，2008。

香，不诵经，殿堂门上悬挂戊示牌。祖师诞辰，道教各宗派既有共同的三清四御尊神，也有各自崇拜的祖师神。依道教习惯，重要的尊神和祖师诞辰有：正月初九，玉皇大帝圣诞；正月十九，丘长春真人圣诞；二月十五，太上老君圣诞；三月三，王母娘娘圣诞，俗称"蟠桃会"；九月初九，王重阳圣诞；冬至，元始天尊圣诞。

2. 佛教的主要节日

佛教的主要节日有下列几种：佛诞节，亦称"浴佛节"，纪念释迦牟尼诞辰。根据"佛生时，龙喷香雨浴佛身"的佛教典故，在节日时要举行浴佛、诵经、献花、行像、演戏等重大活动。我国汉地佛教自宋以后将农历四月初八定为佛诞日，藏族将每年藏历三月三十日至四月十五日定为佛诞节，傣族佛教徒在清明后十天举行泼水节（浴佛节）。佛成道日，为纪念释迦牟尼在菩提树下觉悟证道。中国传统的佛成道日在腊月初八。每逢佛成道日，佛教徒即以米和果品煮粥供佛，我国汉族地区煮腊八粥的习惯即来源于此。涅槃节，为纪念释迦牟尼八十岁传法时逝世而设立，中国、朝鲜、日本等国的大乘佛教一般把佛涅槃节定为每年的农历二月十五，佛教寺院一般要举行涅槃法会。盂兰盆节，亦称中元节。

3. 伊斯兰教的主要节日

伊斯兰教的节日主要有以下几种：开斋节，我国新疆地区的伊斯兰教信徒称"肉孜节"，时间在伊斯兰教历10月1日，伊斯兰教认为，教徒通过斋戒可以洗刷罪恶、虔信安拉。古尔邦节，相传伊斯兰教先知易卜拉欣夜梦安拉，为表示对安拉的忠心，正准备杀死儿子时，安拉派天使送一只羊代替了易卜拉欣的儿子。此后，伊斯兰教把这一天定为古尔邦节，又称"宰牲节"，在伊斯兰教历12月10日。圣纪节，纪念穆罕默德诞辰，在伊斯兰教历3月12日。

4. 基督教的主要节日

基督教三大教派的宗教节日基本相同，但名称、时间、地点及举行活动的形式各有不同。天主教的宗教节日一般称"占礼"，占礼分活期和定期。活期以耶稣复活（复活节）作为推称标准，复活节是在每年农历春分后第一次月圆后的第一个星期日。定期占礼，指专定在某一天的节日，如12月25日耶稣圣诞、8月15日圣母升天等。东正教的节日经过长期的流传，与民族生活习惯相结合而具有地方色彩。新教的节日规定较为简单，只注重圣诞节、受难节（复活节前一个星期五）、复活节、圣神降临节。

五　从艺术角度比较宗教文化

艺术是文化的一种表现形式，用来反映典型的社会意识形态，包括文学、绘画、雕塑、建筑、音乐等。宗教和艺术的关系异常密切，并结合形成了独特的宗教艺术。

（一）宗教文化对语言、文学艺术发展的影响

当今世界，几大宗教的经典在其产生之时都是当时社会最优秀的作品，是世界文学艺术作品中重要的组成部分。

道教的经典《道德经》《庄子》之文各具风采、文辞精美，在先秦诸子之文中独树一帜，特别是《庄子》之文，不仅在当时堪称翘楚，而且对后世文学影响极为深远。《道德经》是韵散结合的特殊文体，其中的格言、警句、谚语、方言随处可见于经典之中，这些格言、警句闪耀着智慧之光。《庄子》的辉煌艺术成就，鲁迅说其是"晚周诸子之作，莫能先也"，开辟了散文艺术的新境界。庄子是一位杰出的语言艺术大师，在中国文学史上占有特殊的地位，尤其是《庄子》中的寓言对后世文学的发展产生了重要影响。[①]

自六朝至两宋，佛教经典对我国古代诗歌和佛教发展都产生了重要影响，其间佛学盛行、诗人辈出。一方面，佛教界出现了一批以诗讲佛理之诗僧；另一方面，诗坛上出现了大量以禅入诗、以禅喻诗之禅诗。王维、柳宗元、苏东坡等写了许多禅诗，如柳宗元的《禅堂》：发地结菁茆，团团抱虚白。山花落幽户，中有忘机客。涉有本非取，照空不待析。万籁俱缘生，宥然喧中寂。心境本同如，鸟飞无遗迹。该诗表现了一种空有俱亡，心物一如的境界。再如，苏东坡的"溪声尽是广长舌，山色无非清静身"，更引佛语入诗，把佛理禅意与"山色""溪声"融为一体，

---

① 郭预衡：《中国古代文学史》，上海古籍出版社，1998。

读来别具韵味。①

基督教的经典《圣经》中包含了古希伯来人的诗歌、民间故事和传说等，是一部内容极其丰富的文学作品，在基督教流传的地区，《圣经》中的许多神话、故事、寓言、格言渗透社会生活的各个领域，塑造了西方文化。

伊斯兰教的经典《古兰经》代表了当时阿拉伯文学的较高成就，在阿拉伯文学史上占有十分重要的地位，并对整个伊斯兰教文化产生了深远影响。

(二) 宗教文化对造型艺术发展的影响

本文把建筑、雕塑、雕刻、绘画、装饰、舞蹈等由人类在实践活动中创造的，直接将艺术形象呈现于人们眼前的艺术形式称为造型艺术。宗教对造型艺术的影响是深远的。

1. 建筑艺术

在建筑艺术方面，事实上，世界各国家和地区现存的古代建筑艺术作品主要是宗教建筑。

道教建筑文化。其代表为被列入世界文化遗产的湖北武当山古建筑群、四川青城山、河南登封天地之中古建筑群等，联合国世界文化遗产委员会评价认为，武当山古建筑群中的宫阙庙宇集中体现了中国元、明、清三代世俗和宗教建筑的成就。古建筑群坐落在沟壑纵横、风景如画的湖北省武当山麓，在明代期间逐渐形成规模，其中的道教建筑可以追溯到公元7世纪，这些建筑代表了近千年的中国艺术和建筑的最高水平。道教建筑在中国古建筑中占有很突出的位置，是我国传统文化中的重要组成部分，其中还有一些重要建筑已列为国家级和省级文物保护单位。它们对于我们深入研究中国古代的宗教哲学思想，解剖民族传统文化的深层次结构，建设有民族特色的新文化，都有重要的历史价值和艺术价值。

佛教建筑文化。中国著名的建筑学家、建筑教育家梁思成，其经典著作《中国建筑史》是将寺庙宫观作为主流建筑来研究的，他认为佛教建筑在唐朝极盛。如，现在仍然保存完好的天津蓟县独乐寺观音阁及山门；

---

① 柳宗元：《柳宗元诗笺释》，王国安笺释，上海古籍出版社，1993。

唐代僧人鉴真东渡所建的日本奈良唐招提寺金堂。此外，还有河南嵩山嵩岳寺砖塔、山西五台山南禅寺、应县佛宫寺释迦塔、福建泉州开元寺的石造东西塔等。① 佛教建筑在东南亚国家和地区各有特色，如缅甸的仰光大金塔、台湾的中台禅寺等。

基督教建筑文化。教堂被称为西方的最高建筑艺术，哥特式教堂建筑艺术代表了西方建筑艺术的极高成就，其内部笼罩着一片清冷而神圣的氛围。在装饰上使用了镶着彩色玻璃的长窗，在结构上，正堂和耳堂的交错则代表基督死难的十字架，整个建筑给人以异乎寻常的感受。

伊斯兰教建筑文化。清真寺是伊斯兰教建筑的主要类型，它是信仰伊斯兰教的居民点中必须建造的建筑。清真寺建筑必须遵守伊斯兰教的通行规则，如礼拜殿的朝向必须面东，使朝拜者可以朝向圣地麦加的方向做礼拜，就是面向西方；礼拜殿内不设偶像，仅以殿后的圣龛作为礼拜的对象；清真寺建筑装饰纹样不准用动物纹样，只能是植物或文字的图形。伊斯兰建筑最典型的特征，既不是它们的地点，也不是它们的建筑风格，而是其倾向于隐藏在高墙后面以及将注意力集中在室内的安排上。

伊斯兰建筑不可避免地发展出地区性差异，它们融合了叙利亚、波斯和撒马尔罕的韵味，也融和了麦加和麦地那风格，但其中没有任何一个地方的建筑可单独说明伊斯兰建筑的特色。伊斯兰建筑的发展，如同其宗教仪式一样，是直接从信徒的日常生活而来，它是一种绿洲建筑。

2. 雕塑艺术

在雕塑艺术方面，宗教雕塑艺术是世界文化瑰宝。

道教雕塑艺术主要体现在道教造像上，即造于庙堂、石窟等供道教信徒奉祀的神像。道教造像由于神灵的地位、作用不同，所以其形象制作要求也不同。现存著名的道教造像主要有西安碑林博物馆保存的唐代老子石刻像、太原市山西省博物馆二部的唐代常阳天尊像、太原晋祠宋代侍女像、山西晋城玉皇庙金元时代的二十八宿造像等，均为世界著名的中国古代雕塑珍品。

佛教雕塑艺术在我国和其他佛教盛行的国家，均有着巨大的成就，是

---

① 梁思成：《中国建筑史》，生活·读书·新知三联书店，2011。

人类艺术智慧的结晶。这些雕塑在当时大部分是为了满足人们的宗教目的，客观上却刺激了雕塑艺术的发展。在印度，从公元前 3 世纪至公元 5 世纪，形成了各有特色的佛教艺术，有以佛教遗迹代替佛像的古印度早期佛教艺术；有以薄衣透体、衣纹细密匀称而著称的秣菟罗佛教艺术；有以姿态生动、线条简练、衣纹质感强而著称的犍陀罗佛教艺术。我国的佛教雕塑艺术在世界上享有很高的声誉，其中以甘肃敦煌莫高窟最为著名，其他还有云冈石窟、龙门石窟、重庆大足石刻、天水麦积山石窟等。

基督教雕塑艺术是基督教艺术的重要组成部分，在早期基督教时期，主要反映在石棺上的浮雕技艺，最有名的是《两兄弟》胸像。文艺复兴时期的雕塑家突破了中世纪人物身裹厚袍的雕像传统，米开朗琪罗的许多著名作品都具有庄严、雄浑、完美无瑕的特点，他的《摩西》《大卫》《哀悼基督》享誉世界；贝尔尼尼是巴洛克艺术的代表人物，他为罗马圣彼得大教堂创作的雕塑被称为纪念碑式的作品，圣彼得墓上的螺旋形铜柱、大堂门前环抱广场的柱廊及主教宝座都是杰出的作品，他的大理石雕塑《圣德列萨斯祭坛》也是著名的作品。1945 年，英国雕塑家摩尔为诺坦普敦圣马太教堂创作的青铜雕塑《圣母圣婴》是现代基督教艺术中著名的作品，为圣米迦勒大教堂创作的铜雕《圣米迦勒与魔鬼》也是现代重要的雕塑艺术品。

3. 宗教绘画

在宗教绘画方面，也有许多极为珍贵的文化资源。

道教绘画的早期作品。在东汉魏晋时期的神兽镜上出现了天皇太帝（元始天尊的前身）、西王母、东王公等仙人、玉女形象，另外在山东、河南的画像石和画像砖上也出现过黄帝、老子、骑兽仙人、日月星辰、龙虎、凤凰、龟蛇等朴素的图像，它们均出自教理尚未成熟的道教神仙故事。东晋画家顾恺之创作了以道教水神——洛神为画题的《洛神赋图》。东晋的宗炳还将嵩山、华山等神仙灵山的描法着于《画山水序》，成为以后米芾、黄公望、石涛等人道教山水画的先驱。张彦远的《历代名画记》记录了盛唐道观壁画的状况。据其卷三称，活跃于长安的巨匠吴道子在太清宫画绢本《玄元皇帝（太上老君）像》，在龙兴观画《明真经变图》，还在洛阳老君庙画《五圣朝元图》。此外，当时的道教绘画作品还有《五岳真形图》《五星八卦二十八宿图》《阴阳宅相图》《大搜神芝图》《老子黄庭经图》《黄帝仆龙图》等。山西永乐宫是在吕洞宾（纯阳帝君）的故宅遗址上建造的元代全真教道观，在三清殿有壁画《诸天神众图》，纯阳殿有表现吕洞宾传教活动的《纯阳帝君神游显化图》，七真殿有表现全真教开山祖师王重阳生涯的壁画。《纯阳帝君神游显化图》中有著名的《钟吕谈道图》《八仙渡海图》，有钟离权、张果老、韩湘子、铁拐李、曹国舅、吕洞宾、蓝采和、何仙姑"八仙"。此外，还有七真之一的丘处机（长春丘真人）的版本画传《玄风庆会图》（1274年刊）。岱庙天贶殿中有壁画《泰山神启跸回銮图》。宋末元初有龚开以钟馗为题材的《中山出游图》等。

佛教传入中国后，由于佛教的影响而使佛教绘画艺术发扬光大起来。北宋以前，最有名的画家多以佛像为画题，5世纪的顾恺之善于点睛，其画的特点是"虽寄迹翰墨，而神气飘然"；8世纪的吴道子强调灵性，认为只有"灵性"的画才会感人。在绘画技法上，他在继承"曹衣出水"之外，一变为"吴带当风"，开辟出"吴装新局面"；敦煌壁画则体现了佛教绘画艺术的最高成就，其中飞天壁画堪称世界美术史上的奇迹。[1]

基督教绘画艺术是基督教最重要的艺术形式。宗教绘画主要是以基督教《圣经》教义、基督教历史和传说中的人物、事迹为题材的镶嵌画和绘画。拉文纳圣维他勒教堂内的镶嵌画是拜占庭艺术的代表作，君士坦丁堡圣索菲亚大教堂中作于13世纪的镶嵌画《祈求》，人像比例适中，形象生动，圣母充满母爱，基督也很亲切。

伊斯兰教绘画艺术约7世纪后产生于阿拉伯半岛，很快从巴勒斯坦、叙利亚、美索不达米亚、伊朗、埃及向四周传播，其势力东至阿富汗、印度、中国、印度尼西亚，西及北非、西班牙、西西里岛。它融合了中国绘画等多元要素，其发展虽与各地区的美术特性相联系，显出多样性，但又具有独特的单一样式。而导致这种单一性的是《古兰经》对偶像崇拜的否定。清真寺是伊斯兰教绘画艺术的代表，屋顶通常为半球形或葱花形的穹窿，建筑周围建有一柱或数柱高塔。伊斯兰建筑的装饰手

---

[1] 吴为山、王月清：《中国佛教文化艺术》，宗教文化出版社，2002。

法极其丰富，它们灵活运用了几何纹、植物纹、阿拉伯图案、文字纹等平面无限连续的装饰纹样，其华丽的色彩、光影的效果和精美细致的设计达到无与伦比的高度。

(三) 宗教文化对音乐艺术发展的影响

1. 道教音乐文化

道教音乐是一种古老的宗教音乐，在内涵上，道教音乐渗透着道教的基本信仰和美学思想，形成了自己独特的格局。它主要用于颂赞神仙、祈福禳灾、超度亡灵和修持养炼。它的美学思想反映了道教追求长生久视和清静无为，曲调庄严肃穆而清幽恬静。通过音乐的烘托、渲染，道教的斋醮仪式显得更庄严、肃穆、神圣和神秘。道教的信仰与汉民族的习俗有着十分密切的联系，道教音乐与汉民族传统音乐的关系十分密切，它大量吸取和糅合了宫廷音乐和民间音乐的曲调和演奏方法。道教音乐一般由声乐和器乐两部分组成，表演形式多种多样，包括独唱、齐唱、独奏、合奏、伴奏等形式。中国历史上曾有不少道士是著名的音乐家，近代最著名的是华彦钧（即阿炳），他的《二泉映月》等是中国民族音乐中非常优秀的作品。道教音乐名曲有：《三清胜境》《仙家乐》《白鹤飞》《鸿雁赞》《迎仙客》等。

2. 佛教音乐文化

佛教音乐起源于印度吠陀时期，佛陀根据其中记述梨俱吠陀歌咏方法之娑摩吠陀而制定伽陀，伽陀即偈颂，方便宏扬佛法。佛教音乐被称为"梵音"，又名"梵呗"。梵，来自印度语，是"梵览摩"的略称。中国佛教音乐发展是由陈思王曹植鱼山梵呗开始的（唐密和显教）。梵，是印度语"清净"的意思。呗，是印度语"呗匿"的略称，义，为赞颂或歌咏。梵呗，亦称赞呗、梵乐、梵音、念唱、佛曲、佛乐等，是佛教徒（确切说，是指出家人或主持）举行宗教仪式时在佛菩萨前歌诵、供养、止断、赞叹的颂歌，后世梵呗是以鱼山梵呗为标准的简称，泛指传统佛教音乐。

3. 基督教音乐文化

基督教音乐是唱歌赞美上帝，是基督教宗教仪式的重要组成部分。这些赞美上帝的歌曲最初是用乐器伴奏的，所用的乐器有琴、瑟、钹、号角等。中世纪的基督教教会里，除管风琴外，一切乐器都被禁止使用，只有单声部、自由节奏的无伴奏素歌是合法的教会歌曲。西方基督教教会的素歌（又称圣咏）有4派：以米兰主教圣安布罗斯命名的"安布罗斯歌"、法国教会的"高卢素歌"、西班牙教会的"莫萨拉布素歌"、以罗马教皇格列高利一世命名的"格列高利素歌"。

4. 伊斯兰教音乐文化

伊斯兰教音乐是伊斯兰经典赞词诵读乐调，是穆斯林在吟诵《古兰经》和各种赞词时根据经文内容和经文的阿拉伯语读音、发声规律创制的一种特殊的音乐，一般没有乐器伴奏，其音调抑扬顿挫、纯朴清雅，充满着阿拉伯民族的特点和风格。中国穆斯林在吟诵《古兰经》和节日赞词时也较多地受到伊斯兰教音乐文化的影响，华北、西北和西南诸省区又各具特色，风格各异，音调都比较优美。

六　从养生角度来比较宗教文化

道教养生文化是中国传统文化中很重要的一部分，养生虽然不是道教的专利，但是毫无疑问，道教养生是集大成者。道教以延年益寿、羽化登仙为最高目标。道教是世界上唯一将长寿（道教称长生）作为修行目的和修行内容的宗教，因此，道教也可以说是养生宗教。道教养生受中国传统文化影响较深，如先秦的神仙观念、《周易》的阴阳五行说及道家的哲学和天人合一思想等。道教根据宗教实践，提出了"天人合一""法于阴阳""以德养生"等一系列思想命题。道教的养生方式主要有：一是饮食养生，认为"药补不如食补"；二是四时养生，认为"春夏养阳，秋冬养阴"，主张"春养肝，夏养心，秋养肺，冬养肾"；三是导引按摩养生；四是房中术养生；五是呼吸养生。道教养生，对于个体而言，要求养生处德；对于国家而言，则要求管理者以养育人民，安顿民生为务；对于整体环境来说，要求人类节制自身，养生万物，以实现人、社会与自然的全面健康、和谐之关系。[①]

佛教养生文化提出养性、调身先调心。因为心与身、肢体与精神是一

[①] 蔡林波：《道教养生蕴含的文化机制》，《中国宗教》2012年第2期。

个整体，互为因果，互相影响，只有"放舍诸缘休息万念"，才能保养身体益寿延年。佛教养生法有：一是静坐法（有人认为，静坐不但在生理方面可以对人大有裨益，在心理方面也能使全身精神归于统一集中，以一种平静的态度，促使心理健康。同时，心理安宁而正常，思想也清明而愉快，自然又能促使体气和平，祛病延年）。二是佛教强身健体的动功养生功法（如达摩十八手、少林金刚桩内功、少林罗汉卧功等）。三是佛教推拿保健养生法（如滚动推拿疗法、摩擦推拿疗法、击打推拿疗法等）。四是佛教素食养生法（如进食就是吃药、戒食肉、戒"五辛"、吃蛋等于杀生等）。

在基督教养生文化方面，我们熟悉的红十字会、预防医学、南丁格尔奖等都与基督教文化有千丝万缕的关系。国际红十字会成立于1863年，从那时起，红十字会即救人无数，而它的创始者就是一位基督徒。基督教文化中有无数的教导，要人不可糟蹋自己的身体，例如不要抽烟、喝酒、性杂交等，这些都对健康绝对有益。《圣经》指出，身体是"圣灵的殿"。

伊斯兰教养生文化（以中国为例）是以伊斯兰宗教文化为底蕴，吸收并融合了中国儒道健身、养生思想而形成的一种亚文化。这种在特殊条件下，由多种因素聚合在一起自然形成的养生、健身文化与现代社会提倡的健康生活方式有许多一致的地方。健康的生活方式使这一亚群体在日常生活中少了许多现代"文明病"的诱因，减少了因"酗酒、吸烟、生活无规律、营养失控、体育活动不足"等对健康的危害。据全国第二次、第三次人口普查的统计资料表明，宁夏回族穆斯林健康长寿者明显多于生活在同一地区的汉族。1994年《中国体育报》报道了北京牛街的回族穆斯林长寿者所占比例高于北京市平均水平。这种融合了宗教、民俗、禁忌、地域、民族文化而形成的养生健身文化，是中国文化的组成部分。

七 从生态角度比较宗教文化

道教生态文化强调"任物自然""守道而行""尊道贵德"，最终"得道成仙"，从而形成了以生命为中心的生态伦理观。从宗教神学的角度建立人与自然之间的和谐关系，主张"天人合一""天父地母""道法自然"，并以劝善成仙、神明赏罚的宗教神学方式予以具体落实。道教主张"任物自然",反对把人的意志强加给自然,反对人为地干涉、破坏大自然的进程。"道之尊,德之贵,夫莫之命,而常自然。"① 圣人"以辅万物之自然而不敢为"。葛洪在《抱朴子内篇》曰:"天道无为,任物自然,无亲无疏,无彼无此也。"② 因而,主张圣人"任自然……存亡任天"。③ 自然界的所有事物都具有内在价值,这种内在价值是通过对大自然的拥有权、保护权而得到确认的。人类应尊重自然界的这些权利,与自然界和谐共处、共生共荣,正确处理人与自然万物的关系,保持和谐完美的宇宙系统及自然万物独特的地位和内在价值。④

佛教生态文化包含两个方面:一是众生平等思想;二是生态整体主义。在众生平等思想中,佛教赋予"有情众生"和"无情众生"平等的内在价值,主张大自然的一切生命都有存在的价值和平等的地位,并在此基础上,提出戒杀、放生和素食的实践主张;在生态整体主义文化中,提出了"缘起论"和"全息论"。"缘起"在原始佛教中表述为"此有故彼有,此生故彼生,此无故彼无,此灭故彼灭"。这里,"此""彼"构成一个不可分割的整体,即事物的存在与否取决于条件。中国佛教文化在"缘起论"的基础上,又发展了"整体论",即认为人和自然是一个和谐的整体,人与自然是共生共荣的关系,从而构成了中国佛教独特的生态整体主义。"全息论"是中国佛教最具特色的思想,中国佛教认为,任何极微都蕴含着宇宙的全部信息,叫作"芥子容须弥,毛孔收刹海",芥子、毛孔是极微的意思,须弥、刹海代表广阔的空间,芥子、毛孔可以容纳、蕴含无限的宇宙。⑤《维摩诘经》体现了中国佛教的生态主义文化,"一切众生病,是故我病,若一切众生病灭,则我病灭。"维摩诘将自己与众生看作一体,一切众生之病为己病,若众生无病,自己才无病。

基督教生态文化强调"各从其类",它建立在基督教神学的基础上,基督教从上帝创造宇宙万物的本体论角度讨论人与自然之间的关系,构建

---

① 《老子道德经河上公章句》,中华书局,2006。
② 张松辉译注《抱朴子内篇》,中华书局,2011。
③ (晋)郭象注、(唐)成玄英疏《南华真经注疏》,中华书局,1998。
④ 毛丽娅:《道教与基督教生态思想比较研究》,四川大学博士论文,2006。
⑤ 高扬、曹文斌:《中国佛教生态伦理的思想基础》,《中国宗教》2011年第11期。

了以神人关系为基础的自然生态观和以"爱"文化为最高原则的生态道德观。基督教生态文化以神人关系为中心,人与自然的关系服从于人与神的关系。《圣经》认为要修好人与自然的关系,首先必须修好人与上帝的关系。人类爱好和平、寻求对上帝的敬畏,"从基督徒身上可以得到的东西是无私奉献的动机,这曾经使基督教的遗产变得令人瞩目"。①

伊斯兰教生态文化强调"维系万物"。伊斯兰教承认自然界的神圣性、完美性,把自然界看成真主的杰作,是体现真主意志的生命体,自然物赞颂并荣显真主的慈恩,是真主荣光和伟大的见证,他们以其和谐、匀称的形态体现着真主完美的创造性。真主"是维系万物的","是监护万物的","他精制他所创造的万物"。②

八 从和谐思想比较宗教文化

道教和谐思想。中国道教以"道"为最高信仰,强调"自然无为",因为道的法则就是自然无为,由此造就了宇宙万物的和谐状态。《道德经》第 42 章说:"万物负阴而抱阳,冲气以为和"。阴阳二气此消彼长,自然调节,以"中和"为常态,故"知和曰常,知常曰明"。③ 道教认为要维护人与人、人与自然之间的和谐,最根本的是节制私欲,戒除浮躁和主观妄为,这些,遵循老子讲的"去甚"(极端要求)、"去奢"(过分厚享)、"去泰"(超常生活),回归人之本性,遵从大道自然无为的运动法则及"和"的属性,返璞归真。为了弘扬和谐理念,中国道教界举办了"和谐世界,以道相通","尊道贵德,和谐共生"为主题的国际道教论坛,向全世界传导中国道教道法自然、平等无争的和谐思想。

佛教和谐思想。中国佛教基于缘起思想和平等观念,向来都讲"和合共生",佛教僧团更有"六和敬"的传统,中国佛教界先后举办了以"和谐世界,从心开始""和谐世界,众缘和合""和谐世界,同愿同行"

---

① 安希孟:《地球是谁的——基督教生态伦理学》,《吕梁高等专科学校学报》2001 年第 12 期。
② 赵芃:《基督教、伊斯兰教与道教自然观的对话》,《贵州社会科学》2005 年第 3 期。
③ 任法融:《尊道贵德 和谐共生》,载《和谐世界 以道相通:国际道德经论坛论文集》,宗教文化出版社,2011。

为主题的三届世界佛教论坛,提出了"人心和善、家庭和乐、人际和顺、社会和睦、文明和谐、世界和平"的"新六和"愿景。

中国基督教界与伊斯兰教界也举办了以"和合共生"为主题的交流和对话活动,努力通过促进宗教和谐来促进社会和谐。[①]

第四节　小结

一　宗教文化是人类社会发展到一定历史阶段的精神与物质的产物

1. 人类社会的变化和发展,对宗教文化的形成和发展有着决定性的影响

综观世界宗教文化的形成以及佛教文化、伊斯兰教文化、天主教文化、基督教文化在中国的传入和发展,都经历了一个漫长和曲折的过程。唐代景教文化的流传,得益于唐朝统治者的宽容。元代"也里可温教"之发展,得益于元朝统治者统治中原的需要。由于中国发展到唐代,以儒为主、释道相辅的格局已经基本形成,包括伊斯兰教文化、天主教文化在内的各西方宗教文化要在中国社会产生重要影响已属不易。16世纪以后,国外传教士介绍进来的西方先进科学技术,引起了相当一批士大夫的浓厚兴趣,但他们之中鲜有信仰天主教和基督教的,这说明"中学为体,西学为用"的思想影响相当深刻。

2. 与当地文化融合是外来宗教适应环境并生存和发展的关键

佛教作为一种外来宗教,传入中国之后,首先面对的是植根于中国传统文化中土生土长的道教。佛教与道教自汉魏以来一直既相互斗争,又相互融合。佛教实现中国化的过程主要是与中国传统文化相融合的过程,之后,伊斯兰教、天主教、基督教经历了曲折发展后,也开始融入中国文化,如利玛窦倡导"耶儒"结合,利用经学阐发其教义。

[①] 蒋坚永:《发挥积极作用　促进社会和谐——当代中国宗教与社会和谐关系的理论与实践》,《中国宗教》2009年第11期。

3. 宗教文化的传播是不断延续的

宗教文化是某一地域文化的产物和表现形式，但是各种宗教文化在其发展传播的过程中，又都不同程度地走出了其产生地，与外部的文化相融合，影响范围越来越广。综观世界宗教文化，无论是产生于中国土壤的道教文化，还是产生于印度的佛教文化；无论是发源于中东两河流域的基督教文化，还是产生于阿拉伯半岛的伊斯兰教文化，其产生之初都是某个民族或区域文化基因作用的结果，并不断向外传播。

4. 宗教文化影响地区主流文化圈

当代世界，各主流文化圈无一例外都深受宗教文化传统的深刻影响，体现着宗教文化特色。佛教、道教、儒家文化是中国传统文化的重要组成部分，也是独特的东亚文化圈的重要文化因素，并向日韩和南亚地区传播。阿拉伯半岛形成了以《古兰经》为核心的独特的伊斯兰文化圈，并且由于伊斯兰教与穆斯林不可分割的关系，在有穆斯林的地方，就有伊斯兰文化。基督教对西方文化产生过举足轻重的作用，它吸收和融合了古希腊、古罗马以及希伯来文明的精华，形成了以欧美为核心的西方基督教文化阵营。

5. 道教文化是构成我国文化软实力的主要组成部分

中国道教文化历经2000多年生生不息并具有巨大影响力和吸引力的根本原因是其追求和平、和谐、道德、包容、善美、健康等特质。正如一位西方学者所说："中国高度发达的文化曾像一座光芒四射的灯塔照亮了世界的东方，影响了世界文明的进程。"①《道德经》说："万物负阴而抱阳，冲气以为和。"叶郎认为，《道德经》一书的哲学味道要比《论语》浓得多，老子用"道法自然"的命题否定了有意志的天帝，而"中国美学的起点是老子"。② 一部《道德经》不仅是从古至今所有道教徒必读的经典，而且已经走出中国、影响世界。因此，需要对中国道教文化重新认识，并发挥其在促进社会和谐、经济发展、对外交流等方面的巨大作用。

二 宗教文化是一种有经济价值的文化资源

宗教文化不仅对所在的社会和民族的精神层面有着深刻的影响，而且

---

① 裴士京：《试论中国文化的特性》，《安徽大学学报》1999年第2期。
② 叶郎：《美学原理》，北京大学出版社，2009。

对物质层面也有直接的影响，宗教文化的核心竞争力对区域经济的发展有带动作用，具有比较优势。

1. 宗教文化资源的挖掘对于带动旅游经济发展有较大的作用

许多世界著名的旅游胜地都与宗教建筑文化有关，它有力地带动了地方经济的发展。如天主教文化资源以梵蒂冈的建筑文化最为著名，梵蒂冈是集宗教、城市和国家于一体的宗教之国，是天主教教皇的居住地，位于罗马城内，境内的圣彼得大教堂内有文艺复兴时期许多艺术大师的壁画与雕塑，每年到此旅游的人超过千万人次，宗教文化旅游是这个国家的主要收入。欧美地区是基督教建筑文化资源的盛行之地，最著名的有西班牙的希拉尔达大教堂、奥地利维也纳的圣斯捷方大教堂、捷克的圣维图斯大教堂、德国的科隆大教堂、意大利的米兰大教堂、英国的圣保罗大教堂、法国的巴黎圣母院等。佛教文化虽发源于印度，但目前印度的佛教活动和佛教文化遗存远远赶不上其附近的缅甸、泰国和柬埔寨诸国，缅甸古城蒲甘号称"400万宝塔城"，尼泊尔的加德满都号称"寺庙之城"，有"黄袍佛国"之称的泰国，更是寺庙林立，仅首都曼谷就有寺庙300余座，其中玉佛寺内的玉佛、金佛寺内的金佛（用5.5吨黄金铸造）和卧佛寺内的卧佛被誉为泰国"三大国宝"。另外，有"千庙之岛"之称的印度尼西亚巴厘岛、日本奈良市的唐招提寺，中国的敦煌、洛阳等，也都是闻名世界的佛教旅游胜地。在道教建筑文化资源方面，湖北武当山古建筑群、四川青城山古建筑群、河南登封天地之中古建筑群都是世界文化遗产，吸引了世界的目光，每年观光的人数呈几何倍数增长。

2. 宗教文化资源可以开发成为极具经济价值的文化产品

从前面对宗教文化的概述中得知，宗教文化不仅是一种资源，而且资源很丰富，种类很多。在宗教雕塑文化方面，中国敦煌佛教雕塑艺术绝对是稀世珍品，此外，中国山西永乐宫的道教雕塑艺术，缅甸的仰光大金塔，米开朗琪罗的雕塑作品《摩西》《戴维》《哀悼基督》等均享誉世界。在宗教绘画艺术方面，基督教的绘画艺术，如达·芬奇《最后的晚餐》、米开朗琪罗的《创世纪》《末日审判》，拉斐尔100多幅圣母像中的《西斯廷圣母》等都是传世名作。在道教绘画艺术方面，宋末元初有龚开以钟馗为题材的《中山出游图》（现存于华盛顿的弗里尔美术馆），张大千的《老子挂犁松》《华山老子丹台》以及八大山人的道教绘画艺术等均具有世界级的影响力，蕴含巨大的经济价值。在道教陶瓷艺术文化方面，由于将最能代表中华文化的道教文化和陶瓷文化融合在一起，道教陶瓷艺术文化产品更是价值连城，道教陶瓷艺术文化产品《鬼谷子下山》2009年在香港拍下2.3亿元的天价，作品描绘的是鬼谷子下山营救学生孙膑的故事。鬼谷子，原名王诩，因修行于江西贵溪市的道教"洞天福地"——鬼谷山而得名。

3. 宗教文化资源种类多，但道教文化资源最为丰富

通过对宗教文化的比较，我们发现道教文化资源种类最多、最丰富，道教文化与社会、经济、生态的关系最密切，尤其是与人类的生活有千丝万缕的关联，道教养生文化、道教音乐文化、道教"洞天福地"文化、道教建筑文化等都是具有比较优势的文化资源。通过对道教文化资源的集聚进行综合类产业化开发，可以带动城市文化产业发展、生态文化产业发展、园区类文化产业发展；通过对道教文化资源产业化开发，可以带动文化旅游产业、中医药文化产业、陶瓷文化产业以及电视文化产业等的发展。

三 道教文化是一座蕴含多种资源的"富矿"

道教文化经历2000多年的历史积淀，经过不断地与时俱进、不断地创新与创造，形成了世界上独一无二的道教文化资源"富矿"。在这些深厚的道教文化资源中，有很多是具有经济价值的文化资源。道教文化资源包含道教祖庭文化资源、道教神仙文化资源、道教建筑文化资源、道教节日文化资源、道教劝善文化资源、道教仪式文化资源、道教音乐文化资源、道教养生文化资源、道教生态文化资源等，其中道教建筑文化资源、道教音乐文化资源、道教养生文化资源、道教生态文化资源等都是文化产业发展的特色资源，在政府的规制下，可以通过市场机制由企业来运作。而道教祖庭文化资源、道教神仙文化资源、道教仪式文化资源、道教劝善文化资源等体现道教信仰的文化资源，在政府的规制下，由非营利机构按照道教的传统教规和道教文化传承的需要，统一管理、统一规划，同样可

以作为文化旅游产业的特色资源。

虽然道教文化资源具有厚重的历史,深刻的内涵,但由于历史的原因,道教文化资源这座"富矿"并没有得到充分"开采",而且在世界上的影响力还相对较弱,这与道教文化资源本身的经济价值、社会价值十分不相称,因此,有待于进一步"深挖掘"和"走出去"。

第三章　道教文化资源的形成与发展

第一节　道教文化内涵

一　道教文化的内涵

"文化"是我们日常生活中使用频率比较高且目前比较热的一个词语，其语源是近代学者对拉丁文"Cultura"的意译，借用的是中国固有的"文""化"及"文化"等语义，加以熔铸再创而成。道教是以"得道成仙"为基本信仰的中国传统宗教，它深深植根于中国传统文化的土壤之中，在先秦老庄思想的基础上，又融合吸收儒、墨、阴阳、神仙、方技、养生等诸家的思想，通过神化老子以及有关"道"的学说而建立起理论体系和修道方法，逐渐形成了以道为本的哲学思想、长生不老的仙学精神、贵生重人的生命观、以善为先的伦理观、知足常乐的幸福观、太平安宁的社会观和顺应自然的生态观。

从语源学的角度来看，"道教"一词的原初之意是指"圣人神道设道"以教化民众的宣道之意。先秦诸子百家中的儒、墨、道、阴阳诸家都曾将自己的理论与方法称为"道"，强调自己是以"道"来教化民众，故自称或被称为"道教"，形成了道教文化的雏形。①

从本质上来看，道教起源于人对自己生存状态的认识，并期望通过这种认识而建构一条解脱现实苦难，确立终极意义世界的途径。道教创立之初，就以老子《道德经》为理论基点，围绕着人如何修身养性才能达到

---

① 孙亦平：《道教文化》，南京大学出版社，2009年。

升玄之境而建立了以"道"为核心的信仰体系。道教"得道成仙"的信仰形成了两重性：一方面，极力宣扬超越世俗而追求与"道"相契的神圣境界；另一方面，并不要求人们放弃世俗生活，甚至强调只有在世俗生活中先修人道，再修仙道，成为一个完善的人，才能得道成仙，这是道教文化的本质内涵。

从宗教信仰上来看，道教以老子之"道"为信仰核心，有学者认为这源于中国古代母系氏族社会中自发形成的以女性生殖崇拜为特征的原始宗教，这是道教文化的形式。

从思想理论上来看，道教理论基点是老庄道家思想，老子被认为是道家学派的创始人。《道德经》突破了上古对鬼神、上帝、天的信仰，而且还将理性精神贯穿于对天、地、人之道的认识和分析之中。《道德经》虽然只有五千言，但其思想玄妙精微，包蕴丰富，义理深邃，从而被奉为经典，是当今世界上除了《圣经》之外译本最多的经典著作，这是道教文化的思想性。

从社会层面来看，道教既是社会生活的产物，同时又对当时的社会秩序产生了深刻的影响，这是道教文化的社会性。

二　道教文化资源的内涵

（一）关于资源的概念

《辞海》对资源的释义是："资财的来源，一般指天然的财源"，从广义上，分为两个范畴：一是自然赋予的自然资源；二是人类社会人的劳动创造的各种资源。[①] 一国或一个地区拥有的物力、财力、人力等物质要素是资源的总称。它分为自然资源和社会资源两大类，前者如阳光、空气、水、土地、森林、动物、矿产等，后者包括人力资源、信息资源以及劳动创造的物质财富。

"资源"一词在《现代汉语词典》中的解释为："指生产资料和生活资料的天然来源。"

17世纪，威廉·配第的著名论断"土地为财富之母，劳动为财富之

[①] 乐后圣：《21世纪黄金产业——文化产业经济浪潮》，中国社会出版社，2000。

父"可被视为资源价值论的最早萌芽。从18世纪到20世纪初,亚当·斯密、李嘉图、马歇尔等经济学家从自由市场的"资源稀缺"层面研究了经济与资源的关系,并一致认为,资源的稀缺可以通过市场价格机制得到解决。

恩格斯曾指出,劳动与自然一起才是一切财富的源泉,也就是说资源一种是自然生成的,一种是劳动创造的。

资源是一种动态的概念,按照我国传统解释,资源一词又称"财源",即资财之源、财富之源。文化就是人们通过劳动创造的成果,这些解释和论述通俗地说明了资源的内涵特征,强调了资源相对于人们需要的有用性。"资"就是"有用""有价值"的东西,是人们生存与发展所需要的生产资料和生活资料;"源"就是来源,即生产资料和生活资料的来源,更多强调的是资源的天然特性。

根据资源的概念和内涵,可以认为道教文化资源是一种人类劳动创造的、有价值的、能够创造财富的稀缺资源。

(二) 道教文化资源的内涵

道教文化是人类的劳动成果。在漫长的历史发展过程中,为满足信仰者的精神需要和社会需要,一代又一代的祖先用劳动创造了道教建筑文化、道教音乐文化、道教斋醮科仪等,形成了丰富多彩的道教文化形式和道教文化类型,所以,道教文化是一种可以创造财富的劳动资源。

道教文化是对人们有用的知识。20世纪50年代,美国麻省理工学院索洛教授通过实证研究,证明技术进步是增长的主要源泉。与美国经济学家西奥多·舒尔茨于1979年共同获得诺贝尔奖的经济学家威廉·阿瑟·刘易斯,在1995年发表的《经济增长理论》一书中首次系统地提出了知识的增长和运用是决定经济增长和发展的直接原因的新增长理论。新增长理论提示了这样一种事实,知识可以提供投资的回报,而这反过来又可以增加知识的积累。知识可以通过"溢出效应",在几乎不增加额外投资的情况下反复利用,以减轻资金短缺对经济增长的压力。道教文化是一种能够带给人们精神快乐的知识,是一种能够直接或间接带动经济增长的知识,因此,道教文化是一种有价值的资源。

道教文化是一种"软实力"。在许多国家有关综合国力的理论研究中，文化被当作体现"战略意图""国家意志""软实力"的一个重要指标。老子在《道德经》中写下"天下之至柔，驰骋天下之至坚"，意思是说水是天下最柔软的东西，但滴水可以穿石，可以穿透天底下最坚硬的东西。美国《时代》周刊推选老子为人类有史以来最伟大的作家。这些都是我国的文化软实力，是世界上独一无二的珍贵文化。所以，道教文化是一种稀缺资源。

第二节　道教文化资源的分类

中国道教兴起于东汉，基本格局则完成于魏晋南北朝时期，明确以"神仙"作为它的"终极关怀"。这一历史过程通常被分为四个阶段，每个阶段都积淀了丰富多彩的道教文化资源，为后代所享用。[①]

第三节　道教文化资源的类型

根据《保护世界文化和自然遗产公约》规定，凡提名列入《世界遗产名录》的文化遗产，必须符合下列一项或几项标准方可获得批准：（1）代表一种独特的艺术成就，一种创造性的天才杰作；（2）能在一定时期内或世界某一文化区域内，对建筑艺术、纪念物艺术、城镇规划或景观设计方面的发展产生过大的影响；（3）能为一种已消失的文明或传统文化提供一种独特的至少是特殊的见证；（4）可作为一种建筑或建筑群或景观的杰出范例，展示出人类历史一个（或几个）重要阶段；（5）可作为与传统的人类居住地或使用地的杰出范例，代表一种（或几种）文化，尤其在不可逆转之变化的影响下变得易于损坏；（6）与具特殊普遍意义的事件或现行传统或思想或信仰或文学艺术作品有直接或实质联系。虽然根据以上一项或几项标准，我国现遗存的许多道教文化资源都可以列入世界文化遗产，但考虑到国与国的平衡，被列入世界文化遗产的中国道教文化资源只有3处。在国内，许多道教建筑文化资源、道教音乐文化资源、道教

---

① 吴小如、刘玉才、刘宁、顾永新编著《中国文化史纲要》，北京大学出版社，2007。

养生文化资源都是国家级、省级文物或非物质文化遗产资源。

事实上,道教文化每时每刻都体现在我们的现实生活中,并产生具体的作用。遗憾的是,由于历史和社会等错综复杂的原因,使道教及其文化资源的价值未被人们正确地理解,部分民众不但对道教、道教徒以及道教文化资源缺少认识,甚至有误解和偏见。出于对传统文化的宣传,更是一种社会责任,本文将分门别类对道教文化资源进行梳理。

一 道教洞天福地文化资源

"洞天福地"是道教神仙居住之地,唐朝司马承祯的《洞天福地·天地宫府图》和五代时杜光庭的《洞天福地·岳渎名山记》都有"洞天福地"的记载。从历史角度来看,洞天福地不仅是神仙居住之福地,同时也是道教文化资源的创造、创新、创意之圣地。"十大洞天、三十六小洞天、七十二福地",蕴含着太深、太多、太厚的文化积淀,其深邃的思想和优美的自然风光蕴含着丰厚的旅游经济价值。

洞天福地文化资源是道教"宇宙之说"的一个重要组成部分,它的基本内涵用现代语言可以解释如下:在我们人类栖居的以地球为中心的居留空间中(即所谓的"大千世界")还并存着数十个相对隔绝、大小不等的生活世界(即"十大洞天""三十六小洞天")及七十二处特殊地域(即"七十二福地"),这些洞天福地大多位于中国境内的大小名山之中或之间,它们连接贯通,构成一个特殊的地下世界。按照道教的解释,洞天福地世界与我们所处的大千世界相似,也具有各自的天地、日月、山川、草木等自然组成因素。由于洞天福地位于大千世界的空间中,因而它们与我们的世界就有着各种各样的联系(例如世人有时误入洞天,洞天居民有时也造访人间),同时又由于它们存在的相对隔绝性,洞天福地世界又具有自身独特的时空构造,一般而言,洞天世界对世人是不敞开的,它们的存在具有很大的隐秘性。

二 道教神仙文化资源

一般来说,中国道教神仙文化谱系是以"三清""四御"为最高神,包括天神、地祇、人鬼崇拜的等级秩序化的庞大神仙体系。南朝梁代,著名道教理论家陶弘景在《真灵位业图》中对道教神仙谱系文化做了系统整理，他把神仙分为七个等级，每个等级设一中位，由一位神仙主持，中位之外又分设左位、右位若干个席位，安排诸神。七个等级，高低有别，以第一等级为最高，依次分级，秩序井然。道教神仙信仰文化虽然以"得道成仙"为基础，但有众多的神灵存在，崇拜者可以根据自己的需要，选择不同的神灵来加以膜拜，故形成了多神信仰文化。这是道教文化与其他宗教文化的最大区别。

1. 三清信仰

"三清"是玉清、上清和太清的合称，指元始天尊、灵宝天尊和道德天尊，是道教崇奉的三位最高尊神。在三清尊神中，元始天尊被列为第一神阶正中位的最高神；灵宝天尊是随上清派、灵宝派的相继出现而显名于世的，宋代时被称为"灵宝天尊"或"灵宝君"，在《真灵位业图》中，灵宝天尊是仅次于元始天尊的第二号尊神，位居七大神阶中第二神阶的正中位。早期道教本不重视偶像崇拜，如《老子想尔注》就十分崇尚"道"之"无形无象"。重视斋戒的南朝道士陆修静也认为："大道虚寂，绝乎状貌。"但后来在佛教的影响下，道教也把自己的尊神请到宫观大殿里，享受供奉和祭祀。在三清神诞日，道教宫观大多要举行祝诞聚会或祈福延寿等盛大道场[①]。

玉皇大帝——"四御"中的第一御，是受人间崇拜的众神之王。道教宣扬，玉皇大帝是总执天道的大神，位居"三清"之下，众神之上，是"三界十方、四生六道"的总管，宇宙的最高统帅，俗称"天公""天老爷"。玉皇大帝的出现，使道教神谱又出现了新的变化："元始为三教之首，玉帝为万法之宗。"[②] 常见的玉皇大帝像往往身着九章法服，头戴十二行珠冠冕旒，手持玉笏，体态饱满，气宇轩昂，端坐在"灵霄宝殿"上，接受各方的朝拜。例如，小说《西游记》中的玉皇大帝是统辖天下一切的最高神，他手下有文武百官，既有托塔李天王、哪吒三太子、巨灵神、千里眼、顺风耳等各有特技的武官，也有太白金星等一班

---

① 孙亦平：《道教文化》，南京大学出版社，2009。
② 孙亦平：《道教文化》，南京大学出版社，2009。

文臣，这显然是将人间帝王的形象搬到了天上仙界之中。道教除了在各道观中塑有玉皇神像之外，还在各地建有玉皇庙、玉皇观、玉皇阁等，专门用来祭拜玉皇大帝。道教把农历正月初九这个极尊的吉日定为"玉皇诞"。"九"在古代指"天地之至数"，神秘而又神圣，以凸显玉皇大帝在道教信仰中的至尊地位。每逢此日，道教的活动场所要举行盛大的祝寿道场，金箓醮仪，诵经礼忏，祈福禳灾，俗称"斋天"。据民间传说，每年农历十二月二十五日是玉皇大帝巡视三界、考察人间祸福得失的出巡日。在这一天，道教的活动场所也要举行隆重的迎接玉帝御驾的宗教仪式。

2. 太岁信仰

太岁神崇拜是中国古代民众的信仰内容之一，它产生于道教出现以前。太岁又称"太岁星君"，本指天上的木星，木星绕太阳运行一周为十二年，故有十二属相，每个属相由五位星君掌管不同的年份，故有六十甲子，我们将掌握不同年份的甲子神称为"太岁神"，"拜太岁"就是参拜六十甲子太岁神。掌管当年的太岁，被称为"值年太岁"或"流年太岁"，每个人出生之年的值年太岁，即该人的"本命太岁"。到庙里拜太岁，主要是拜当年的值年太岁和自己的本命太岁。太岁的神号、神像、供奉的殿堂、仪式、音乐、经文都是专门的。如神坛供奉本命太岁和值年太岁神像和神位、三官（三元三品三官大帝）神位、紫微（中天紫微北极大帝）神位，神坛后座供奉120座诸天神灵神位。供奉太岁的殿堂为元辰殿。太岁信仰分为拜（安）太岁和谢太岁。"拜太岁"是人们每年新春节日中一个重要的活动项目，即正月的初八到十四日。"谢太岁"在每年农历十月十五下元节下元水官圣诞时举行。根据明代道经《天皇至道太清玉册》载："十月十五日为建生大会，此日下元解厄水官同天、地二官考校罪福。"相传这一天，下元水官降于人间，会同天、地二官检查天下万民的善恶行为，了解世人的疾苦，并上奏天庭，为人解厄。按照古制，在水官大帝解厄之日，民间宫观依例进行斋醮法事，信徒到庙内祈祷，以求三官大帝的保佑。[①]

[①] 上海城隍庙香港蓬莱仙馆：《拜太岁》，宗教文化出版社，2010。

3. 城隍信仰

城隍就是负责守卫城池的神灵。最初祭祀城隍是一种自然崇拜，后来随着社会发展，市镇增多，民众寄托于城隍神的精神要求也越来越多，城隍神也逐渐被人格化，变成了有血有肉充满世俗感情的神祇。到了后来，朝廷在礼制改革中秉承中国"有功于民者则祀之"的传统，规定了城隍神的等级并将城隍祭祀纳入王朝祀典。此后，城隍庙的兴建遍布全国各地，城隍神也受到特别的礼拜和崇敬，最终发展成为深受社会各阶层喜爱的重要神祇。

4. 财神信仰

财神是我国民间供奉的招财进宝之神。财神大约出现于宋代，其后逐步流行，在民间有广泛的信仰基础。历史上的财神很多，不同区域，不同时代，所尚不同。经过考察比较，我国流传较广的财神有文财神——比干、范蠡，武财神——赵公明、关羽等。至于个别地区崇拜的财神，如刘海、五路神、金元总管、利市仙官、招财童子、和合二仙等，或可称为"准财神"。

5. 药王信仰

药王是中国古代对专司医药之神的尊称，据记载，道教中的药王有三位：扁鹊、孙思邈、韦慈藏，也有称伏羲、神农、黄帝三皇为药王的。三位药王都精通医术，古代医和药相连，故民间称之为药王。这些历史上的名医高道生前以精湛的医药之术救死扶伤，为老百姓解除病痛，造福人间，因而深受人们的尊崇，死后被奉为药王，千年享祀。

6. 八仙信仰

八仙，即铁拐李、钟离权、张果老、何仙姑、蓝采和、吕洞宾、韩湘子、曹国舅，他们是从庞杂神仙中脱颖而出的一群神仙明星。按照陶弘景《真灵位业图》的标准来衡量，八仙的"位"并不高，"业"也称不上惊天动地，然而他们的光彩却盖过了地位比他们更尊贵、道行比他们更高、更深的神仙，这主要缘于老百姓的喜爱。如果以老百姓的喜爱程度为标准对神仙进行排行，八仙排位会名列前茅。可以说，有中国人的地方必有八仙。八仙"生活"在我们老百姓之中。如生活中的八仙桌、八仙贺寿等；口头禅有"八仙过海，各显神通"。无论是历史还是现实，无论是国内还是国外,"主祀""分祀"的道观很多,如西安八仙宫、北京白云观、庐山仙人洞、山西永乐宫、台北指南宫等及全国各地命名的吕祖庙、吕祖殿等。八仙也是台湾最具人气的神仙之一,全台湾460多座庙宇奉祀八仙。另外,"八仙和暗八仙"的形象作为道观的门墙壁画或屋脊装饰出现,意取吉祥,具有护佑和装饰的功能(暗八仙是指八仙的八种法器,如铁拐李的葫芦,张果老的渔鼓,钟离权的葵扇,吕洞宾的宝剑,何仙姑的荷花,蓝采和的花篮,韩湘子的箫管,曹国舅的简板)。[①] 八仙传说也被列为第二批国家级非物质文化遗产。

三 道教祖庭文化资源

道教祖庭分正一派祖庭和全真派祖庭两种。正一派祖庭主要分布在江西,如龙虎山天师道(正一道)的祖庭、阁皂山灵宝道的祖庭、西山净明道的祖庭,另外还有地方信仰,如婺源五显大帝信仰祖庭、麻姑信仰祖庭等。在历史上,这些祖庭曾经为传承中国传统文化、带动经济社会发展发挥了较大的作用。比如天师道祖庭,无论历史怎样变迁,朝代怎样更替,道教的天师文化一直能传承下来,这不仅是中国历史上也是世界历史上一种独特而神奇的文化现象。在近代,虽然正一天师道祖庭的部分道教文物曾遭损毁,但由于其信仰基础的存在,在近2000年的历史长河中基本上没有中断过。目前,在政府的支持下,为了满足海内外信众寻根问祖的愿望,龙虎山正一天师道祖庭的恢复、建设正在进行,与海内外道教界的文化交流活动也比较频繁,已经举行了十届海峡两岸道教文化交流活动,对于带动两岸乃至与世界文化的交流都发挥了独特的作用。每年到天师道祖庭朝拜的游客和香客近200万人,有效地带动了道教文化旅游的发展,促进了当地的经济发展。

四 道教建筑文化资源

道教建筑文化资源一般是指以道教宫观为主要形式的宗教建筑,包括供奉神仙的殿堂、亭阁、庭院、碑匾等,是道教徒进行道教活动的主要场

---

① 张崇富:《济世度人——八仙传说及其启示》,宗教文化出版社,2010。

所。人们对道教文化资源的认识和了解，一般是通过与道教建筑文化的接触来进行的。

从道教文化资源的形成和发展来看，道教建筑文化一直占有重要的地位。道教神仙信仰文化是一切宫观建筑文化的出发点和归宿，因此，道教建筑文化是其精神理念、世界观和神学价值集中体现的外在具象化的表现形式。其建筑文化在总体上体现了道教与自然顺应、与自然比美、天人合一的审美情趣和文化思维。[①]

1. 与自然顺应

道教建筑文化资源最大的特点是特别注重道教建筑物与周边自然环境的关系。道教信仰文化追求天人合一，注重与天地精神相往来，因此，风景秀美的山川大岳就成了道教建筑的首选宝地。从东汉张道陵建"二十四治"起，许多名山都成为道教建筑的首选地，如"二十四治"中的阳平治在天迴山（或阳平关）、鹤鸣治在鹤鸣山、云台治在云台山等，这些道教建筑分别位于成都、大邑、绵竹、彭山、苍溪、洛阳等地风景秀丽的名山中。随着道教在名山建造宫观的数量增多，著名道士司马承祯和杜光庭分别编撰了《洞天福地天地宫府图》和《洞天福地岳渎名山记》，将天下的许多名山一并纳入道教的洞天福地。洞天福地成了别有一番天地的道教宫观建筑的代名词，意味着人间仙境、天地间最为灵秀的地方、神仙都会、最适合修真的场所。

道教建筑均因山就势而筑。有时，为追求与自然合二为一的美感，甚至在危崖上施工。在道教建筑中，严格突出道教功能的中轴线要求和顺其自然似乎是个悖论，其实，这并不矛盾，道教建筑要求都和其神仙信仰相关。所以，大多数的道教建筑，其建造都尽力确保主殿的显赫地位。在城市中的道教建筑，则将主殿建造在中轴线上，否则，就利用地形，将主殿建造在显赫的位置。

道教建筑文化体现自然的特色还表现在多借洞穴构筑道观，形成洞中楼的特殊景观。许多道教名山以洞为名的景点，其实都是道教建筑。如青城山的天师洞、峨眉山的九老洞、庐山的仙人洞、崂山的明霞洞等。

---

① 胡锐：《道教宫观文化研究》，四川大学博士学位论文，2003年3月。

案例 3-1

道教建筑文化资源在湖北①

明代时,武当山被皇帝敕封为"大岳""玄岳",地位在"五岳"诸山之上。武当山古建筑群主要包括太和宫、紫霄宫、南岩宫、遇真宫4座宫殿,以及各类庵堂祠庙等共200余处。道教建筑文化资源丰富,其建筑面积达5万平方米,占地总面积达100余万平方米,规模庞大,令人震撼。

与自然比美。大部分道教建筑都遵循老庄"自然妙道"的重要法则。《庄子》书中《天下》《知北游》等也明确指出,美存在于天地自然中,要使自己"备于天地之美",就要"观于天地","原天地之美","判天地之美"。

天人合一、返璞归真的道教建筑文化资源所蕴含的艺术哲学,对现代社会亦有很大的启迪。以自然为美,崇尚自然,融于自然也是今天许多人的审美取向。美国的建筑大师莱特,就是从老庄哲学中获得灵感与启示,创立出风靡世界的"有机建筑论",创作了许多得以亲近自然的建筑作品。依山傍水的道教建筑文化资源环境,典雅优美的园林建筑,种花植树的良好习惯,使道教建筑文化资源在公共娱乐场所设施不是很发达的古代理所当然地成为"公园",这种"公园"的产生与延续,不可估量地影响了我国民俗文化的发展。

案例 3-2

道教建筑文化资源在山西

北岳恒山的悬空寺是集山、泉、洞、古木以及古塔、庙于一体的著名道教园林。园林创造了一处以青山为屏障、秀水环绕、名树及殿堂楼台相掩映的山水风景园林。其中的圣母殿为园内主要建筑,前临鱼沼,后拥危峰,使圣母殿更为雄伟壮观。圣母殿两侧有两道泉水,是晋水的主要源头,有"晋阳第一泉"之称。泉水从圣母殿前流过,进入方池鱼沼中。在鱼沼上,有人工建造的十字形桥,构成"鱼沼飞梁"的画面,人工与自然相得益彰。其余

---

① 桑玉强、郑根立、靳旭燕:《武当山旅游经济特区对嵩山景区管理的启示》,《河南职业旅游学院学报》2011年第8期。

的殿堂，除了圣母殿和关帝庙等有自己的轴线外，其余均因势就形，按地形的自然形态自由布置，凸显出道教顺其自然的宫观建筑情趣。

2. 诠释自然

一是道教建筑文化资源体现了道教哲学思想与宇宙观。道教宫观建筑是人神沟通的场所，道教的这种天地与人事相互对应的思想，体现在道教建筑文化资源中。许多大型建筑宫观的山门多有三个门洞，象征三界，进入三门即为跳出三界。四川成都青羊宫的八卦亭、山西太原纯阳宫的八卦楼等就按照八卦方位，乾南坤北，天南地北，以子午线为中轴，坐北朝南布局，从而使供奉道教尊神的主要殿堂都在中轴线上，按照阴阳五行思想，宫观东方为青龙，为木，属阳，正合道士修炼达到"纯阳"、返还于道的目的。二是道教建筑文化资源寄予"数字"深刻的内涵。"九"在道教文化中是阳数之极，代表纯阳之气，因此，道教建筑中的台阶一般设计为九级，房间数一般为九或九的倍数，坛的高度一般也为九层。"三"代表万物，其意义从老子的"一生二，二生三，三生万物"衍生而出，因此，也是道教建筑文化资源里面的常用数字。三是道教建筑文化资源用色彩体现内涵。红色在道教建筑中的运用体现着道教宗教理念的良苦用心。在建筑色彩的装饰上，道教讲究颇多，多数大的庙宇都用红墙。因为红色代表火，指南方，属阳，象征吉祥、尊贵。也有庙宇用黄色涂墙，黄色代表土，表示中央。"图案"是道教建筑中庙内和器物的细部装饰，大多数采用壁画和浮雕的形式，非常鲜明地展示了追求吉祥如意、长生久视、羽化登仙等道教文化思想。如描绘日月星云、山水岩石等，寓意光明普照、坚固永生、山海年长。描绘八仙、西王母、麻姑祝寿等内容的道教神话故事图案也常常用于装饰道教建筑，这些装饰手法也被各地的民居、宫廷、佛教建筑所吸收。

五 道教科仪文化资源

（一）道教科仪文化资源的内涵

西方哲人说得好："仪式是文化的真正的纪念碑"。中国本土产生的道教是一种内涵丰富的仪式文化，在长期的传承和演变过程中，道教科仪在内容和形式上都有一些变化。

寇谦之、陆修静、张万福、杜光庭、蒋叔与等撰修的科仪，在道教史上具有深远影响。尤其是陆修静、张万福、杜光庭，后世尊称其为"科教三师"。

寇谦之的道教科仪的文化内涵。寇谦之是一位在南北朝道教改革中起到领导作用的关键人物，其科仪思想主要体现在《老君音诵戒经》。《老君音诵戒经》通篇以"老君曰"来阐述道教的科仪戒律。寇谦之的道教科仪文化是建立在五斗米道斋醮科仪的基础上，增加了道官授箓斋仪、道官道民求愿斋仪、为人治病斋仪、为亡人超度斋仪、为祖先亡灵解危斋仪等。

陆修静的道教科仪的文化内涵。陆修静是改革、整顿天师道，使民间道教官方化的关键人物。其对天师道的改革，最重要的贡献是斋醮仪范的制定。据《茅山志》记载，陆修静所著斋法仪范达百余卷，现存有《金箓斋仪》《玉箓斋仪》《三元斋仪》《灵宝道士自修盟真斋立成仪》《洞玄灵宝斋说光烛戒罚灯祝愿仪》《古法宿启建斋仪》等。其内容可分为"九斋十二法"，包括灵宝九斋法、上清斋二法和三元涂炭斋法。根据《洞玄灵宝五感文》记载，灵宝九斋为金箓斋、黄箓斋、明真斋、三元斋、八节斋、自然斋、洞神三皇斋、太一斋、指教斋。

杜光庭的道教科仪的文化内涵。作为一个著名的学者，杜光庭不仅在历史上影响甚大，而且在当代道门中也颇受推崇。杜光庭著述颇丰，对道教文化建设有很大的贡献，修订斋醮科仪就是其中的一大成就。杜光庭的斋醮科仪思想主要体现在《太上黄箓斋仪》。黄箓斋具有广泛的祈禳济度功能，历来为道教科仪宗师所重视。杜光庭编撰的《太上黄箓斋仪》被称为"影响最为深远的科仪经典"。

（二）道教科仪文化资源类型

道教是多神仙信仰的宗教，其神仙队伍庞大，内涵广泛，其所涉及的诸神系列科仪丰富多彩。

"谢天谢地"类。先天尊神科仪，如天地、日月、星君、山川、河海、土地神及地方保护神等。黄箓斋中安宅的科仪，乞请天官将吏驱除故气，清荡氛邪，镇伏地中土木精及游尸厉鬼。安宅斋承袭汉代的鬼魂观念，认为土木兴工会触犯地下真灵，故其主旨是对地下诸神的启告，《安宅中分行道》启告神灵称：

> 斋主某顷因营缮土木兴工，恐穿凿灵迹，侵伤神位，犯休王之气，违禁忌四方。爰启坛场，用伸忏谢。①

《大醮宅章》载："起造宅宇已来，未曾酬谢，恐动土木兴工，惊动宅上诸神。"②唐代道教认为，动工兴木可能冒犯天地正神，逆阴阳真气，侵伤土府，违忤神明，所以建安宅斋悔谢，乞使正气宣行，灾殃殄绝。

罗天大醮。为整肃国家祭祀仪礼，北宋时期由皇室直接主持斋醮科仪的编修。宋真宗敕命两街道录召集高道修斋醮科仪，由王钦若奉敕撰写《翊圣保德真君传》，设三等九级法坛大行于世，即上三坛则为国家设之；中三坛则为臣僚设之；下三坛则为士庶设之。王钦若的另一成就，是重修编成《罗天大醮仪》10卷，其中包括《罗天圣位》9卷、《罗天科仪集成》1卷。后由崇文院缮写15本，颁给会真、太宁、上清、太平等宫观，作为科仪范本。宋真宗时，三箓斋的科仪格式已经形成，《道门定制》载：

> 三箓斋者：上元金箓斋，帝主修奉，展礼配天，罢散，设普天大醮三千六百分位；中元玉箓斋，保佑六宫，辅宁妃后，罢散，设周天大醮二千四百分位；下元黄箓斋，臣庶通修，普资家国，罢散，设罗天大醮一千二百分位。③

土地朝科。中国古代就有奉土祭祀的礼俗。古时人们祭祀土地神一般在播种前与秋收后，每年春天播种前要进行"春祈"活动，以祈求土地神赐予五谷，到中秋节，正是收获的季节，要拜谢土地神，称为"秋祭"。陕西省陇县药王洞大殿供奉土地神，每年二月二日，大规模祭祀土

---

① 《太上黄箓斋仪》卷23，载《道藏》第9册，文物出版社、天津古籍出版社、上海书店，1998。
② 转引自张泽洪《隋唐至北宋道教的斋醮科仪思想》，载卿希泰主编《中国道教思想史》，人民出版社，2009。
③ 转引自张泽洪《隋唐至北宋道教的斋醮科仪思想》，载卿希泰主编《中国道教思想史》，人民出版社，2009。

地神，各地信众均来朝拜，香火很旺。

神仙庆典类。道教以与自己信仰关系重大的日子和所奉神灵、祖师之诞辰日为节日。凡逢节日，道观都要举行祝寿、庆贺朝科。祝寿科仪，每逢祖师圣诞，头一日晚上止静后，举行祝寿。如老君圣诞，于二月十四日晚上祝寿，二月十五日早课后庆贺。

功上单拈香说场白：稽首三宝礼，功德福无边。圣真万年寿，诚达九重天。

步虚：行溢三千数，时订四万年。丹台开宝笈，金口永流传。

举：玄都万寿天尊。

吊挂：玉皇敕封九重天，王母蟠桃宴群仙。南山松柏根根秀，北海灵芝朵朵鲜。对对金童捧寿酒，双双玉女献金莲。三杯酒醉蓬莱客，八仙庆寿万万年。香供养玄都万寿天尊。①

皇斋醮科仪。玉皇文化及其相关的斋醮科仪在道教神仙信仰中涉及最为广泛、影响最为深远。玉皇斋醮科仪主要集中在《玉皇本行集经》及《玉皇朝科》中。玉皇涉及的科仪很多，其中分为早朝、午朝、晚朝以及黄箓、开印、封印等。其中，上玉皇大表是道教科仪中最重要、最复杂、最隆重的科仪之一。玉皇大表科仪的表文分大表、小表。表文为毛笔正楷，字越小越好。《道藏·上清灵宝大法》卷23第14有《章函》条，其言：

> 长一尺二寸八分，阔二寸八，用古绢作袋，外封仍用黄罗帕袱包之。②

六　道教音乐文化资源

（一）道教音乐文化资源的内涵

道教音乐简称"道乐""斋醮音乐""法事音乐"，是配合法事中各

---

① 任宗权：《道教科仪概览》，宗教文化出版社，2006。
② 任宗权：《道教科仪概览》，宗教文化出版社，2006。

种科仪所使用的音乐。它以音乐的形式来宣扬道教信仰,传播道教教义,表达人们祈盼神仙赐福、降妖驱魔、消灾却祸的感情,并起到使整个斋醮科仪仪式显得更加庄严、肃穆、神圣的作用。

道教音乐的演奏与社会传统音乐有所区别。道教音乐大多由道士来演奏。手持法器的道士边唱边打,手持乐器的道士只奏不唱,道教音乐大多数由高道做引导。在法事上,道士时而对唱,时而齐唱,时而独唱,起伏跌宕,悠扬婉转,出神入化。道教音乐中,所有的民族乐器俱全,吹、拉、弹、打击器及道教法器,在道场上都能见到。道乐的韵腔婉长,有时一个字要占唱词的三分之一,虽然有韵无字,但含义复杂,以神驭气,起到精神专一、坚定信念的作用。

道教十分重视音乐的功能。道教经典《太平经》就提出了以音乐"治身""守形""顺念""致思""却灾"的音乐功能理论。道教认为,音乐可以调气息、和阴阳,可使奉道者进入清虚之境而得到心灵的净化。音乐还能通神灵、驱邪魔、禳灾患。今日的道教音乐,正是遵循这些音乐理论为人民祈福禳灾,为国家祈祷太平,追求一种乐人、乐治、乐天地、乐神灵的理想境界。

案例 3 – 3

中国道教音乐发展概览[①]

这些年,道教得到了新生,道教音乐的抢救正在进行,中国大陆及海内外有许多大学和研究机构也在研究道教音乐的神奇魅力,如中国音乐学院、西安音乐学院、上海音乐学院、广州星海音乐学院、武汉音乐学院等。道教界更是不遗余力地挖掘、整理及开展艺术实践,1988 年 8 月 23 日,北京白云观正式成立了道乐团,并首次在北京音乐厅举行了汇报演出,于此前后,上海城隍庙、苏州玄妙观、江西龙虎山、湖北武当山等也相继成立了道乐团,1996 年,香港蓬瀛仙馆主办了香港道乐团,这是经香港政府注册的唯一专门从事道教音乐表演的团体。这些年,北京白云观道乐团、苏州玄妙观道乐团、香港道乐团、台湾高雄文化院国乐团、新加

---

① 陈雅岚:《整合力量 推动道教文化发展》,《中国道教》2012 年第 6 期。

坡道乐团、澳门道乐团等海内外的道乐团等联合举办了十一届道教音乐会。"首届道教音乐汇演"由香港蓬瀛仙馆、香港道乐团、香港中文大学宗教系、音乐系联合主办，于 2001 年 11 月 18 日和 20 日在香港理工大学及香港中文大学分别举行，此后分别在台湾、新加坡、北京、广州、上海、南昌等地演出，并应邀到美国、英国、比利时、加拿大等国专场演出，中国的道教音乐已经走出国门。丽江纳西古乐团，以道教音乐为主要演奏曲目，每天为世界各地到丽江旅游的客人送上最美妙的仙乐，并且带来了丰厚的经济收益。仅 2005 年，收入就有 500 多万元；苏州玄妙观道教音乐、武当山宫观道乐被列为第一批国家级非物质文化遗产（民间音乐：99Ⅱ-68 苏州玄妙观道教音乐，99Ⅱ-69 武当山宫观道乐）；道教音乐、洞经音乐已被列为第二批国家级非物质文化遗产名录（传统音乐：627Ⅱ-128 洞经音乐，638Ⅱ-139 道教音乐）。

（二）道教音乐文化资源的类型

从道教两大派别来看，正一派重斋醮符箓，主要传播于江南一带，以江西龙虎山、江苏茅山为活动中心，其音乐受江南音乐的影响，大多采用民间的"江南丝竹""吴腔音韵""十番锣鼓"等艺术表现形式，道乐的曲牌《将军令》《水龙吟》《十八拍》等，都是从江南民间音乐中发展起来的，表现出古雅而隆重的艺术特征。正一道保存最完整的乐谱是清嘉庆四年苏州玄妙观道士曹希圣收集整理的《钧天妙乐》《古韵成规》《霓裳雅韵》三部用工尺谱法记录的乐谱，道门中称为"曹谱"。江西龙虎山上清宫是正一派道教祖庭，宫中设有专职法官和乐师，历史上张留孙、娄近垣等在道教音乐史上均享有崇高声望。娄近垣在《梵音斗科》后附《隔凡》《青鸾舞》《桂枝香》《金字经》四首曲牌的整理，均赠送珍贵的道乐曲牌。① 宫外道士散居在民间，他们既是道士又是乐师，这些散居道士一般都有唱、打、做、念、写的技能，小型道场由他们（3～5 人）就能承担，这与民间风俗密切相关。散居道士对促进道教音乐走向民间发挥了很大的作用，正一派素有"道不离俗，韵不离歌，歌不离曲"的传统。

---

① 孔令宏、韩松涛：《江西道教史》，中华书局，2011 年。

全真派主要流播于北方，其道教音乐主要用于早晚诵经功课和斋醮科仪等。为渲染道场气氛，全真道乐中常常使用打击乐，被称为"全真正韵"或"十方韵"，"全真正韵"以严谨规范著称，其韵腔风格、旋法节奏一般不轻易改动，故直到今天，全真道所诵乐曲还有比较统一的风格与节奏。现存最为完整的全真道乐谱是存于成都二仙庵刻版印刷的《道藏辑要》中的《全真正韵》。

从区域来看，不同地区的道教音乐受地方戏曲和民族音调的影响而呈现不同的艺术风格，具体有江西、四川、陕西、山东、山西、河北、湖南、上海、江苏、云南、台湾、香港道教音乐之分。江西道教音乐就带有弋阳腔和上清腔的赣剧的曲调，如曲牌《小过门》《望妆台》《小桃红》等均来自地方剧目。四川道教音乐分为静坛派、行坛派和善坛派，静坛派和善坛派都属于全真音乐系统，声乐主要采用"全真正韵"，器乐则使用细乐，具有古朴淡雅的音乐风格。例如，在青城山道观和成都青羊宫等宫观中流行的就是静坛派。行坛派则属于散居道士的音乐系统，声乐中主要采用"广成韵"，器乐采用大月，具有热烈粗犷的音乐风格和鲜明的道坛特色。江苏苏州玄妙观道教音乐既继承了古乐曲谱的传统，仍然使用古老的工尺谱，同时又吸取江南丝、民歌和小调等民间音乐的元素，用起、承、转、合的方式将独唱、合唱、鼓乐、吹打乐、弦乐等演奏方式结合起来，表现出低沉、缓慢、清雅的音乐风格。陕西道教音乐主要流行于华山、终南山和西安八仙宫一带，属于全真道派，主要采用"全真正韵"，但在流传的过程中，既受西安古乐及民间说唱艺术的影响，又与当地的佛教音乐相融合，成为一种具有浓郁地方特色的曲艺——陕西道情。

从中国音乐的发展来看，道教音乐在历史上曾形成了一些颇具艺术特色的民间道乐团，对中国音乐的发展产生了重要的影响。例如，道教音乐在云南得到了白族、纳西族、彝族、壮族等少数民族的信奉，少数民族的民歌、戏曲、音乐也被融入道教音乐之中。在云南道教音乐中影响最大的是洞经音乐。洞经音乐是一种以宣扬诵唱《文昌大洞真经》为主的音乐，是民间道教团体"洞经会"在民间为人设坛做道场时使用。洞经音乐的曲目很丰富，从形式上看，可分为经腔（即声乐）和曲牌（器乐）两类。

经腔主要通过唱词来宣扬道教的教义与信仰，最具有代表性的曲目有丽江洞经会唱诵的《开坛偈》《八卦》《五声圣号》《元始》和昆明道教清微派演唱的《六部神咒》，包括《步虚》《提纲》《净化咒》《安土地咒》《净天地自然咒》《金光神咒》等。洞经音乐的曲牌以唢呐为主，包括以大鼓、大锣等打击乐为辅的大乐；以笛子演奏为主，以三弦、提琴、筝演奏弦乐为辅的细乐；以打击乐为主的锣鼓曲牌三大类。大乐主要用于开坛、上香、登台等仪式，细乐主要在道场上进行"三献""五供""燃灯"等仪式时演奏，锣鼓曲牌则用于斋醮科仪开始、转换、结束之时，以渲染气氛。云南洞经音乐保留了许多唐宋时期的道教古曲，现已成为十分宝贵的民族文化遗产。

七 道教养生文化资源

道教养生文化资源在道教文化资源中最突出、最明显、最具有代表性，也是道教文化区别其他宗教文化的标志之一。

（一）道教养生文化资源含义

1. 葛洪的金丹养生文化①

葛洪的金丹养生理论以先秦老庄为代表的养生理论为参照，吸收了汉代黄老之学和王充等人的思想，收集了当时传世的道经，提出了系统的长生成仙养生理论。其养生思想主要体现在《抱朴子内篇》。《抱朴子内篇》不仅是道教养生的重要典籍，在中国思想史特别是在中国道教思想史上也是比较重要的古代典籍，对中国的宗教、科技等各方面都产生了一定影响。葛洪的养生思想为：一是要想成仙，必先行善。作恶多端，养生将会毫无效果。葛洪认为，行善是修仙的首要前提。二是服食金丹是成仙的最佳途径。三是主张"消未起之患"和"治未病之疾"。

> 是以至人消未起之患，治未病之疾，医之于无事之前，不追于既逝之后。②

---

① 张松辉译注《抱朴子内篇》，中华书局，2011。
② 张松辉译注《抱朴子内篇》，中华书局，2011。

2. 钟吕内丹养生文化①

钟吕内丹养生学认为，人身小宇宙与身外大宇宙有着共同的道，如果洞悉了大道运化的玄机，从而应用于人身之中，则肉体生命便可得到改造而与天地同生。钟吕丹道以"道为性""德为命"为前提，构建了一套完备而有系统的丹道思想，称为"性命双修"，即"性"是人之本体，是人的形而上格局；"命"是道之呈现，是道之形而下的展现。通过对心性本体的修炼从而体道，称为"性功"，通过对生命躯体的改造从而有长生不死的结果，称为"命功"。钟吕内丹养生文化的核心是性命双修，既修身又修心。钟吕内丹文化非常重视道德的观念，性命双修是为修心立德提出的思想文化依据，性命双修主要来源于老子思想的道德观。②

3. 陶弘景"养性延命"医学养生文化③

陶弘景在医药养生领域有很深的研究和造诣，其丰富的医药养生思想集中体现在《养性延命录》一书中。

第一，陶弘景认为，养生即修道，养生与修道是统一的，即所谓"养生者慎勿失道，为道者慎已失生"，必须做到"道与生相守，生与道相保"，为道教"生道合一"的基本教理奠定了基础。

第二，陶弘景在《养性延命录》中还突出强调了"我命在我不在天"的积极预防养生思想。

> 仙经曰：我命在我不在天，但愚人不能知此道为生命之要。所以致百病风邪者，皆由恣意极情，不知自惜，故虚损生也。④
>
> 道机曰：人生而命有长短，非自然也。皆由将身不谨，饮食过差，淫泆无度，忤逆阴阳，魂神不守，精竭命衰，百病萌生，故不终其寿。⑤

---

① 钟吕指钟离权和吕洞宾。钟、吕二人是师徒关系，钟吕的内丹思想出现以后，其理论成为后期丹道流派的思想渊源，对道教内丹文化的影响巨大。
② 袁康就：《钟吕内丹道德观研究》，宗教文化出版社，2005。
③ 卿希泰主编《中国道教思想史》，人民出版社，2009。
④ 《养性延命录》卷上，载《道藏》第18册，文物出版社、天津古籍出版社、上海书店，1998。
⑤ 《养性延命录》卷上，载《道藏》第18册。

陶弘景高举"我命在我不在天"的道教生命哲学大旗,认为人之夭寿、寿命长短的原因在自我。修道之人如果平时能加强身心修养,注重生活禁忌,善于运用各种手段、方法进行调整,就能使身心处于健康状态。关于具体的预防疾病措施,陶弘景总结道:

> 若能游心虚静,息虑无为,服元气于子后时,导引于闲室,摄养物亏,兼饵良药,则百年耆寿是常分也。①

陶弘景认为,对疾病的预防要从身心两方面入手,综合采用存神服气、导引按摩、服饵、房中术等手段。

第三,讲求饮食卫生、起居宜禁。陶弘景认为,百病横夭,多由饮食。② 为此,陶弘景在《养性延命录》中特设《食戒篇》来阐述饮食之道,如云:"养性之道不欲饱食便卧及终日久坐,皆损寿也"。③

第四,服气疗病的自然疗法思想。服气,也称食气、行气。"道者,气也。保气则得道,得道则长存。"④ 人体之气与天地之气是贯通的,如果能通过吐故纳新的呼吸锻炼,呼出体内浊气,吸纳天地之清气,则可获得补益,健生益寿。《养性延命录》首次完整地记载了汉代方士华佗所创的五禽戏导引功,这是目前社会上广为流传的五禽戏养生功的最初蓝本。

第五,"御女损益"的房中术思想。道教从道法自然的角度,反对强行禁欲和过度纵欲,主张通过适当的房事生活来养生。陶弘景在《养性延命录·御女损益篇》中就损益两个方面论述了房事与养生健康的关系,其中蕴含了丰富的道教性医学思想。他认为男女两性性生活符合天地阴阳和合之道,故不可强行禁欲、绝欲,同时又指出不可放纵无度。

4. 孙思邈医学养生文化含义⑤

孙思邈作为一代道教医学大师,在基础医学、临床医学和预防医学诸

---

① 《养性延命录》卷上,载《道藏》第18册,第474页。
② 《养性延命录》卷上,载《道藏》第18册,第477页。
③ 《养性延命录》卷上,载《道藏》第18册,第478页。
④ 《养性延命录》卷下,载《道藏》第18册,第481页。
⑤ 卿希泰主编《中国道教思想史》,人民出版社,2009。

多领域均有许多独到的医学思想和成就。一是以《备急千金要方》为指南的治疗学思想。《备急千金要方》是孙思邈在博览群书和数十年临床医疗经验基础上写成的。孙思邈认为，治病用药要根据患者地域、体质的差异有所不同。

> 凡用药皆随土地所宜。江南其地暑湿，其人肌肤薄脆，腠里开疏，用药轻省；关中河北，土地刚燥，其人皮肤坚硬，腠里闭塞，用药重复。①

孙思邈强调医师处方用药必须考虑水土、气候及患者的体质、年龄、性别等因素，反对"多从旧方，不假曾损"的做法，主张临床用药"宜应随病增减"②，这是十分先进的医学思想。

二是炼丹制药及"万物之中无一物而非药"的药物思想。孙思邈提出炼丹的目的不在于"趋利世间之意"，而在于"救疾济危也"，就是把道教炼丹术从一个虚幻的目标引向制药的实用领域，促进了炼丹术与医学的结合，这是孙思邈在中医药史上的又一个特殊贡献。同时，孙思邈还根据自己长年采药、用药的经验，认为草药的采集要讲究季节时宜，并主张医家要亲自采制药物，因而，也主张万物之中无一物不是药。孙思邈继《备急千金要方》之后，又撰写了《千金翼方》。

三是"上医治未病之病"的预防医学思想。孙思邈在《备急千金要方》中特辟《养性》篇，专论通过养性之法来预防疾病。孙思邈说：

> 夫养性者，欲所习以成性。性自为善，不习无不利也。性既自善，内外百病皆悉不生，祸乱灾害亦无由作，此养性之大经也。善养性者则治未病之病，是其义也。③

---

① 《备急千金要方》卷1《序例·治病略例第三》，人民卫生出版社，1995，第2页。
② 《备急千金要方》卷1《序例·处方第五》，人民卫生出版社，1995，第4页。
③ 《备急千金要方》卷27《养性序第一》，人民卫生出版社，1995，第476页。

四是"药食两攻"的食疗学思想。孙思邈认为食物对养生、治病的意义十分重要,他在《备急千金要方》卷 26 中特别列出《食治》一门,又在《千金翼方》卷 12《养性》中特辟"养老食疗"专论,这在中医史上是一大创举,意义深远。孙思邈说:

  安身之本,必资于食。救疾之速,必凭于药。不知食宜者,不足以存生也;不明药忌者,不能除病也。斯之二事,有灵之所要也,若忽而不学,诚可悲夫!是故食能排邪而安藏腑,悦神爽志以资血气,若能用食平疴、释情、遣疾者,可谓良工。长年饵老之奇法,极养生之术也。①

以孙思邈为代表的道教养生家以道法自然为养生宗旨,要求人们的生活起居、饮食卫生都要取法自然,顺天应时,只有这样才能达到摄生保健的目的。孙思邈的食疗文化思想具有很强的科学性,在中医史上具有重大意义,奠定了中国传统食疗文化的基础,极大地推动了我国食疗文化的形成和发展。继孙思邈之后,其弟子孟诜和张鼎又撰写了《食疗草本》一书,标志着中华传统食疗文化的形成②。

5. 李鹏飞的"三元延寿"医学养生文化

三元是道教的重要术语和思想观念,道教三元思想源于周易的天、地、人三才说,三元并列是道教构建其庞大教义理论的一个重要思维模式,李鹏飞的养生思想主要体现在《三元延寿参赞书》。《三元延寿参赞书》以人为本,以道教天元、地元、人元"涵三为一"的思维模式为构架,分别从房中、日常起居、饮食及"滋补有药""导引有法""还元有图"等多个方面论述了养生理法,并以道教天人同源、同构、同价的人体观为理论构架,取《黄帝内经》之《上古天真论》养生思想而形成。这种思维模式对道教养生思想与理论的建构发挥了积极作用,形成了富有道教特色的"三元延寿"养生思想。"三元延寿"养生思想和理法具有系

---

① 《备急千金药方》卷 26《食治·序论第一》,人民卫生出版社,1995,第 464 页。
② 卿希泰主编《中国道教思想史》,人民出版社,2009。

统性和综合性，不但将天元房中养生、地元起居养生、人元饮食养生紧密结合起来，而且强调养生从日常生活入手，注重以德养生，具有很强的实用操作性，有积极的现代意义。①

6. 张三丰的太极拳养生文化

中国武术分南派北派、内家外家，素有"南尊武当，北重少林"之说。少林拳奉达摩为始祖，武当拳则尊张三丰为开山祖师。《王征南先生传》记述了武当拳的基本特点：

> 拳亦由博而归约，由七十二跌，三十五拿，以至十八。由十八而十二，由十二而总归之存心之五字：敬、紧、径、劲、切。故精于拳者，所记止有数字。

所谓"存心之五字"，吴式太极拳名家吴图南先生的弟子于志钧在其所著《中国传统武术史》中这样解释：

> "敬"者静也，慎重也。即以静制动之意。"紧"者敛也。所谓神内敛，"内实精神，外示安仪。""径"者近也，"曲中求直"，走近路之意。"劲"者内劲也。非如此何以能"犯这应手即仆"。"切"者听劲也。犹如中医之"望、闻、问、切"。掌握对方攻防之脉络，以我为主，随我所欲。

（二）道教养生文化资源类型

道教养生术种类繁多，就像一座大宝库。许多方法虽已在人民群众中流传，但值得重新整理和挖掘的方法仍有很多。道教养生方术就大类而言，主要有以下一些：道教服食养生文化资源、道教精神养生文化资源、道教运动养生文化资源。

1. 第一类：道教服食养生文化资源

道门人士在长期的生活实践中积累了大量的服食养生经验，这些经验

---

① 盖建明：《试论道教"三元延寿"养生思想及其现代意义》，《湖南大学学报》（社会科学版）2006年第4期。

大多数是合乎科学、确实可行的。可以说，道教为中国饮食和中医药文化的发展做出了独特的贡献。从内因来看，道教服食养生文化的发展得益于其"重生""贵生"的教义。

黄永锋在考察众多道教经典和道观的基础上，提出了道教服食养生的理念，包含道教饮食养生、道教辟谷养生、道教服药养生、道教服气养生、道教服符养生五种。①

一是道教饮食养生。（1）食疗的重要性。食疗，顾名思义，指利用食物来预防和治疗疾病，包括食养和食治两方面的内容。食养是通过汲取食物中的各种营养来摄生保健，防止疾病产生；食治则是利用某些食物配合药物来促进病体康复。② 唐代高道孙思邈在其《备急千金要方》卷26中特别列出《食治》一门，又在《千金翼方》卷12《养性》中特辟"养老食疗"专论。孙思邈在其著作中列举了许多既是药物又是食物的本草品种，如杏仁、大枣、芝麻、葡萄、蜂蜜、山药、核桃、龙眼、百合、芝菌等，并记录了它们具有的"轻身延年"功效。基于对中国道教食疗成果的认可，李约瑟博士和鲁桂珍博士合作的《中国人对食疗法的历史贡献》指出："可以设想认真研究中国文献，会为近代生理学家和病理学家带来某些有用的启示。"③ 中国道医重视食疗的成功经验也被西方学习。如法国的"哈姆茶"，就是中药紫苏叶沏的茶，紫苏叶和胃理气，并解食物毒性，原配方载于晋代高道葛洪的《肘后备急方》。再如，流行于意大利的"大黄酒"，其配方源于唐代高道孙思邈的《备急千金要方》，这种含有大量泻药的苦酒，食前饮用开胃，食后饮用消食，经常饮用益寿延年。

（2）道教饮食均衡文化资源。道教饮食讲究有荤有素，合理搭配。从道教徒本身的饮食结构来看，道教徒的饮食结构总体上是遵循"荤素搭配"原则的。唐代以前，尽管由于道教自身清静无为教义的约束、修身养性的需要以及佛教素食的影响，道教素食观念得到发展，但也是不禁酒肉，只是有所节制而已。在唐代，著名道士司马承祯建立了以

---

① 黄永锋：《道教饮食指要》，宗教文化出版社，2007。
② 卿希泰主编《中国道教思想史》，人民出版社，2009。
③ 转引自黄永锋《道教饮食指要》，宗教文化出版社，2007。

"三戒、五渐、七阶"为主要内容的系统修炼方法，其中"五渐"是"斋戒、安处、存思、坐忘、神解"。到了金代，北方的全真派产生，其食戒严厉，重清素，戒杀生，不沾荤腥，对于破戒者严惩不贷。但全真派也不是人人茹素，全真派的居士、香火道士、云游道士，忌食就没那么多。明清以后，随着道教的世俗化，道门的饮食大体上是荤素结合，有素食斋戒，也不禁荤食，不过以素为主。道教主张荤素搭配，并非荤素平均，而是不禁荤，但以素食为主，即使道教正一派可以茹荤，但仍恪守"抱朴寡欲、重视生命"（包括动植物的生命）的基本教理、教义及受经必斋的戒律。从道教《要修科仪戒律》的记载来看，道教斋日有六种：三元斋（正月十五日、七月十五日、十月十五日）、月中三斋（一日、十五日、二十九日）、清斋（一月五日）、三会日斋（正月初七、七月初七、十月初五）、五腊日斋、十直斋。道士斋戒事宜多，斋戒时间长，道教斋戒需要素食，这样无疑就维持了道教饮食以素为主的特征。从道教经典的记载来看，道教经典倡导谨和五味，五味指酸、苦、甘、辛、咸五种食味。东晋道士葛洪在《抱朴子内篇·极言》中指出，五味不可偏多，并认为"酸多则伤脾，苦多则伤肺，辛多则伤肝，咸多则伤心，甘多则伤肾"[①]。唐代道士孙思邈在《保生铭》中指出，"酸味伤于筋，辛味伤正气。苦则损于心，甘则伤于志。咸多促人寿不得偏耽嗜。"[②] 元朝道士李鹏飞《三元延寿参赞书》卷3《人元之寿饮食有度者得之》引陶弘景云："五味偏多不益人，恐随脏腑成殃咎。"从道教经典中我们知道，在整个道教发展过程中都反对五味过偏，认为五种滋味进食过量，会危及人们的身体健康。从五行学说来看，五行指金、木、水、火、土五种物质。道士们将"谨和五味"之操作方法与"五脏、五官、五体、五色、五季"等放在一起考虑，根据五行的所属及其生克乘侮的变化规律，来诊断疾病，调养身体。五行类属如表3-1所示。

---

① 张继禹主编《中华道藏》第23册，华夏出版社，2004，第632页。
② 张继禹主编《中华道藏》第23册，华夏出版社，2004，第668页。

表 3-1　五行类属表

自然界			五行	人体		
五味	五色	五季		五脏	五体	五官
酸	青	春	木	肝	筋	目
苦	赤	夏	火	心	脉	舌
甘	黄	长夏	土	脾	肉	口
辛	白	秋	金	肺	皮毛	鼻
咸	黑	冬	水	肾	骨	耳

（3）道教茶养生文化资源。中国茶文化吸收了道家的思想精华，道家为中国茶文化注入了"天人合一"的哲学思想，树立了道教茶道的灵魂。同时，道家还为中国茶文化注入了崇尚自然、崇尚朴素、崇尚美学的理念和"重生、贵生、养生"的思想。一是道教茶文化资源中蕴含"长生久视"的思想。陶弘景在《茶录》中说："茗茶轻身换骨，丹丘子黄君服之。"可见以茶养生早已成为道教文化资源。二是道教茶文化资源中蕴含"天人合一"的思想。"天人合一"在茶道中表现为人对自然的回归渴望，以及人对"道"的体认。为了更好地达到"天人合一"，道门中人在品茶时非常注重环境的优雅和内心的平和，追求寄情于山水、忘情于山水、心融于山水的境界。道教茶文化资源中"天人合一"的思想还在茶具上有所体现，人们常用来饮茶的盖碗（又称"三才杯"）就是取"天人合一"之意来设计的，茶杯的托为"地"，杯盖为"天"，杯身为"人"，所以道门中人一般都喜欢用盖碗泡茶，暗含天、地、人三合之意。三是道教茶文化资源中蕴含"清静无为"的思想。道教茶文化资源在"静"的意境上达到了高度一致。道家的这种思想在中国几千年的茶文化中演化为"茶需静品"的理论实践，从历代茶人煎茶、品茶的高雅意境中悟出"清静无为"的追求。

（4）道教酒养生文化资源。酒的发源时间很早，最初的"酒"写作"酉"，它是用来治病的。在传统的道教中，酒主要用以祭祀神仙，但也作为治病的药引。道教认为，适量饮用药酒有益健康。在《修真十书杂著》卷22《次韵劝道歌》中，王承绪说："养疾扶衰在酒，清神爽气在茶。"同时王承绪倡议："少斟朱博案酒（前汉朱博，案上不过三杯），罕烹陆羽神茶（陆羽，茶神）。"因此，道门主张，"神仙不禁酒，以能行气壮气，然不过饮也"。道门除了主张饮酒适量外，道士们在实践中还总结出一些饮酒宜忌。其一，饮酒宜缓。"凡欲饮酒不欲速，速则冲破肺。肺为五脏之华盖，固不得损。"其二，饮酒宜暖。"不问四时，常吃暖酒弥佳。若冬月但杀冷而已，不要苦热，热即伤心肺。凡是饮食皆不欲热吃，非独热酒耳。"酒宜热饮，利于养胃。其三，酒后忌风。"饮酒不欲风里坐卧，袒肉，操扇，盖缘毛孔悉开，不欲使风入，风入即令四肢不遂兼风，手足瘫痪等皆由斯得。"其四，饮酒忌空腹。在实践中，道士们还发明了许多用于治疗疾病的药酒。载于《中华道藏》，成书于魏晋时期的《太上洞玄灵宝五符序》中有20种非常详细的药酒方，并有酿造法、服食法及其功效说明等（见表3-2）。

表3-2 《太上洞玄灵宝五符序》记载的药酒方*

药酒方	酿酒法	服法与功效
神仙酿	生地黄十斤、生姜二斤，刮去皮；天门冬五斤，剥去皮；皆细切，合捣令如麻，以美酒一斛渍之，分着两罂中，密塞其口，以罂着大釜中熟煮，使放罂塞，热气勃勃射出，则可也	冬夏常温服一升，仍以卧，当觉药气炯炯，流布身中。此酒补虚劳，益清气，令人健饮食，耐风寒，美颜色，肌肤光泽，延年
神酒方	桂三斤，一云三尺，精治取其肌；天门冬成末，五升，纳绢囊中，置五斗米酿酒中，成	服之多少随意，治百病，益精补气，令人美色
五茄酒方	取五茄剉之，令长一寸，一斗剉取一斗，美酒渍之十日，成。取五茄当雄者，不用雌者。雄者五叶，味甘；雌者三叶，味苦	温服之，勿令多也。令人耳目聪明，齿落更生，发白更黑，身轻体强，颜色悦泽，治阳萎
胡麻酒方	用胡麻五斗，熬之令香，捣使熟，以搅一斛秫米饭中，酿之如常酿法，酒成	饮之多少随意，令人肥白，肌肤润泽

资料来源：张继禹主编《中华道藏》第21册，华夏出版社，2004。

二是道教辟谷养生。辟谷又称"断谷""却谷""休粮""绝粒""却粒""停厨"等。辟谷术始于秦汉，甚至更早，《大戴礼记·易本命》记载："食肉者勇敢而悍，食谷者智慧而巧，食气者神明而寿，不食者不死而神。"这里的"不食"即辟谷，不食五谷。《淮南子·人间》记载，春秋时期，鲁国人单豹不食五谷，仅喝溪水，年届七十有童子颜色。1972年长沙马王堆汉墓中出土了帛书《养生方》《导引图》《却谷食气篇》等，其中《却谷食气篇》专门探讨了服气辟谷[①]。由此可见，辟谷术在秦

---

① 熊传薪、游振群：《长沙马王堆汉墓》，生活·读书·新知三联书店，2006。

汉已经相当流行。道教创立后，弘扬并传承了这种方法。《中华道藏》收录了辟谷的主要经典《太上黄庭内景玉经》《太上洞玄灵宝太玄普慈劝世经》《抱朴子内篇》《太清调气经》《太清经断谷经》《神仙养生秘术》《备急千金要方》《太平经》等。[1] 道教辟谷经典记录了关于辟谷养生的功效，大多数经书认为辟谷可以使身体强健，延年益寿。从道教经典记载来看，《神仙养生秘术》辑录了七种"辟谷延年方"，其中"神仙饵生地黄延年法"称，日服三丸如梧桐子大，"百日颜如桃花，至三年令人长生矣。""神仙饵蒺藜方"称，服食蒺藜细末，"日进三服，勿令断绝，服之长生。"从正史记载来看，《梁书》卷51《列传》第四十五《处士》记载："弘景善辟谷导引之法，自隐处四十许年，年逾八十二有壮容。"《魏书》卷114《志》第二十《释老十》云："（寇谦之）辟谷，气盛体轻，颜色殊丽。"《北史》卷27《列传》第十五云："皎为寇谦之弟子，遂服气绝粒数十年，隐于恒山，年九十余，颜如少童。"为此，黄永锋认为，辟谷养生对现代人的借鉴有两点：一是慎食，即慎重选择食物品种，以素餐为主，如服黑芝麻、蜂蜜等动植物做成的药丸。二是少食，从道教辟谷养生典籍中得知，辟谷者并非不食，他们以辟谷丸、散、末来充饥，往往一日服一次或三次等。《太清经断谷经》所记辟谷药饵如表3-3所示。[2]

表3-3 《太清经断谷经》载辟谷药饵

类别	主要原料	配料	备注
服食巨胜	巨胜	蜜、酒、茯苓、泽泻、麦糵屑、饟、水等	巨胜又称胡麻、乌麻、油麻、交麻、黑芝麻等。服食巨胜有四法。凡服食巨胜，禁食腥秽、生菜
服食天门冬	天门冬	杏仁、蜜、大豆、地黄汁、水等	服食天门冬有三法。凡服食天门冬，禁食鲤鱼
服食术	成治术	清酒、大豆末（屑）、天冬末、白蜜、松脂、枣膏、青粱米屑、稻米末、茯苓、水等	服食术有七法。凡服食，禁食桃

---

[1] 张继禹主编《中华道藏》第28册，华夏出版社，2004。
[2] 黄永锋：《道教饮食养生指要》，宗教文化出版社，2007。

三是道教服药养生。道教服药养生是服食高营养、难消化的药物或食物以代替谷物。如《太清经断谷经》服食巨胜辟谷方法之一说:"取成蒸者一斗二升,茯苓二十四两,泽泻八两,捣三万杵。每服如弹丸,日三。亦可蜜丸,可预作从军。入山涉水,不令疲瘦,遇食便食。无所禁忌。"

四是道教服气养生。服气也称为"食气、行气、吞气、炼气"。服气的出现也很早,先秦典籍和出土的战国时期文物都有具体记载。服气对于身体的作用,东晋道士葛洪在《抱朴子内篇·至理》中记载:"夫人在气中,气在人中,自天地至于万物,无不须气以生者也,善行气者,内以养身,外以却恶,然百姓日用而不知焉。"唐朝著名道士司马承祯的"服气养命论"颇具影响,主要辑录在《服气精义论》,他指出,"气全则生存,然后能养志,养志则合真,然后能久登生气之域。"① 服气的方法、派别非常之多,在养生实践中,服气与辟谷联系很密切,为了方便理解,道教服气分为服外气辟谷和服内气辟谷。

2. 第二类:道教精神养生文化类

一是道教心理养生文化资源。道教心理养生文化是从心理角度控制自己的衣、食、住、行各个方面。如葛洪在《抱朴子内篇·极言》中说:"是以养生之方,唾不及远,行不疾步,耳不极听,目不久视,坐不至久,卧不及疲,先寒而衣,先热而解。不欲极饥而食,食不过饱;不欲极渴而饮,饮不过多。凡食过则结积聚,饮过则成痰癖。不欲甚劳甚逸,不欲起晚,不欲汗流,不欲多睡,不欲奔车走马,不欲极目远望,不欲多啖生冷,不欲饮酒当风,不欲数数沐浴,不欲广志远愿,不欲规造异巧。冬不欲极温,夏不欲穷凉。不露卧星下,不眠中见肩。大寒大热,大风大雾,皆不欲冒之。五味入口,不欲偏多。故酸多伤脾,苦多伤肺,辛多伤肝,咸多则伤心,甘多则伤肾,此五行自然之理也。"

二是道教美德养生文化资源。《太上感应篇》阐发了人要长生多福就必须行善积德,并列举了二十四善行、一百六十一条恶行作为人为善去恶的行为准则,要求人们"诸恶莫行,众善奉行"。唐代三洞道士朱法满在《要修科仪戒律钞》中收集了许多表达劝善的禁忌、戒律,提出以"戒"

---

① 张继禹主编《中华道藏》第18册,华夏出版社,2004,第448页。

"律"劝善导善，欲得长寿，当持大戒，修持耳戒、手戒、鼻戒、味戒、心戒，通达"智远慧深"的智慧之境，顺应自然，这样即可延年益寿。

三是道教存想养生文化资源。存想也称为"存思"。"存即想，即思"。存想就是闭目静思某一特定的对象，做到不用眼睛而"看见"。存想往往包括"叩齿、念咒、咽气"等辅助手段。"存想"根据"存想"的对象不同而有所区别，如"内视"，也称"返观""内照"等，经过修炼，人可以闭目内视，清清楚楚地看见自己体内的五脏六腑等。还有"守一"，即闭目静思至高无上的"一、道或气"，使它们常驻自己的身体，使自己保持心神清静，达到强身健体的功效。"守一"在早期道教中的地位尤其重要。"守三一"，是存想并列的三个对象，说法各有不同。有的守"虚、无、空"；有的守"神、气、精"；有的守身中三神的姓名；有的守青、赤、白三气等。《要修科仪戒律钞》所录"长生四十五念"和"五十二愿"，是针对不同层次的思念无量。思念无量是一种善念的无限延续，例如见到日、月、星三关，也是念想四面八方都没有黑暗，光芒普照，达到身与我神都一样光明。

3. 第三类：道教运动养生文化资源

一是道教导引养生文化。导引也写作"道引"。导引就是通过四肢、身体的运动，引导身体中的邪气，将其排出体外。导引作为养生健身术，在战国时期已经比较普及，道教将其作为长生方术，或作为强筋健骨、去病除劳的养生术。《太清导引养生经》说，导引可以调"营卫"，消"谷水"，排除身体中的"风邪"，增进身体中的"血气"或"正气"，使人精神健旺，疾病痊愈，可以按图去做。它可以单练，也可同"服气"结合起来。导引种类很多，有立式、坐式、卧式。华佗发明的五禽戏，模仿五种动物的动作，也是导引的一种。有人说，导引可以说是现代体操的鼻祖。气功中的动功也可归于导引。导引用于争斗对抗，就是武术；武术用于锻炼，就是养生术。养生太极拳已风行全世界。现在流行的健身舞蹈，也可归于导引的范畴。1972年，长沙马王堆汉墓中出土的帛书《导引图》中绘有44名做着各类导引动作的人物形象，既有用于治病的，也有用于健身的，既有徒手的导引，也有使用器物的导引。从《导引图》中的文字和人物动作分析，正与《庄子·刻意》中提到的"导引""导体会合"

"引体会柔"一致,由此证明导引疗法是我国古代的一种传统养生法。

二是道教按摩养生文化。按摩是指用手对身体各个部位施以推、搓、揉、捏、击、拉等治疗和保健的方法。有由他人为自己按摩的方法,也有自我按摩的方法。道教认为按摩可使气血通畅,驱除"邪淫",从而达到去除疾病、耳聪目明、舒筋健骨的作用。不仅如此,按摩通过对皮肤、肌肉、血管和神经的压迫作用,可以激发其活力,还可以强壮脏腑,达到健肤去皱的美容效果。有的按摩法从头到脚有一整套动作。有的按摩一个部位,只有一种动作。按摩经常与导引、服气、存思等方术相配合。孙思邈《备急千金要方》收有老子按摩法,共49节。《大洞真经·精景按摩篇》指出,导引完毕后,可用手巾摩擦颈项、耳后,令热,然后用手掌摩眼、面、颈等部位。

三是道教房中术养生文化。房中术即古代性卫生、性心理和性技巧的总称,是一种性的艺术。早期道教认为,房中术也是长生手段之一,至少是一种辅助手段。《抱朴子内篇·微旨》提出人不应当绝欲,也不应当纵欲,正确的态度是节欲等。

八 道教劝善文化资源

道教劝善文化资源的含义包括以下几方面。

1. 《太上感应篇》中的劝善文化

《太上感应篇》是出现最早、影响最大的道教劝善书,它以十六字"祸福无门,惟人自召。善恶之报,如影随形"为纲,阐发了人要长生多福就必须行善积德,并列举了二十四善行、一百六十一条恶行作为人为善去恶的行为准则,要求人们"诸恶莫行,众善奉行"。《太上感应篇》认为的善行:

> 不履邪经,不欺暗室;积德累功,慈心于物;忠孝友悌,正己化人;矜孤恤寡,敬老怀幼;昆虫草木,犹不可伤。宜悯人之凶,乐人之善,济人之急,救人之危。见人之得,如己之得。见人之失,如己之失。不彰人短,不炫己长。遏恶扬善,推多取少。受辱不怨,受宠若惊。施恩不求报,与人不追悔,所谓善人。

2. 《太平经》中的劝善文化

《太平经》从宗教神学的层面对"善"与"恶"作了诠释,指出:"夫为善者,乃事合天心,不逆人意,名为善……夫恶者,事逆天心,常伤人意。"①《太平经》还认为,天地不仅对人的善恶行为进行监督和赏罚,而且能够感应人的"至诚"。《太平经》指出:"夫至诚乃感皇天,阴阳为之移动。"②"人心端正清静,至诚感天,无有恶以,瑞应善物为其出。"③ 在善恶祸福的来源问题上,《太平经》还提出了"承负说"。所谓"承负"就是:

> 承者为前,负者为后;承者,乃谓先人本承天心而行,小小失之,不自知,用日积久,相聚为多,今(按,当为令)后生人无辜蒙其过谪,连传被其灾,故前为承,后为负也。负者,流灾亦不由一人之治,比连不平,前后更相负,故名之为负。负者,乃先人负于后生者也;病更相承负也,言灾害未当能善绝也。④

"承负"主要指人的善恶行为都会对子孙后代产生影响,而人今世所遭遇的祸福,也是先人善恶行为影响的结果。

3. 《老子想尔注》中的劝善文化

《老子想尔注》主张"道重继祠",认为人若无善行,就会"殃祸反还人身及子孙"。人若能法道行德,天亦将知之,不仅自己可以得道成仙,而且还能福泽恩及后世子孙。《老子想尔注》还说:"道设生以赏善,设死以威恶",认为"道"像人格神"天"一样能够赏善罚恶,并根据人的善恶行为决定其能否长生成仙。⑤

4. 《元始无量度人上品妙经》中的劝善文化

《元始无量度人上品妙经》主张"齐同慈爱,异骨成亲"。所谓"齐

---

① 王明:《太平经合校》,中华书局,1960,第158页。
② 王明:《太平经合校》,中华书局,1960,第719页。
③ 王明:《太平经合校》,中华书局,1960,第512~513页。
④ 王明:《太平经合校》,中华书局,1960,第34页。
⑤ 饶宗颐:《老子想尔注校证》,上海古籍出版社,1991,第24页。

同慈爱"，就是人应当"物我兼容"，对自然万物和他人同等慈爱。所谓"异骨成亲"，就是将对亲人的爱扩大到无血缘和亲缘关系的他人，即亲其亲以及人之亲。"齐同慈爱，异骨成亲"劝导人们要善待自己的亲人，更要以开阔的心胸将他人也视为亲人，在日常生活中，恤老怜贫，惜孤悯寡，修桥补路，扶危救难，轻财重义，广行方便。人如果能广施慈爱，善待他人，异骨成亲，积德修行，不但能使自己延年益寿，富贵荣华，而且还能使万世后裔代代享受无极之欢。从历史上看，许多道士曾积极地将"齐同慈爱，异骨成亲"的伦理思想付诸实践。例如，孙思邈一生中多次辞官不就，行走于民间行医救人。他认为只要是病人，就"不问其贵贱贫富，长幼妍蚩，怨亲善友，华夷愚智"，都"普同一等，皆如至亲"，一视同仁地对待。在行医过程中，孙思邈本着"誓愿普救苍灵之苦"的态度，不怕脏，不怕臭，不怕传染，不求名利，一心一意为病人着想。他认为，只有不"护惜生命""一心赴救"，才称得起"苍生太医"，反之，只能是"含灵巨贼"。他一反当时大多数医生对药方秘而不宣的做法，将自己多年来在治病过程中积累的心得和药方，结集成为《备急千金要方》与《千金翼方》，并积极推广普及，欲使家家悉解，人人皆知，从而凸显了一个道教徒的慈悲情怀，故后人尊其为"药王"。

5.《太微仙君功过格》中的劝善文化

《太微仙君功过格》是我国现存最早的功过格。功过格是道教徒自记善恶功过的一种簿册，以此作为自我约束言行、积善行德的修养方法和规范。善言善行为"功"，记"功格"；恶言恶行为"过"，记"过格"。《太微仙君功过格》列举的功过格律，包括功格三十六条，分为救济门十二条、教典门七条、焚修门五条、用事门十二条四类；过律三十九条，亦分为不仁门十二条、不善门八条、不义门八条、不轨门六条四类。[1] 凡修道行善者为功，如布施财物、救济贫困、治病救人、修整道路、传授经文、修建庙宇神像、行斋度亡等。凡违道作恶者为过，如毒害众生、不救济贫困、毁坏庙宇神像、咒骂神像、见贤不荐、见贤不师、反叛师长、偷

---

[1] 孙亦平:《道教文化》，南京大学出版社，2009，第220页。

盗、杀生、酗酒等。它要求受持之道士,常于卧室的床首,置笔砚簿籍,根据上述功过格律,每晚临睡之前,反思一天中的善恶,"善则记功下注,有恶则过下注之,不得明功隐过"。这种"自记功过"为自律的做法,被称作"日录"。它不仅要求人们每天检省自己的善恶行为,而且还将自己的功过与"天"所记"功过"相比较,"过无大小,天皆知之"。

九 道教生态文化资源

道教生态文化资源是指道教文化与自然环境融为一体所形成的文化,如天人合一、道法自然等都是道教生态文化的生动表述。

1.《太平经》

《太平经》提出,"形体有三名,天、地、人。天有三名,日、月、星,北极为中也。地有三名,为山、川、平土。人有三名,父、母、子",认为自然界的各类事物都由三个基本要素组成,并且各要素之间也是相互和谐与相互通融的。《太平经》讲自然界由多种要素构成,讲自然界各要素的相辅相成,讲自然界的和谐与相通,由此推论出自然界的"太平"①。《太平经》指出:"天气悦下,地气悦上,二气相通,而为中和之气,相受共养万物,无复有害,故曰太平"。"太平"可以理解为"三气"和谐而达到的平衡,即自然界生态系统的平衡,也就是说,"三气"的融合达到和谐,进而也就实现了生态系统的平衡,实现"太平";如果"三气"互不和谐,自然界的生态系统就不可能达到平衡。因此可见,《太平经》非常重视自然界万物的和谐,并视为实现自然界生态系统乃至整个社会"太平"的必要过程。

2.《黄帝阴符经疏》

《黄帝阴符经疏》指出:"天地,万物之盗;万物,人之盗;人,万物之盗。三盗既宜,三才既安。"强调了天、地、人互相作用、互相和谐的关系。

3.《太上洞玄灵宝真文要解上经》

《太上洞玄灵宝真文要解上经》有"十二愿",反映了祈求天地太和

---

① 转引自卿希泰主编《中国道教思想史》,人民出版社,2009。

的意愿。其祈祷，既有春、夏、秋、冬之天时之和，又有以天时统率的万物滋生、国泰民安的地和之愿。

第四节　道教文化资源的形成与发展

一　道教洞天福地文化资源的形成与发展

从起源角度看，道教洞天福地文化的产生与形成应与史前以及文明初期中国古代先民的山居习性有密切关系；从功能方面看，除少数避世型洞天外，洞天福地可以视为道士在达到终极解脱目标前的修炼场所；从宇宙论、存在论的角度看，道教洞天福地文化反映了道士们观照天、地、人、物的独特视角，其中所隐含的天观、地观、人观、物观都是意味深长、发人深省的，它与我们通常看待存在、非存在、虚无、实体的看法都不相同，而是以一种环环相套的圈层宇宙构成论为背景来解释天、地、人、物的存在形式。

二　道教祖庭文化资源的形成与发展

（1）东汉末西晋初，产生于江西龙虎山的道教正一天师道祖庭文化资源形成。正一天师道祖庭历经2000多年，虽历经兴衰更替，但一直是世界道教文化的中心，在海内外享有巨大的影响力，并有力地带动了地方经济社会的发展。

（2）魏晋南北朝时期，产生于江西樟树市阁皂山的道教灵宝祖庭文化资源形成。自葛玄之后，历代道学家、丹术家到祖庭所在地采药炼丹，"布道行医，泽被以民"，同时村民耳濡目染，年深月久，遂有樟树药摊、药圩、药市以至药都形成。自1991年樟树市举办首届国际中药节以来，每年都有药交会。道教药文化对带动当地经济增长发挥了独特的作用。因历史原因，阁皂山屡遭危厄，渐趋衰落。1992年，在政府的支持下，阁皂山重建了观音阁、葛玄殿、昊天殿、藏经阁等代表阁皂山"神仙之宅"的工程，带动了当地旅游业的发展。

（3）宋末元初，产生于江西新建县西山的净明祖庭文化资源形成，相沿 1600 多年香火不绝。明清时期，江西商人带着道教净明信仰来到贵州、云南、四川等省。据统计，全世界有 1400 多座万寿宫，江西境内有 500 多座，贵州省镇远县有 5 座万寿宫，特别值得一提的是在镇远的万寿宫，江西人创造了道教"九仙"文化。

（4）唐朝时期，产生于江西婺源灵顺庙的五显大帝祖庭文化资源形成。"五显"也称"五通"，是江西婺源本土的地方神，后随徽商的足迹传播到浙江、福建、台湾、香港及越南、泰国等国家。婺源祖庙灵顺庙之外的"五显"香火地，都被称为"行祠"或"行宫"，在苏州、杭州、温州、泉州等地有灵官庙（旧名行祠）、华光庙等。五显大帝仅在台湾的庙宇就有 70 多座，信众 200 多万人。

（5）元朝时期，位于大都（现北京）的白云观全真派龙门祖庭资源形成。如今白云观已成为道教信仰者和修道者的圣地，每年有成千上万的信众和游客到此烧香和参观。

三 道教神仙信仰文化资源的形成与发展

道教神仙信仰文化资源的出现，是历史发展的产物。南朝梁代，著名道教理论家陶弘景在《真灵位业图》中对道教神谱作了系统整理。陶弘景将神仙分为七个等级，每个等级设一中位，由一位神仙主持，中位之外又分设左位、右位若干个席位，安排诸神。七个等级，高低有别，以第一等级为最高，依次分级，秩序井然。道教虽然以"得道成仙"为基本信仰，但有众多的神灵存在，崇拜者可以根据自己的需要，选择不同的神灵来加以膜拜，故道教形成了多神信仰。

四 道教建筑文化资源的形成与发展

（1）唐代道教建筑文化资源。唐朝是道教文化资源发展鼎盛的时期，在唐代，道教建筑文化资源也很有特色。道教建筑文化资源的主体建筑——宫观，风格庄严古朴，屋顶坡度平缓且多用灰瓦覆盖，斗拱比例较大，出檐深远，柱子粗壮，现存唐代道教建筑有山西省芮城县广仁王庙，是我国现存最早的道教建筑。

（2）宋代道教建筑文化资源。宋代是中国道教建筑历史上又一个鼎盛期，据有关史料记载，宋真宗于大中祥符元年（1008），决定修建玉清昭应宫以供奉"天书"。据史料载，修建此宫时，"广务雕镂之巧"，建有殿宇2610余间，每日役使的军民达数万之众，夜以继日，7年才完成。宋徽宗自称"道君皇帝"，在天下广建道观，形成了北宋第二个弘扬道教文化的高潮。宋代道教建筑文化风格开始趋向柔和华丽，屋顶坡度增高，使用琉璃瓦剪边，斗拱使用真昂，并开始采取减柱法，窗户多用菱花格扇。现存宋代道教建筑有：山西省太原晋祠圣母殿、山西阳泉关帝庙大殿、山西晋城二仙观的二仙殿、苏州玄妙观的三清大殿等。①

（3）辽金时期的道教建筑文化资源。辽金时代的道教建筑风格与唐朝相似，不同的是这一时期的道教建筑继续沿用了宋代的减柱法，且斗拱和架梁也较以往复杂。金大定年间，全真派创立，提倡道士出家住观的丛林制度。这一时期的道教宫观建筑在功能和布局上都较以往更为复杂，不仅有奉祀神的殿堂，而且有道士集体起居的地方（如寮房、斋房、客房）和修炼用房。另外，还出现了附属的墓地、塔院、园林、农田和山林，建筑规模进一步扩大和多样化，形成了完整的道教建筑文化体系。

（4）明清时期的道教建筑文化资源。明清以后，道教文化逐渐走向民间，地方神崇拜色彩逐渐浓厚，这使道教建筑文化也表现出民间、地方的多样性。如明太祖洪武元年诏封天下城隍，于是各地大建城隍庙，风格各异。总的来说，明清道教建筑的共同特点是斗拱比例缩小，更加注重殿宇的装饰风格，但同时地方化色彩浓厚。现存留的明清道教建筑较多。

五　道教科仪文化资源的形成与发展

道教斋醮文化是随着远古祭祀礼仪的变迁而形成的。《说文》对"醮"的解释是：古代的冠、娶礼祭。而"斋醮"是指以洁净的身体表示对神的敬畏。科仪是斋醮的制度，如祭祀仪式前的清洁身心，五斗米道有厨会行素食斋制度，等等。道教斋醮科仪，历代高道无不重视，并称"非科教无以弘扬大道"。闵智亭认为：

---

① 卿希泰、唐大潮：《道教史》，江苏人民出版社，2006。

道教继承民族文化，在群众信仰和民俗的基础上发展演绎了斋醮仪式，形成了道教多用途的斋醮科仪，大则为国祝厘、禳解灾疫、祈晴祷雨；小则安宅镇土、禳灾解厄、祈福祝寿、度亡生方，等等，大凡人所祈求的事情多有用斋醮祈祷之法。①

六　道教音乐文化资源的发展历程②

　　道教音乐来源于古代巫祝，并在历代得到发展，是南北朝时期随着斋醮科仪规模的扩大而出现的。中国古代有"巫以歌舞降神"的传统，在祭祀时都"以歌降神"，祭祀音乐在古代非常盛行。道教产生后，继承了古代的祭祀音乐，并认为音乐不是空洞无意义的，而是用无形乐声去感召有形的人身、事物。我国现存最早的一部道教音乐谱集《玉音法事》，编撰于北宋，它以曲线记谱③的方法收录了从南北朝至唐宋流传的50多首道曲，其中有《琼步虚词》《金阙步虚词》《空洞章》《奉戒颂》《三启颂》《启堂颂》《敷斋颂》《大学仙颂》《小学仙颂》《焚词颂》《山简颂》《白鹤词》《太清乐》《玉清乐》《散花词》等。

　　南北朝时期，寇谦之在"专以礼度为首"清整道教时，比较重视对道教音乐建立规范化且富有艺术性的道教仪式，他吸取了佛教以呗赞和转读的方式来唱诵佛经的音乐形式，改"直诵"为"乐诵"，即用音乐伴奏诵经，创制出《云中音诵》，其中就包括《华夏诵》和《步虚词》。

　　同一时期，陆修静提出"步虚"，应是对天宫中神仙巡行时吟诵之声的模仿。"步虚"是配上音乐和舞蹈在道场上赞诵表演，其旋律大多舒缓悠扬，平稳优美，犹如众仙缥渺轻举步行，故又称"步虚声"，或"步虚巡行"，或"步虚旋绕"。"步虚旋绕"是指在斋醮仪式中，法师带领众人依次左行，口诵步虚词，依八卦九宫的方位，"旋行三周，如步虚法"，旋绕香炉或法台边歌边舞，象征天上的神仙旋绕着"玄都玉京山"相会的情景。步虚不仅丰富了道教音乐的内容，而且在后世道教中广泛流传，

---

① 闵智亭：《道教杂将随笔》，白云观，2002。
② 孙亦平：《道教文化》，南京大学出版社，2009。
③ 《汉书·艺文志》称曲线记谱为"声曲折"，似一唱三叹，表现出南曲风格。

影响甚大，后来发展成为道教文学中的一种独特的诗体——步虚词。

唐朝时期，据《旧唐书·礼仪志》记载，以崇道著称的唐玄宗特别崇尚斋醮之仪，"大同殿立真仙之像，每中夜夙兴，焚香顶礼。天下名山，令道士、中官合炼醮祭，相继于路。投龙奠玉，造精舍，采药饵，真诀仙踪，滋于岁月"，不仅令天下名山宫观的道士合炼醮祭，而且还鼓励道士制作醮曲。据《新唐书》记载，唐玄宗曾命道士司马承祯制《玄真道曲》、道士李含光制《大罗天曲》、工部侍郎贺知章制《紫清上圣道曲》等，后来，他亲自创作了《紫薇送仙曲》等斋醮乐曲，并令太清宫的道士们演奏。《霓裳羽衣曲》原叫《婆罗门》，显然是印度婆罗门教的艺术形式与道教神仙信仰结合而形成的歌舞曲，用于演绎飘然欲仙的境界。对此，唐代诗人白居易写道："千歌百舞不可数，就中最爱霓裳舞"。经久不衰的云南丽江纳西古乐团，每天都要为世界各地来丽江旅游的客人演奏这首经典曲目，不仅为游客送上了精神食粮，而且也为纳西古乐团带来了丰厚的经济效益，仅2005年就有纯收入500多万元。

宋朝时期，道教音乐已非常重视用器乐来伴奏声乐，以使音乐更加悦耳动听，更富有艺术感染力，因此，道教音乐又包括声乐（道门中称"韵子"）和器乐（道门中称"牌子"）两部分。声乐中又分颂、赞、步虚、偈、吟咏等表演形式。器乐是使用乐器来起韵、过门、结尾或伴奏，以增加道场的音乐气氛。道教音乐中使用的乐器种类繁多，如打击乐（钟、鼓、磬、钹、木鱼、铃等）、吹奏乐（笙、管、笛、箫等）、弹拨乐（古琴、二胡、板胡、月琴等），几乎包括了汉民族的各种乐器。因此，道场上的法师不仅需要念、唱、奏样样精通，还要熟悉斋醮科仪的程序，会走"禹步""踏罡步斗""舞施食"等，会运用各种手诀，此外，还要会唱诵和演奏各种乐器，由此而培养出一批颇有造诣的道士音乐家。

明朝时期，明太祖赐建"神乐观"，令著名道士冷谦主管，又置提点、知观等职官。神乐观隶属太常寺，掌管宫廷祭祀活动和乐舞生。乐舞生由穿全真道士服饰的道童担任，由精通乐舞的道士主领。除京师外，在五岳也设有乐舞生，以备国家祭典之用。洪武十五年（1382），明太祖钦定道教科仪乐章，以示对国家祭祀的重视。

清朝时期，清廷在道乐的管理上基本上沿袭了明代旧制：北京的东岳庙、吕祖祠、岳庙、关庙均属于神乐观，居住有乐舞生。那里的乐舞生平时着道装，蓄发住庙，但也可以有家室，如朝廷有盛典，即奉诏入宫参加祭祀典礼，演奏道乐。明清时期，道教音乐在民间得到广泛传播，并与各地的音乐曲调融合起来，由此，出现了多样化、地域化和世俗化的倾向，而且还形成了不同的艺术风格和流派。如演唱道教故事的"道情"，著名的有陕北道情、江西道情、湖北道情、四川道情等。

七　道教养生文化资源的形成与发展

（一）汉魏两晋南北朝道教养生文化资源

东汉时期的一些经典，如《太平经》《周易参同契》《老子想尔注》等都是从"道"与"气"的辩证关系出发，对人如何"保性命之真"而成仙做理论上和实践上的探索。晋代时期最有代表性的道教养生经典是葛洪的《抱朴子内篇》，其系统提出了道教金丹养生思想，并在炼丹烧金的实验中逐步形成了一套以阴阳五行说等为核心的道教哲学，以万物自然嬗变的金丹思想，以服食丹药以求长生不死的系统理论体系。据记载，梁朝高道陶弘景的《本草经集注》《养性延命录》《导引养生图》等养生著作影响深远。

（二）隋唐至北宋道教养生文化资源

隋唐至北宋时期是道教医学养生文化发展的兴盛时期，道教医家在传统医学的各个领域中都格外活跃，颇有建树，有许多堪称一流的医学养生理论与方法日趋丰富、完善，特别是道教内丹术的兴盛，更加密切了道教与医学的关系。① 道教医学养生文化得到进一步发展和繁荣，涌现了一批有影响的道教医家，孙思邈（陕西耀县人）就是这一时期融通传统医学与道教医学的重要代表人物。据《旧唐书·孙思邈传》，孙氏擅长阴阳、推步，"善谈《老》、《庄》"且"自注《老子》、《庄子》"，隐于山林，修道著述，其道教医药养生方面的著作有《备急千金要方》30卷、《千金翼方》《神枕方》《医家要妙》《千金髓方》《孙真人摄养论》《枕中记》《保生铭》等。孙思邈作为一代道教医学大师，为我国基础医学、临床医

---

① 盖建民：《道教医学》，宗教文化出版社，2001。

学和预防医学等诸多领域的发展做出了卓越的贡献。唐朝有影响的道教养生家还有女道士胡愔，她撰写了《黄庭内景五脏六腑补泻图》等。唐代司马承祯在《服气精义论》中对服气疗病做了专论。五代、北宋时期，道教养生著作有栖真子、施肩吾的《养生辨疑诀》、茅山道士刘词集的《混俗颐生录》以及佚名的《太上保真养生论》等。

（三）南宋至明中叶道教养生文化资源

南宋金元时期，道教养生文化资源发展更加科学化、体系化，这一时期涌现出了一批带有总结性质的道教医学养生经典，其中南宋曾慥（福建晋江人）的《道枢》、元代陈致虚（江西吉安人）的《金丹大要》、元代李鹏飞的《三元延寿参赞书》颇具特色和代表性。全真道"北七真"之一丘处机的《摄生消息论》、净明道四祖赵宜真的《仙传外科集验方》也是这一时期有影响的医学养生著作。①《道枢》系统地总结了南宋以前的养生修炼方法，既收集了道门养生理法，又统摄儒释二家的延命思想；既以内丹炼养为要，又备载大道小术，最有特点的是对儒、释、道三家，没有门户之见。金丹派南北综合流时期的重要道士陈致虚的主要养生著作有《金丹大要》《元始无量度人上品妙经注解》《周易参同契章注》等（现存于《道藏》《藏外道书》），主要提出了"阴阳双修"的丹道思想。② 元代，李鹏飞在道教医学养生方面也做出了独特的贡献，李鹏飞从某道人那里得到"三元之说"的传授，即"人之寿，天元六十，地元六十，人元六十，共一百八十岁。不知戒慎，则日加损焉。精气不固，则天元之寿减矣；谋为过当，则地元之寿减矣；饮食不节，则人元之寿减矣"，据此理论，李鹏飞归采诸书集而成《三元延寿参赞书》，凡5卷。③《三元延寿参赞书》以人为本，以道教"天元、地元、人元涵三为一"的思维模式为构架，分别从"房中、日常起居、饮食"及"滋补有药""导引有法""还元有图"等多个方面论述了养生理法，具有很高的参考价值。

---

① 盖建民：《道教医学》，宗教文化出版社，2001。
② 孔令宏、韩松涛：《江西道教史》，中华书局，2011。
③ 转引自卿希泰主编《中国道教思想史》，人民出版社，2009。

(四) 明代以来的道教养生文化资源

明末以来，以全真道龙门派为主的内丹学逐步成为道教文化的核心。尽管这时候道教在组织上已经显露出衰落气象，但由于修行实践的推动，还是出现了一些有造诣的丹道理论家。历史上，关于丹道理论有所谓东、西、南、北、中"五派"之说，其中包括以陆西星（江苏扬州人）为首的东派、以李西月（四川乐山人）为首的西派、以黄裳（江西丰城人）为首的中派。陆西星是道教内丹学史上的重要人物，对道教内丹的发展做出过巨大的贡献，他多以对传统丹经进行疏解的方式来阐发内丹之学，如《〈无上玉皇心印妙经〉测疏》《〈黄帝阴符经〉测疏》《〈周易参同契〉测疏》《〈纯阳吕公百字碑〉测疏》《〈紫阳真人金丹四百字〉测疏》等十余种，后被集成《方壶外史》。在内丹领域内，李西月是一个承前启后式的人物，是清朝著名的道士，其在修炼丹术的二十多年时间里，创作并编订了大量的内丹作品，其论著有《后天串述》《九层炼心》《道窍谈》《三车秘旨》《太上十三经注解》等；注释编订的有《海山奇遇》《三丰全书》等。他主张"彼我合炼""性命双修""清静自然"等，但在细节上更讲求繁复周密，强调入手功夫，从而体现出其内丹思想不同于他人的特色。黄裳的内丹文化主要体现在《道德经讲义》和《乐育堂语录》，现代仙学家陈撄宁认为，学习最上层的天元丹法，只要"看黄吉元（黄裳）先生所著的《道德经讲义》和《乐育堂语录》二书足矣，不必他求矣"。① 虽然这是一家之言，但足见其重要性。

八 道教劝善文化资源的形成与发展

(一) 汉魏至南北朝道教劝善文化资源

东汉末年到南北朝阶段，既是道教创立和进行初步文化建设的历史阶段，也是佛教传入中国并且同中国固有文化结合的重要时期。在这样的历史环境下，道教基于关爱生命的立场，形成了以"修道成仙"为宗旨的劝善文化思想导向。这种劝善文化，一方面推动着道教信仰者进行生命道德修炼，另一方面也影响到众多文人雅士。这个阶段的劝善经典主要有：

---

① 转引自卿希泰主编《中国道教思想史》，人民出版社，2009。

《太平经》《抱朴子》《太真玉帝四极明科经》《赤松子中戒经》《太上洞玄灵宝上品戒经》《太上老君戒经》等近二十种道经。

（二）隋唐至北宋道教劝善文化资源

隋唐至北宋时期，道教处在兴盛和发展时期，"这个时期道教社会地位大为提高，道士的人数大增，道教的组织更加强大，道教的宫观不仅遍布全国，而且规模也日益壮观，特别是这个时候道教学者辈出，道书数量益增，并汇编成藏，正式刊行，修持方法及理论也有重大发展。"① 这个时期的道教对劝善导向有所加强，如孙思邈、张万福、成玄英、司马承祯、李荣、王玄览、施肩吾等，其主要劝善思想体现在《要修科仪戒律钞》，包含了"戒""律"劝善导向文化、"愿""念"思善存善文化、"病""药"识恶治恶等。

（三）南宋至明中叶道教劝善文化资源②

南宋至明中叶道教劝善文化资源包括太上老君降授的《太上感应篇》、文昌帝君降授的《劝孝文》《戒淫文》等、孚佑君降授的《求心篇》《功过格》等，以及关圣帝君降授的《觉世经》《训孝法语》等。

南宋至明中叶，道教劝善文化具有极其重要的价值：一是实现了道教劝善形式质的飞跃。在这个时期，道教大力制作劝善书，有老百姓易于理解和接受的生动的善恶报应的故事书，不再使劝善的思想内容混杂于一般的道经条文之中，这就为道教劝善思想理论的完善、劝善文化空间的拓展、劝善多种手段的运用奠定了坚实的基础。二是强化了人们行善去恶的内驱力量。南宋至明中叶，道教始终围绕神仙来进行道德教化，神为人颁布道德条规、监督这些条规的执行、对世人执行情况进行奖惩。如对世人大力宣扬"举头三尺有神明"。三是深化了道教劝善文化的社会影响。南宋至明中叶的诸多道教劝善书从因果报应的角度，宣传善有善报、恶有恶报，从道教神学出发，告诫世人、监察世人的善恶行为和念头，强调神明无所不在、无时不在，神明具有赏善罚恶的能力，让人因敬畏神而不敢胡作非为，从而进一步强化了道教劝善的社会影响。四是蕴含了道德伦理的

---

① 卿希泰主编《中国道教史》，四川人民出版社，1996年。
② 卿希泰主编《中国道教思想史》第三卷，人民出版社，2009，第543页。

现实价值。

（四）明末至民国道教劝善文化资源

明末至民国道教劝善书的具体内容主要表现为：一是自我功德内在修炼。自我功德的内在修炼主要依托于此期盛行的多种道教功过格的规范操作，如《文昌帝君功过格》《警世功过格》等。二是注重伦理道德社会教化，具有功利性、可操作性、大众性等倾向。

九 道教生态文化资源的形成和发展

（一）道教生态文化资源以生命为参照对象

《太平经》是汉代道教生态思想的经典之作。《太平经》提出了"天父地母"的概念，非常强调天、地、人共同生养万物，其包含的文化内涵有三个方面：第一，"天父地母"的概念体现了天、地、人互相和谐共同生养万物的理念；第二，"天父地母"的概念意味着天地自然界与人属于同类应受到像父母那样的尊重，而不可伤害；第三，"天父地母"的概念包含了天地能够对人类破坏自然环境的行为予以惩罚的思想。

（二）道教生态文化资源从道法自然的思想出发

道教从信仰的层面进一步将"自然"神圣化。天、地、人依赖于"道"而存在，又顺应于"自然"而构成一个相互联系、不可分割的整体，"自然者乃万物之自然也"，"自然"展示了万物存在的天然样态，也构成了人的生存环境。

（三）道教生态文化资源围绕"顺万物"的思想而展开

隋唐道教生态文化资源主要体现在《无能子》，宣扬"任其自然"的思想观念。所谓"自然"，一方面可指事物之本来特性或原始状态，另一方面则可指事物之不受制于人意或神意的纯粹客观的运动变化过程，同时也指这种运动变化过程的内在规律"乎自然之元"。

第五节 道教文化资源管理体制

在中国历史上，"道教"一词曾被赋予广泛的含义。它最初的意思是指以"道"来教化众生的各种理论学说和实践方法，诸子百家都曾以

"道"来称呼自己的理论和方法。道教尊老子为教主,奉老子的著作《道德经》为主要经典,并对其进行宗教性阐释。起初流传于民间,曾同当时的农民起义相结合。魏晋以后,封建统治者出于某种需要对其扶持、利用,使流传于民间的道教逐渐上层化并与儒家纲常名教相结合。道教在长期发展过程中,与政治、经济、哲学、文学、音乐、艺术、医学、药物学、养生学、化学、天文、地理以及社会心理、社会习俗、思维方式等各个方面都有不同程度的关联,形成了极为丰厚的中国传统文化资源。道教文化资源是中国古代文化遗产资源的一个有机组成部分,在中国传统文化资源中占有相当重要的地位。道教文化资源的生命历经风雨而长久不衰,究其原因,一方面是道教文化资源本身的价值与人的需求有关,另一方面与历代统治阶级对道教文化资源的管理所设计的一些制度也有关。

一 道教文化资源管理历程

从产生至魏晋时期,道教主要在民间流传。此时,它尚未形成较大的势力,因而未引起统治者足够的关注。在这一时期,道教往往被某些政治势力所利用,与封建王朝发生政治上的对抗,如汉末在太平道基础上爆发的黄巾起义、张鲁建立的具有"民夷信向"宗教色彩的汉中政权,"朝廷不能讨"。东晋孝武帝时孙恩、卢循发动的农民起义是较为典型的事例。这些起义,有的是利用道教组织起来的农民暴动,有的与道教有直接或间接的关系。因而在这一时期,道教常常成为封建政府镇压的对象。如曹操迫使五斗米道教徒三次北迁,进而彻底消灭了张鲁的"汉中政权"。事实上,他对五斗米道采取了以打击镇压为主、笼络和利用为辅的政策。晋代统治者则采用了更为严厉的打击镇压政策,如西晋武帝对道教组织首领陈瑞的诛杀,这种政策致使道教的发展一度受挫。至南北朝,一些出身名门世族的道教徒如南梁的陶弘景、北魏的寇谦之、刘宋的陆修静等大力整顿、改造道教。他们一改以前道教与政治的"对抗"姿态,努力使教权顺从皇权并与其基本保持协调。他们革除其中违背封建礼教和不符合统治阶级利益的成分,制定出一套为封建王朝服务的制度和仪法,使道教逐渐成为能满足统治者需要的工具。统治者一方也逐步改变过去打击镇压的手段，开始执行扶植和利用道教的政策。这样，道教与封建王朝之间在政治上的对抗基本结束了，道教也由民间性质的宗教逐渐转化为由官方所承认和利用的宗教。这一切为以后隋唐统治者制定道教政策提供了必要的社会基础和政治经验。至隋文帝，出于维护封建统治的需要，虽然崇信佛教，但对道教也采取了利用和扶持的态度。这种"佛道教政策"，不仅有利于道教自身的发展，而且对唐、明代的道教政策也有深远的影响。

（一）汉魏两晋南北朝道教文化资源管理体制

东汉时期道教文化资源管理制度。五斗米道或称天师道、太平道，是早期道教的两大派别。五斗米道自汉末产生，经魏晋南北朝至隋唐绵延不绝，并对后世道教有重大的影响，根据史籍和道教典籍的记载，可以了解早期道教管理制度的概况。①

《汉天师世家》卷二载：

> 张道陵"汉安二年（143年）七月一日登青城……立二十四治，增置四治，以应二十八宿，正气下通，以六十甲子生人，分属各治，每治立仙官阴官及祭酒之曹分统之。"

西晋葛洪的《神仙传》卷四载：

> 张道陵："即立祭酒，分领其户，有如官长，并立条制，使诸弟子随事轮出米绢、器物、纸笔、樵薪、什物等。"②

《陆先生道门科略》载：

> 天师立治置职，犹阳官（即世俗政权之官）郡县城府治理民物。奉道者皆编户著籍，各有所属。令以正月七日，七月七日，十月五日一年三会，民各投集本治，师当改治录籍，落死上升，隐实口数，正

---

① 《道藏》第34册，第820~821页。
② 转引自林西朗《唐代道教管理制度研究》，四川大学博士论文，2005年3月。

定名簿，三宣五令，令民知法。其日，天官、地神咸会师治，对校文书，师民当清静肃然，不得饮酒食肉，喧哗言笑。会竟民还家，当以闻科禁威仪教大小，条共奉行，如此道化宣流，家国太平。①

综上所述，五斗米道教文化管理制度归纳起来大致有六个方面的特点：第一，"天师立治置职，犹阳官郡县城府治理民物"。五斗米道在其所辖范围设立二十四个教区，称"二十四治"，以"鬼道教民"，道民隶属某治所依据的标准是"以六十甲子生人，分属各治"；每治设置鬼卒（初入道者），祭酒（领户化民）或治头大祭酒（领户化民多者）、师君（天师）三级管理制度。第二，建立"租米钱物"制度，为道教组织及其进行的宗教活动提供经济支持。第三，建立"宅录"制度管理道民，对道民实行道籍管理制度，"编户著籍，各有所属"。第四，道教管理人员世袭制度。五斗米道实行父死子袭的制度，天师张道陵死后，其子衡继承其位，衡死后，其子鲁又继之，而且祭酒和治头大祭酒也实行这种世袭制度。第五，建立"三会日"制度，规范道民的宗教活动。"三会日"即正月七日、七月七日、十月五日一年三会。"民各投集本治"，"师当改治录籍，落死上升，隐实口数，正定名簿，三宣五令，令民知法"，会竟，道民回家，还要向未到会的全家老小宣讲"科禁威仪"。第六，制定了科律来约束道士的言行。如在"三会日"，师民"当清静肃然，不得饮酒食肉，喧哗言笑"。由上可知，管理制度的相对完善决定了五斗米道有较为稳定的组织形态和宗教活动。这些管理制度是"五斗米道"传承不绝的重要因素。由于太平道的生存期较短，特别是在太平道基础上组织起来的黄巾起义遭到统治阶级的残酷镇压，根据现存的文献已难窥其内部管理制度的原貌。

魏晋时期，由于统治阶级以黄巾起义为戒，害怕某些政治势力利用道教来作乱夺权，遂对道教采取了以限制镇压为主、拉拢和利用为辅的政策。其后果是道教组织涣散、科律废弛。东汉末年，"三张时期"的道门内部管理制度也疏于执行，道教面临严重危机。在这种情势下，一些出身

---

① 《道藏》第 24 册，第 780 页。

门阀世族的道教徒,如北魏寇谦之、刘宋陆修静、南梁陶弘景等审时度势,大力整顿、改造道教。一方面,他们把儒家的封建伦理思想和修道密切地结合起来,革除了不符合统治阶级利益的内容,使之成为满足统治者利益需要的工具。另一方面,他们大刀阔斧地清整、改革旧的管理制度,使道教团体的活动更加规范化、制度化,其生命力大大增强。一是,废除了"三张时期"的"租米钱物"制度。这一制度的执行可以切实减轻信教群众的负担,吸引更多的人入道。二是,废除了"天师""祭酒"世袭制度,取而代之以"简贤授明""依功受箓"和按级晋升的祭酒制度,从而确保了道教管理人员的素质。三是,整顿道民道籍管理的混乱状况,严格执行宅录制度。四是,增订科戒以加强对道士言行的约束。五是,增加和修订道教斋仪。他们保留了一些吸引民众的宗教活动,革除了原有的庸俗粗鄙的内容,并使修持方法更为简单易行。陆修静还把天师道的简单科仪扩展到包括上清、灵宝派斋仪在内的"九斋十二法",对后世道教的科仪产生了深远的影响。

南北朝时期,天师道的祭酒文化制度逐步衰落,当时最主要的两大道派——上清派和灵宝派没有采取天师道的管理制度,而是实行道士出家住观制度。这一制度把道士祀神活动、修炼、日常生活统一起来。另外,由于这一时期战乱不断,徭役畸重,广大民众度日维艰。出家不仅可以免除租赋徭役,而且还可躲避天灾人祸,不堪重负的百姓纷纷出家为僧为道。他们在分布于各名山、都邑的道观出家拜师,传经受箓,修斋、持戒,聚居修道,使当时出家人数剧增。

(二)唐代道教文化资源管理体制的一个重要特点:实行道官制度

唐代,随着政府管理道教事务的机制进一步确立和完善,一整套道官制度也随之建立起来。道官制度是在中央政府的统辖下,通过充分发挥道教徒的作用来管理道教事务。道官制度是唐代政府对道教实施管理的重要制度之一。唐代的道官,是由朝廷任命,由道士、女冠担任的管理道教的各级官员。就全国范围来看,唐政府设有全国性的道官和地区性的道官——道门威仪,或称"道门威仪使",所谓"道、释二教,必在护持,须置威仪,令自整肃"。道门威仪的职责是"监领诸道士"。具体的道教文化管理制度有:

（1）国家斋醮文化制度。中华民族有着悠久的祭祀传统，先秦时期便有"国之大事，在祀与戎"的说法。祭祀是古代国家政治生活中的一件大事。道教的斋醮作为独具特色的祭祀仪式，经汉魏两晋南北朝高道们的改造，至唐代已形成一套较为完备的科仪。由于唐王朝开国之初便尊道教老子（李耳）为李氏皇室之远祖，道教也因此获得了近似于"国家宗教"的地位，加之道教之斋醮具有"礼虔报本、福佑君国"的"祀祷"功能，因而在唐代统治者掀起的崇道热潮中发挥着重要作用，唐代诸帝纷纷修斋设醮，为国、为己延祚祈福，并渐成制度。（2）道教经戒法箓传授制度。作为道教传承之本的经戒法箓的传授，至唐时已经形成制度。唐代道教随道士修行程度的深浅而传授不同品级的经戒法箓。（3）置观文化制度。置观文化制度是指唐政府关于新宫观的设置、建造，旧宫观的重建、扩建、修缮，观、院、庙的升级政策规定及宫观赐额等。（4）俗礼俗法文化制度。唐政府多次下诏要道士、女冠遵从封建礼教。鉴于一般僧道妄自尊大，甚至"先自贵高父母"，且要父母去礼拜他们，唐政府明确规定道士、女冠及僧尼"不得受父母及尊者礼拜"并令他们跪拜父母。唐政府还多次下诏规定，僧尼、道士应礼拜天子、父母及尊者。明确规定了僧尼、道士也要遵长幼尊卑之序。（5）道举文化制度。道举制度是唐代实行的一项考试制度，即修习道家经典并以此开科取士。道举是唐代科举制度的一个常科，是国家按制度规定常年举行考试的科目。（6）道士的组织文化制度。大致可分为两个部分：一是教阶制度与法位制度。教阶制度是以道士所受经戒法箓品级为标准，将道士划分为不同的等级。法位制度是根据道士所受经戒符箓阶品，将他们分成不同法位等级。在每一法位中，随道士经戒符箓阶品的高低又授予他们不同的名衔。二是宫观执事制度。随着唐代道观规模的逐步扩大和道观事务的增多，分化出专门执掌道观道教事务和生活事务的道士，他们不仅有专门的称谓，而且职责也很明确。

（三）宋、金、元时期道教文化资源管理政策

南宋高宗赵构时期，朝廷对道教的管理相当严格，建观、道士出家皆有限定名额，并依北宋之制设各级道官管理道教事务。到后期，又修建三茅观，并派道士蔡大象专门管理观事。赵构还经常亲自召见道士，或赐钱物，或赠封号，或授官爵，或书写道境，如书写《度人经》以赐人。宋孝宗、光宗赵惇、宁宗赵扩等，皆继续奉行高宗时期的崇道政策。宋理宗推动了道教劝善文化的推广，以道教经典《太上感应篇》为教材宣扬伦理道德法则，并亲自书写"诸恶莫作，众善奉行"。①

元朝政府对道士实行册封制度。如元成宗大德八年（1304），以官方的名义册封张道陵第三十八代孙张玉材"正一教主，主领三山（茅山、阁皂山和龙虎山）符箓"，这标志着正一道的正式形成，同时也促成了江南地区道教符箓文化的融合。正一道以龙虎宗为核心，由原有的新、旧符箓派组成，其中包括龙虎宗、茅山宗、阁皂宗、净明道，以及神霄派、清微派、东华派、天心派等，其组织形式比较松散，但都奉《正一经》为主要经典，以画符、念咒、祈禳斋醮，为人祈福禳灾、治病驱邪为主要道术。②

（四）明清时期道教文化资源管理政策③

明朝的道教文化政策主要体现在"三教"并用政策。明朝开国皇帝朱元璋亲自撰写了《三教论》《释道论》等著作，阐发其对"三教"的主张，既表明他利用和扶植宗教的指导思想，也为整个明代"三教"并用政策奠定了基础。其以儒学为主，道、佛为辅的宗教政策，为其继任者一直奉行。具体来说，明代道教文化资源管理政策为：一是建立了道录司，隶属礼部，道录司设正一、演法、至灵、玄义等官职。二是度牒制度，国家对度牒的发放有严格的年龄、身份、考试等条件。这个制度在唐代就开始了，历经宋、元，是国家管理道教的重要行政手段之一。三是名册制度，即由道录司将在京和各州、府、县宫观的道士造成名册，名册有道士姓名、字行、入道年月和度牒字号等，将此册颁行天下。四是对道教宫观数量的建设和道士服装的颜色有严格的要求和规定。于永乐十年（1412）开始建造的武当山道教宫观群，在1994年12月被联合国教科文卫组织列入世界文化遗产名录。五是朱元璋敕礼部道士宋宗真、赵允中等编撰了《大明玄教立成斋醮仪范》并令颁布天下。此后明神宗朱翊钧于万历三十五年（1607）命正一派道士编撰了《万历

---

① 转引自卿希泰、唐大潮《道教史》，江苏人民出版社，2006。
② 孙亦平：《道教文化》，南京大学出版社，2009。
③ 转引自卿希泰、唐大潮《道教史》，江苏人民出版社，2006。

续道藏》；第四十三代天师张宇初著有《道门十规》等，这些道教经典都是非常有价值的文献。

清统治者普遍信仰萨满教，入关前又接受了佛教，对道教较为陌生。入关后，清政府对道教采取的政策是在严格防范和抑制的条件下加以利用，且抑制不断加强。清初顺治、康熙、雍正三帝对道教尚沿明朝的政策加以保护。据《补汉天师世家》称，顺治皇帝曾颁赐敕谕，第五十二代天师张应京袭掌道箓并应"身立模范"。这些政策对道教祖庭文化发展和道教授箓文化的传承起到了一定的促进作用。康熙帝玄烨明确规定巫师、道士跳神驱鬼以惑民心者处死，其延请跳神逐邪者亦治罪，这个规定对道教特别是正一派有很大的限制。但在康熙五十二年（1713）又赐帑修缮龙虎山大上清宫，这些政策推动了道教建筑文化的发展。雍正帝从"三教一体"的角度指出："道家所用经箓符章，能祈晴祷雨，治病驱邪，其济人利物之功验，人所共知……以佛治心，以道治身，以儒治世。"雍正元年（1723），授第五十五代天师张锡麟为光禄大夫，朝廷拨款修理龙虎山大上清宫。雍正对龙虎山高道娄近垣的道教文化修养也非常重视，娄近垣有《南华经注》一卷、《御选妙正真人语录》一卷、《梵音斗科》二卷等著述，直到今天，龙虎山、上海、苏州等地正一派宫观仍然用他所删定的《黄箓科仪》，由此看出，道教科仪文化得到较好地继承和发展。乾隆对道教文化的发展有很多限制，乾隆四年（1739），禁止天师派法员到江西之外的省区传度。① 除此之外，又下令废除多年来由道士担任太常寺乐官的制度，而改由儒士担任。

（五）当代道教文化资源管理政策

1911年，孙中山先生领导的辛亥革命取得胜利，推翻清王朝，建立中华民国。民国政府批准道教会的成立，对处于困境中的道教给予法律保障。在抗日战争时期，在上海的道教界爱国人士，发起成立了"中华全国道教会"，以道教作为"今日团结民族精神之工具"，道教爱国思想文化得到发扬和光大。新中国成立至1958年，道教界在中国共产党的领导

---

① 孔令宏、韩松涛：《江西道教史》，中华书局，2011。

下，积极参加了民主改革、土地改革、抗美援朝等一系列活动，如发挥道教教义文化中合理的内容与新的思想文化相结合，摒弃落后的思想，使古老的道教文化焕发出青春。同时，道教界加强了自身建设，1957年4月中旬，在北京举行了新中国成立后道教界的第一次全国代表大会，成立了中国道教协会，会议制定了《中国道教协会章程》，为中国道教文化的发展和传承提供了组织和制度的保证。1966年，"文化大革命"爆发，宗教被当作应清除干净的"四旧"之首，道教同样不能幸免于难，不少爱国道教徒枉遭不白之冤，一般的道教徒也被勒令还俗。道教活动场所或被拆毁，或被强占，或被关闭，具有很高文物价值、记载中华民族古老历史和传统文化的大量碑碣、经书、法器、音乐、养生文化等也遭到严重破坏，古老的道教文化已处于被毁灭的边缘。①

1978年以来，我国不仅保护了公民的宗教信仰自由，也出台了保护宗教文化的制度。如2005年3月1日，国务院颁布了《宗教事务条例》。《宗教事务条例》对宗教文化的管理提出了一些具体的政策规定，其中第十八条规定，宗教活动场所应当加强内部管理，依照有关法律、法规、规章的规定，建立健全文物保护、管理制度，接受当地人民政府有关部门的指导、监督、检查。文物保护制度是指宗教活动场所按照《文物保护法》的要求，对文物进行保养、修缮、使用、处置的制度。《宗教事务条例》第二十一条规定，宗教活动场所可以经销宗教用品、宗教艺术品和宗教出版物。宗教用品是指除宗教出版物外，信教公民进行宗教活动和过宗教生活所需的其他专用物品，如香蜡、经书、念珠、如意、神像等。宗教艺术品是指以宗教为内容的艺术品。宗教出版物是指由出版单位公开出版发行的宗教出版物以及宗教团、寺、观、教堂编印的宗教内部资料性出版物。第二十六条规定，以宗教活动场所为主要游览内容的风景名胜区，其所在地的县级以上人民政府应当协调、处理宗教活动场所与园林、文物、旅游等方面的利益关系，维护宗教活动场所的合法权益。此规定第一款主要有两方面的含义：一方面，政府要依法保护宗教活动场所的合法权益，防止因景区建设、发展旅游、保护文物等原因侵犯宗教界的合法权益，同时，

---

① 卿希泰、唐大潮：《道教史》，江苏人民出版社，2006。

要保证设立宗教活动场所、开展宗教活动等严格依法进行。另一方面，当宗教活动场所与园林、文物、旅游等部门发生冲突时，政府要进行协调，保证各方面活动都在法律、法规和政策范围内进行，最大限度地保证社会的稳定和风景名胜区的健康发展。"以宗教活动场所为主要游览内容的风景名胜区的规划建设，应当与宗教活动场所的风格、环境相协调。"这是从保护宗教文化遗产资源、自然遗产资源的角度设计的政策规定，这些风景区浓厚的宗教文化和优美的自然风光都是宝贵的文化资源和自然资源，其中有的被列为世界文化遗产或世界自然遗产，保护好这些文化遗产是地方人民政府的重要责任。因此，在这些景区内应尽量避免开发新的建设项目，确需建设时也要与原有的建筑风格、布局及环境相协调。[①] 从道教文化资源方面来看，道教的名山武当山、青城山、龙虎山、武夷山、三清山、华山、庐山、葛仙山、罗浮山、阁皂山、玉笥山等，经过长期的历史积累，道教建筑、道教遗迹和道教活动成为该地区的主要文化资源，是极其珍贵的道教文化旅游资源。

二 现阶段我国道教文化资源管理存在的主要问题

（一）道教文化资源的保护问题

在我国，道教文化资源具有很高的旅游开发价值，各地有名的道教圣地，只要有条件的，大多数已被建设成为旅游景点，其中还有不少是著名的旅游精品风景区，还有更多的道山、道观被列入旅游开发计划之中。这是"宗教与社会主义相适应"实践的一个成功例证，也是道教本身所具有的巨大发展潜力的一种反映。但道教文化资源的开发是需要慎重对待的工作，既要利用好丰富的道教文化资源，也要保护好道教的优秀文化资源。

道教是一个已存在数千年的土生土长的古老宗教，尽管与创建之初相比，今天的道教已经发生许多变化，但它始终沿着其内在的规律发展着，万变不离其宗，道教的本质没有变。张道陵的道祖地位，《道德经》的经典地位，严密的教阶组织，以及正一派、全真派或在家修

---

① 帅峰、李建：《宗教事务条例释义》，宗教文化出版社，2005。

行者需要严守的戒律等在漫长的历史演变进程中一直是道教的标志。在诸多道教表现形式中,信仰是它的核心。毫无疑问,虽然道教文化资源开发与道教发展有着密不可分的关系,但是这二者之间又有着本质的区别,无论是旅游、影视,还是出版、工艺品行业等,其所要开发的都是蕴含于道教之中的极为丰富的文化,绝不是也不可能是简单地将道教本身转变为产品。道教中存在着许多旅游文化、影视文化等开发的禁区,这是道教生存和发展的必要保证。如果禁区被打开,道教的神圣性、庄严性就不复存在了,道教存在的基石也就动摇了。旅游业、演艺业、影视业等发展都存在一个对文化因子的选择、组合的过程,只有那些真正具有开发价值和潜力的内容才是有意义的。更为重要的是,旅游、影视等开发不能以破坏资源为前提,对道教文化资源的保护不仅有利于道教的发展,也有利于旅游业、演艺业、影视业、出版业、工艺品等行业的可持续发展。

(二) 道教文化资源的产权问题

一是道教文化资源的产权管理与行政管理混同。在我国,道教文化资源相关产权的真实归属主要由地方政府或相关行政管理部门的行政权力干预所决定。地方政府或相关行政管理部门既代行道教文化资源的所有者职能,又代行道教文化行政管理职能,以至于造成产权管理与行政管理的混同。在这种情况下,产生了以下问题:(1) 道教文化资源事实上成为无主物,资源破坏和浪费严重。一方面,地方政府或相关部门对所有权的代理行为基于行政权力变更而具有一定的可变性,每一任地方官员根据主观意志对道教文化资源实施滥用;另一方面,道教团体或宫观不能完全发挥对道教文化资源的使用权,导致其缺乏主动性和创造性。(2) 不同的地方政府或相关部门往往对同一道教文化资源的所有权进行部门或地区分割,导致资源所有权的破碎或割裂,存在大量的公共领域。虽然《宗教事务条例》第三十一条规定,宗教团体、宗教场所对自己所有或者使用的土地、房产应当按照国家规定申领房地产产权证书确定权属,但由于道教文化资源特有的旅游功能、文化遗产价值等,往往被地方政府及旅游、文化、建设等多部门参与利益分享。(3) 道教文化资源由地方政府或相关部门及其派出机构实行无偿、无限期占用,甚至出现道教场所需要支付租金给相关的管理部门，或者宗教团体需要用一大批资金"赎回"属于自己的产权。

二是道教文化资源的利用与知识产权保护的关系。道教文化资源作为我国非物质文化遗产，是道教徒在漫长的岁月中逐渐积累并不断创造而形成的，无论是其丰富的内容，还是其独特的表达方式都具有强大的生命力和珍贵的价值。2011年9月29日，中国医学家屠呦呦在美国获得拉斯克最高医学奖，屠呦呦发明的"青蒿素"就来源于东晋道士葛洪所著《肘后备急方》，"青蒿一握，以水二升渍，绞取汁，尽服之"。非常欣慰的是，屠呦呦的发明治愈了世界上许多的疟疾病人，她还明确地注明了其发明的来源出处，认可了道教文化的价值和知识产权。在国际上，中国社会科学院研究员王卡先生和四川大学盖建民教授呼吁，要尽快建立弘扬道教传统文化的基金会，并邀请屠呦呦等科学家参与科研与开发，进一步挖掘道教文化这座"富矿"，探索道教养生文化服务社会的新机制。然而，现实生活中，道教文化资源的知识产权被侵犯的情况还是比较突出，未经许可使用或歪曲使用现象比较普遍，道教文化资源的"真实性"和"完整性"遭到破坏，这与道教文化资源保护的要求是不相适应的。对道教徒来说，道教文化资源不仅是一种经济来源，更是一种精神资源。道教徒是道教文化资源的权利主体即继承人，道教团体是道教徒的合法组织，对于用于商业开发的道教文化资源应先征得权利主体的组织许可，并且需要支付一定的使用费，用于道教文化资源的传承、发展和交流。另外，道教文化资源的整理者以及在改编和传承过程中所贡献出的创造性劳动应享有相应的知识产权。

（三）道教文化资源被使用所产生的利益问题

从目前的情况来看，道教文化资源开发得比较好的是道教文化旅游资源。今天，著名的道教场所基本上都被开发为旅游景区，而且由专门的、独立的、级别较高的机构对风景区进行直接或间接管理，这种机构实际行使政府部门的权力和职能，属于宗教内部事务。如道教场所的登记、规划、建设；大型宗教活动的安排、接待；大额资金的收支；甚至具体道教教职人员的人事任免；各种收费标准的确定；门票的销售与管理等都由风景区管理部门最终决定。有些道观的功德箱中的资金支配权也被风景区管理部门所掌握。还有些地方为增加收入，在进出道观的门口设卡收取高额的"进山费"，引发道士、居士、游客的强烈不满，个别地方还引发了道众上访事件。我们应该清楚地看到，只有当道教文化旅游景区所涉及的各方利益得到合理分配，相关人员的积极性得到激发时，道教文化旅游景区才会有真正的发展。只有当道教场所合法、合理的收入得到保护，才能使道观的开支无忧，才能使道士安心道事。如果道观中的道长成天为吃饭问题犯愁，何来道教文化的发扬光大？道观一旦衰落，道教文化旅游景区又如何能发展？作为道教徒，也要避免唯利是图情况的发生，加强管理，注重修行，重视道德，让游客真正体验到道教文化那种超凡脱俗的"春来遍是桃花水，不辨仙源何处寻"[①]的境界，这也是道教文化旅游的魅力所在。

（四）道教文化产品价格问题

就文化产业发展而言，佛教寺院、道教宫观本是一种符号，蕴含丰厚的人文精神，可以成为一种文化品牌，成为发展旅游和地方经济的人文因素，不应当把它"规划"为商业经济单位，直接成为赚钱的工具。道教文化产业的发展要靠一系列文化产品和文化服务，而不能主要依靠收取寺院、道观的门票，更不应迫使寺院、道观的僧众、道众"被成为"旅游经济的"道具"。[②] 因此，宗教文化资源的社会公益性显得尤为重要。宗教文化资源的社会公益性，是世界宗教旅游普遍重视的问题。在国外，门票在旅游消费中的份额很少，越来越多的国家采取低门票制。如巴基斯坦，景区门票只占普通人工资收入的 1/500，比利时占 1/300，法国占 1/250。景区的运营和资源维护主要依靠财政拨款、捐赠、基金、发行彩票等，收取门票仅是一种管理手段，这样主要是体现社会公益性，同时减轻国家的部分管理成本。相比之下，我国风景名胜区的门票价格偏高，据不完全统计，门票占城市居民月收入的 7.6%，占农民月收入的 32%。[③] 一些国家或地区甚至采取对游客免费的方式，如中国台湾、泰国等。旅游是泰国的经济支柱，其旅游经济和旅游文化已相当成熟。泰国是

---

① （清）蘅塘退士编《唐诗三百首新注本》，于雯雪注，中华书局，2006。
② 刘元春：《依法惩戒"借佛敛财"》，《中国宗教》2012 年第 10 期。
③ 依绍华：《对景区门票涨价热的冷思考》，《价格理论与实践》2005 年第 1 期。

信奉佛教的国度，随处可见的佛教寺庙成为吸引国内外游客的最大亮点之一。泰国所有的佛教寺院都是免费开放的，寺院内摆放着廉价的鲜花和香烛，完全靠游客自愿请供。导游往往用恭敬的语言来讲解寺院的历史、现状与高僧的德行，介绍佛教以及佛教信仰活动的理念、形式、特点。以文化做先导，以特色产业做支撑，正是泰国旅游经济的魅力所在。1980~2010年我国部分宗教名胜风景区门票涨价情况如表3-4所示。

表3-4 1980~2010年部分宗教名胜风景区门票涨价情况

单位：元

景区\年份	1980	1985	1990	1995	2001	2005	2010	备注
龙虎山	0.1	1	3	15	85	150	225	道士没有优惠
青城山	0	0	1	10	35	60	90	
峨眉山	0.2	1	2	20	60	120	150	乐山大佛另收90元
普陀山	0.45	0.5	6.20	35	119	158	200	寺庙另收5元

确定与道教文化资源有关的风景名胜区的门票价格是否合理，应遵循以下基本原则：门票定价与道教文化资源的等级、类别相符；门票价格必须体现国家发展大局，以取得社会效益和经济效益的"双赢"效果。比如，道教祖庭和一些历史上影响较大的道观，海内外的道教信众都比较多，道教祖庭是海外华人道教信众寻根问祖的依托。在海外华人中，信仰道教的商人也特别多，如中国台湾有1600多万名道教信众，在马来西亚、印度尼西亚的华人中，信仰道教的人占总人口的85%以上，因此，道教祖庭、道教名山对于凝聚力量、凝聚人心、实现大团结、大联合，促进经济大发展、促进文化大繁荣将有不可估量的作用，对海外华人尤其是海外道教信众应当免票，即使不免票，门票价格也必须体现公平的原则。除了对传统的公益照顾对象（如当地的居民、残疾人、学生、军人、老年人）实行门票优惠外，还需要考虑当地社会低收入阶层、道教信众，他们是最需要照顾的群体，也是重复游客中的主要人群。此外，所收取的门票还可对道教文化资源的保护和传承起到一定的补偿作用，可采用最高限价的原则。

表3-5 道教音乐文化产品价格

地区	文化产品	产品价格(元)	表演形式	时间	筹划或经营单位
四川青城山	《道韵青城》	1080~180	音乐歌舞剧	2010年	四川省演艺中心
云南丽江	《丽江洞经音乐》	150~90	音乐会	1983年	丽江纳西古乐会
湖北武当山	《太极武当》	280~200	舞台剧	2009年	武当武术国际交流中心
江西南昌	《神奇赣鄱》	580~120	歌舞剧	2011年	江西省委宣传部策划

确定道教文化产品的价格是否合理应该遵循以下原则：遵循授权原则，需要由道教文化资源产权代表授权，体现主体性；尊重历史的原则，如涉及一些有影响的宗教人物需要征求有关专家及道教人士的意见，体现真实性；参照的原则，参照旅游景区门票价格听证会的方式，多听听大众的意见，体现普遍性；有利于保护的原则，体现传承性；最高限价的原则，体现公益性。

从表3-5列举的道教音乐文化产品的价格来看，大部分并没有遵循五条基本原则，更没有对道教文化资源支付使用费和补偿费，基本上都是免费使用，而且价格特别高。

(五) 道教文化资源管理机制的问题

道教文化资源具有极其顽强的生命力和深厚的历史价值，因此，受到许多文化企业的青睐。但是随着文化旅游业的发展，使道教文化资源面临错位开发、游人超载的严重威胁，有的甚至面临生死存亡的抉择。如在世界文化遗产地道教胜地——武当山，太子养生殿被改建成宾馆、遇真宫惨遭火烧、剑河峡上建大坝等。道教文化资源过度"商业化"和"人工化"，更让人担忧。目前，我国道教文化资源开发及产业化面临的主要问题是道教文化资源的保护与开发之间存在巨大的矛盾。一方面，人们对旅游观光的需求急剧增加；另一方面，地方政府和企业把开发和利用当地道教文化资源作为促进地方经济发展和取得经济利益的重要手段，不断加大开发和利用道教文化资源的力度。这些行为在一定程度上已经对道教文化资源的保护构成了严重的威胁。

一是道教文化资源管理主体存在缺陷。道教文化资源的"管理"职能和"规制"职能混杂，并且以"管理"职能为主，难免出现"管理"冲击"规制"的现象，无法实现规制的专门化。部门利益倾向严重，往往形成谁都有权管,而谁都管不了、谁都管不好,甚至谁都不管的"多头规制"局面。由于道教文化资源风景区按属性分别由建设、文化、旅游、宗教、环保等多部门行使管理权,由各主管部委作为政府公共机构行使行业规制制定及监督权,因此出现了规制权力分散、"管理"职能与"规制"职能混淆的局面。

二是道教文化资源管理手段存在缺陷。从管理的手段来看,西方各个国家都有一套自己的对宗教文化资源进行管理的手段,这些手段中,法律得到普遍的应用。我国宗教文化资源的政府管理手段单一,相对而言,道教文化资源的社会性管理较多,而经济性、激励性、质量性的管理手段较少,尤其是对于激励性管理手段的运用还不是很普遍。另外,管理的各种手段之间不协调。道教物质文化资源具有自然垄断性,其市场准入管理比较有效,没有主管部门或政府部门的许可,新企业不能进入;而对于价格的管理,表面上很严格,但实际上并未真正管住,仍使消费者和信教群众的利益受到了损害;且管住了市场准入,管不住价格,管不了市场退出。

(六)道教文化资源管理政策法规的缺陷问题

概括来讲,20世纪70年代末以来,有关道教文化资源的法律、法规和规章的出台,表明我国道教文化资源产权管理已经走上法制的轨道。道教文化资源的所有权明确为国家所有,相对于以前完全由行政控制代替法制控制而言,无疑是个很大的进步。但随着道教文化产业的发展,这些法律、法规和规章已明显不适应,存在着许多缺陷和不足:一方面是道教文化资源大量的闲置与浪费,另一方面是道教文化资源管理、开发与利用中的无序、低效和破坏,这严重阻碍了道教文化资源的保护以及道教文化旅游产业、道教文化产品的开发和提升,不利于地方经济社会的发展。具体表现在以下几个方面:

一是我国道教文化资源法律制度安排的所有权主体只属于国家或集体。《文物保护法》规定,可移动和不可移动的道教古建筑、雕刻、壁画、造像、法器等归国家或集体所有,明确了道教文化资源产权的二元结构,导致道教文化资源的利用效率必然受到限制。因此,所有权二元结构决定了我国道教文化资源不可能有效进入市场及对其进行产业化。

二是我国道教文化资源的使用权无代偿。在现实中,许多开发商都是无偿地从政府手里获得资源,这样使得这种产权具有公权的性质,企业在开发和利用道教文化资源时不考虑取得道教文化资源时本应该支付的成本,随之出现的道教文化资源浪费、环境破坏、伤害道教徒的感情等现象也就屡禁不止,在这种情况下,道教文化资源产权制度的效率自然也就低下。如,武当山道教文化资源属地管理主体是丹江口市还是十堰市,曾经就吵得不可开交。

(七) 道教文化资源的主管部门问题

第一个问题是在地方政府、资源主管部门、宗教事务部门、文化部门、建设部门、旅游部门中,谁是道教文化资源的产权代表?大多数情况下,地方政府、文化部门或旅游主管部门是产权代表。但不同产权代表的职能、职责不同,必然导致道教文化资源治理目标的差异,往往形成不同的产权形式。

第二个问题是目前以道教文化资源为主的旅游景区是以行政主体资格进行行政型治理,以事业主体资格进行事业型治理,还是以市场主体资格进行企业化治理,这是决定道教文化资源发展的方向性问题,它决定着旅游景区的管理体制和经营机制的市场化程度,是构成道教文化资源产权形式的最重要因素。从目前的情况来看,实行企业化治理占据了主流,似乎代表了道教文化资源管理制度变迁的重大趋势。但是,也面临以下几方面的困惑:一是如果实行企业化治理,企业性质是国有全资企业、股份制企业,还是民营企业,道教文化旅游景区经营企业的所有制性质将直接影响景区的战略结构,决定旅游景区道教文化资源保护、开发和经营行为。二是如果实行行政型治理或事业型治理,景区管理机构与政府相关的部门是合并还是分离。在合并的情况下,景区管理机构可以与当地景区的资源主管部门或旅游主管部门合并,从而具有相应的行政管理职能;在分离的情况下,景区管理机构隶属于当地景区资源主管部门或旅游主管部门,不具有行政管理职能。三是不管是实行行政型治理、事业型治理还是企业化治理,道教文化资源的使用权(开发经营权)、处置权(改变资源状态权)和收益权在地方政府、资源主管部门、旅游主管部门、景区管理机构、景区经营企业、道教团体(宫观)以及居民之间如何进行协调。

第三个问题是道教文化资源中道教祖庭文化资源、道教神仙文化资源、道教建筑文化资源、道教劝善文化资源、道教科仪文化资源等属于道教信仰文化中的核心部分，这是绝对不能直接开发及产业化的，这些资源如何管理，是一个非常重要的问题，涉及道教文化资源生死存亡的问题。

第四个问题是目前道教文化资源的开发主要针对道教文化旅游业，但道教洞天福地文化资源、音乐文化资源、养生文化资源、医药文化资源、生态文化资源等的开发还处在初级阶段。如何规范和管理这些道教文化资源并有效发挥其积极作用，需要有制度约束或法律约束。

第五个问题是随着中华文化"走出去"战略的实施，道教文化产品和道教文化服务的经营权、管理权如何界定。

三 武当山道教文化资源管理体制案例分析

（一）武当山道教文化资源管理体制概述[①]

武当山位于湖北省十堰市境内，武当山道教古建筑群1994年被联合国教科文组织列入世界文化遗产名录，相应的，"国家级风景名胜区""国家森林公园""中国重点宗教活动开放场所""中国武术之乡"等美誉接踵而来。

武当山从20世纪80年代初开始，就对武当山道教文化资源管理体制进行探索，其间历经7次大的变革。1980年7月，湖北省委、省政府专门成立了武当山风景区建设领导小组，并成立了武当山风景区筹备处。1982年4月，成立了武当山风景管理处。1984年12月，武当山风景管理处和武当山镇合并为武当山管理局（镇），实行局镇统一的管理体制。1986年12月，武当山管理局更名为武当山风景区管理局，为县级机构，隶属于原郧阳地委、行署领导。1987年4月，局、镇分设，武当山风景区管理局仍为正县级机构，由丹江口市代管。1993年12月，武当山风景区管理局与武当山镇又一次合并，成立武当山风景区管理局（镇），实行

---

① 桑玉强、郑根立、靳旭燕：《武当山旅游经济特区对嵩山景区管理的启示》，《河南职业旅游学院学报》2011年第8期。

一套班子，两块牌子的体制，由丹江口市代管。2003年，湖北省委、省政府决定在武当山设立旅游经济特区，赋予武当山独立行使县一级政府职能，实行封闭管理，全面负责武当山风景区的保护、管理、开发、利用、规划和建设，同时设立武当山旅游经济特区管委会，为十堰市政府的派出机构（正县级），与武当山风景区管理局实行一个机构，两块牌子，这一决策，使武当山实现了从山区小镇到旅游经济特区的历史性跨越，武当山旅游经济特区成为中国第一个"旅游经济特区"。自2003年武当山实行特区管理体制以来，在游客接待人数、旅游总收入以及景区知名度方面都取得很大进步，武当山特区成立后的2004年与成立前的2002年相比，接待游客数量增长74%，旅游总收入增长137%，门票收入增长132%；2009年与2002年相比，接待游客数量增长321%，旅游总收入增长977%，门票收入增长593%。

（二）武当山道教文化资源管理体制的特点

第一个阶段：从1980年到1987年，政府对道教文化资源的管理体制进行了5次改革，局、镇不断分分合合，主管单位不断变更，其实就是不用管或不能管，风景区的级别也在不断地提升，但矛盾依然存在。这个阶段的特点是以行政管理为主。

第二个阶段：1993年，武当山风景区管理局与武当山镇又一次合并，由丹江口市代管，这实际上是不管或不能管，这个阶段还是以行政管理为主。

第三个阶段：2003年设立武当山旅游经济特区，实现了由景区到旅游经济特区管理体制的嬗变，其目的是对道教文化资源统一管理、整体经营。在经营方面，通过"以资源换资金""大招商，招大商""面向世界，打包上市"等方式进行招商引资，充分发挥景区的道教文化资源优势，这个阶段是实行政企一体化，管理与经营都是一个单位。

（三）武当山道教文化资源管理体制变迁的动力机制分析

一是地方政府发展经济的利益诉求。武当山管理制度的变迁历程表明，无论是风景区还是经济特区的管理机构设置与各项制度安排，这些都充分体现了地方政府利用道教文化资源发展经济的目标与愿望。从武当山的第一个管理机构——武当山风景管理处成立到武当山风景区管理局（镇）成立、武当山风景区管理局形成、武当山风景区管理局与镇分开、武当山风景区管理局与镇合并、武当山旅游经济特区的形成，都是在围绕经济发展来展开的，经济发展的主要形式就是"利用道教文化资源优势，发展旅游文化产业"。

二是道教文化资源使用的地方竞争与利益冲突。在文化旅游产业快速发展的背景下，道教文化资源的价值越凸显，道教文化资源使用中的地方竞争和利益冲突越激烈，这种竞争性使用与利益冲突对道教文化资源的管理体制变迁起到了极大的推动作用。不同地方利益主体对道教文化资源展开了争夺，武当山风景管理局由丹江口市（县级市）直辖时，武当山镇与武当山风景区管理局为了获得道教文化资源使用权分分合合，导致道教文化资源管理体制的变迁；武当山风景区管理局升格为县级，名义上由丹江口代管，实际上管不到，也不能管，以至于道教文化资源管理体制仍然发生变化，形成现在的武当山旅游经济特区。

三是案例的启示与进一步讨论。武当山的发展历程表明，道教文化资源管理体制变迁实际上是受多种动力因素影响形成的一个循环过程。在这个循环过程中，利用道教文化资源发展经济是原动力，在道教文化旅游产业发展经济效益的吸引下，各种利益群体通过建立相应的管理机构控制道教文化资源并从中获益。但是，由于道教文化资源产权不清和有效开发机制缺失，这些新建立的管理机构成为新的道教文化资源使用主体，道教文化资源使用群体的不断增加与道教文化资源的稀缺性之间的矛盾，导致道教文化资源的控制权竞争更加激烈，利益矛盾也进一步激化。

首先，武当山管理体制的变迁是多种力量长期发展和博弈的一个过程，当武当山道教文化资源成为一项重要财源时，这种资源便成为有关部门争夺武当山道教文化资源管辖权的通道，这种争夺既是变革的焦点，也是变革的阻力。

其次，行政建制的约束使武当山在谋求自身发展的过程中始终处于被动服从的尴尬局面，而这正是武当山"守着金山讨饭吃"的内在原因。

再次，武当山采取以"资源换资金""大招商，招大商""面向世界，打包上市"等办法不符合道教文化资源的发展规律。武当山道教建筑文化资源的形成从晋代开始，最兴盛的是明朝，武当山一直是道教文化资源的发展宝地，其道教文化资源具有不可估量的文化价值和经济价值，采取最简单、最世俗的以"资源换资金"并且还要"打包上市"，这样做一方面践踏了历史的真貌，违背了道教文化资源的形成和发展规律，使道教文化资源不可持续，道教文化旅游产品没有竞争力，道教文化服务的功能将会慢慢削弱；另一方面也会伤害道门中人的感情，挫伤他们积极参与道教文化资源建设和道教文化"走出去"的积极性。因此，笔者认为，这种管理体制不是文化和经济"双赢"的制度。

最后，武当山案例也表明，在以经济发展为首要任务的背景下，在振兴文化产业规划中，道教文化资源的潜在经济价值已经被各地开发和利用，也会催生相应的道教文化资源管理和开发体制。与其他文化资源的开发和利用不同，道教文化资源有宗教信仰文化的特征，这种道教文化资源的价值也取决于对其保护的状况和对道教文化信仰的尊重。因此，各级管理机构在开发道教文化资源的同时，或多或少都实施了保护计划，促进了对道教文化资源的保护。但在道教文化资源产权不明晰的情况下，各个利益相关群体就会对道教文化资源实行竞争性控制和竞争性利用，再加上监督机制的缺失，自然容易导致对道教文化资源的非有效利用和短期过度使用，不断激化道教文化资源开发与道教文化资源保护之间的矛盾。

武当山在整个道教文化资源管理体制改革过程中，道教文化资源产权制度一直没有建立。根据现代产权理论及《文物法》的规定，武当山的古建筑群产权归国家所有，被列为国家级非物质文化遗产的武当山道教音乐、武当山武术、武当山庙会的产权应归武当山道教协会所有，属于共有产权。产权不清晰，道教文化资源管理体制不完善，可能导致道教文化资源的发展不可持续，道教文化产品也不会被充分利用。因此，有必要明确道教文化资源的使命，厘清道教文化资源的产权，建立有效的监管机制，只有这三个问题解决了，中国道教文化资源的管理体制才能够突破目前不断反复的循环。

第六节 小结

一 道教文化资源是一种具有多重价值的资源

1. 道教"洞天福地"不仅是修身养性的风水宝地，也是凝聚祖先智慧的神圣之所

今天，许多"洞天福地"已经转化为旅游文化资源。我国很多名山的成名往往与道教文化有关，它们因为有许多著名道士的足迹而发展为道教活动的重要场所，甚至扬名天下，成为道教名山。道教的"洞天福地"大都坐落于风景秀美的名山，"十大洞天、三十六小洞天、七十二福地"成就了一方名山，也成为道教文化旅游资源。素有"天下第一洞天"之称的河南王屋山；号称"神仙洞府"的"第七洞天"广东罗浮山；"第一福地""第八大洞天"和"第三十二小洞天"所在地江苏茅山既是道教胜地，也是著名的旅游胜地。总之，道教名山既因为奇异的自然生态环境，也因为悠久的道教文化而扬名天下，是我国独具特色的旅游资源。比如，龙虎山既是道教的"洞天"也是道教的"福地"，其蕴含的文化资源在全世界具有重要的地位和价值，是道教文化资源开发及产业化的潜力资源。从现状来看，"洞天福地"道教文化资源还有一部分处于闲置状态，既不是道教徒修行之地，也没有成为世人观赏的景点，开发文化旅游产业或养生文化产品的比较优势明显。

2. 道教神仙信仰文化资源是世界宗教文化中独特的多神信仰、真人崇拜

道教神仙信仰文化资源为我们留下了极为丰富的宝贵文化遗产资源，其信仰文化蕴含着极其深厚的道德伦理价值和经济价值。如对"三清"祭祀，既慰藉了人们的心灵，又带动了交通、住宿、餐饮等旅游产业的发展；"八仙"的传说使得旅游风景区更具人文价值，增加了旅游的文化内涵；具有玉皇大帝、财神、八仙等神仙内容的雕刻、瓷器、刺绣等工艺品能带动文化产品市场的繁荣；城隍、药王、八仙等都是影视、戏曲、文学等艺术作品的好素材，可以成为电影业、中医药业、出版业等文化产业的

资源。

3. 道教祖庭文化资源不仅是旅游文化资源，还是寄托人们心灵的清静之所

道教祖庭文化资源最直接、最有代表性的载体是宫观。宫观是道宫和道观的合称，"道家之居曰神丛、曰宫、曰观"，是道士修道、祀神和举行宗教仪式活动的场所。江西道教祖庭文化资源最为丰富，道教正一派的祖庭都在江西，如位于龙虎山的天师道祖庭天师府、位于樟树市阁皂山的灵宝派祖庭、位于新建县西山的净明派祖庭。江西的文化建设应充分发挥道教祖庭优势，通过对道教祖庭的保护和传承发挥其带动经济的作用。

4. 中国道教建筑

道教建筑传承了中华传统文化，其中国风格非常明显且艺术价值很高，对于中国城市、中国农村、中国景区都是一种文化的象征，而且蕴含神仙、科仪、音乐、养生、祈福等文化。道教建筑以木材为主要原材料，以梁柱式架构、斗拱结构为关键，绝对匀称、绝对自由的平面布局，其诗意般的雕饰、彩绘让人充满想象，无论是中国人还是外国人，无论是香客还是游客，都能感受到一种中国文化的美。我国著名建筑学家梁思成研究中国建筑就是以道教建筑为范例，梁先生对道教建筑文化非常痴迷。湖北武当山紫霄宫、四川窦团山的宫观、山西恒山的悬空寺、广东罗浮山的冲虚古观等都是我国道教建筑文化资源中的宝贵财富，也是重要的道教旅游文化资源。从目前道教建筑文化资源的现状来看，大多数地方仅仅对道教建筑文化资源进行浅层次的开发，甚至根本没有当作一种资源进行开发和利用，对于道教建筑文化资源的深层次开发还远远不够。

5. 中国本土产生的道教是一种拥有丰富仪式文化的宗教

道教的仪式植根于深厚的中国文化背景之中，体现出完全本土的天人关系思想特色、人际关系理念及仪式行为。人们接触道教往往不是从思想，而是从道教仪式入手的。因此，道教仪式也成为一部分西方文化人类学家关注的热点，他们正是从道教仪式开始进入研究中国道教的大门。道教仪式文化资源的发展经历了漫长的过程，并随着时代的变化而不断创新和发展，但无论其形式和内容怎样变化，道教仪式文化资源中所蕴含的关

怀国家、关怀庶民、祈祷太平、一片丹心的胸怀是没有变的。也正因为如此，千百年的道教科仪文化资源始终和民族、民众、民生紧密联系在一起，成为中华传统文化中不可或缺的组成部分。道教的科仪经典、斋醮等，文化内涵丰富，历史悠久，其蕴含的济度思想、对天的崇拜、对土地的敬畏等，在现代社会仍然具有现实意义。上海音乐学院专门成立了中国仪式音乐研究中心，并与许多道观、道教人士有合作和沟通。许多开发商在开工、落成时都聘请道教人士参与斋醮科仪仪式，罗天大醮在祖国内地、香港、台湾等地区的很多道观每年都要举行。但道教科仪文化资源不能直接作为经济资源进行开发，可以通过道教文化建设发展战略来实施。

6. 道教音乐资源是形成对外文化贸易的文化产品之一

道教音乐具有极高的历史、文学、艺术等价值，凝聚着丰富的美学内涵和深厚的文化意蕴。在道教音乐漫长、曲折的生命历程中，道人、艺人将道教音乐精雕细琢，使它在器乐、唱腔、表演、舞美等方面博采众长，并风靡社会。今天，它不仅是道场科仪的配乐，而且已经走进民间、走出国门。然而，道教音乐的命运充满波折，道教音乐始终在困境中挣扎，全国 9000 多个道观中，有能力组建道乐团的宫观不到 20 个。同时，道教音乐的生存环境也不容乐观，国家政策的导向、社会环境的变迁、流行文化的冲击、商业利益的诱导等外部因素的强大影响，以及道教音乐作为一种带有传统宗教文化的古老艺术与现代社会产生了深刻隔阂，种种原因都使道教音乐的生存和发展面临许多挑战。

苏州玄妙观道教音乐、武当山宫观道乐、洞经音乐等分别被列为国家级非物质文化遗产名录。[①] 一方面，人们对道教音乐的艺术、文化价值有了更新、更深的认识，道教音乐获得了全国范围的认同，成为中华民族文化的代表。出于对中华传统文化的尊重，社会各界对道教音乐给予了热切的关注和多方位的支持，加上道教界本身的积极努力，道教音乐的生存压力稍稍得到缓解，道教音乐有望得到恢复和发展。另一方面，道教音乐与现代生活的矛盾仍很突出，在多元文化的冲击下，各种时尚、刺激的娱乐休闲方式令人应接不暇，道教音乐这种精雕细琢、节奏缓慢的表演方式很

---

① 资料来源于国家文物局官方网站。

难吸引大批观众,尤其是年轻人,他们青睐影视、网络等可供他们疏泄情感的娱乐方式,而对以陶冶性情为主要功能的道教音乐,则容易缺乏审美的情怀和欣赏的耐心。与此同时,道教音乐的人才培养、演出实践等方面也需要不少投入。历时近2000年的道教音乐,要走出困境,发扬光大,除了靠道教音乐自身的艺术感染力和道教界的信仰力量之外,还必须有相应的政策保证,探索新的保护和发展方式。

7. 道教养生是一种具有服务功能的资源

从历史上来看,道教从诞生之时起,除纯宗教性的主业之外,就是一个服务行业,其服务的很重要的一项内容就是养生的指导,从"服食""服药""服气""辟谷""导引""外丹""内丹"到风靡全球的太极拳。明代以后,许多社会团体,包括被列入邪教的一些道门,都以道教养生方术为旗号,吸引民众参加其组织。而作为中国古代养生方术主要继承者的道教团体,却逐渐被边缘化,成了少数"脱离红尘"人士的神仙俱乐部,道教的服务功能明显弱化。多年前的"气功热",就是这种情景的再现。这时候,道教处于观望状态,因为自顾不暇,改革开放之初,许多道士为了修复道观和维持生计而奔波,自身尚未立足,服务的功能未能发挥出来。"气功热"过后,民众的养生需求并没有消失。面对环境污染带来的许多新疾病、快节奏生活造成的身心疲惫,以及昂贵的医疗费用带来的压力,人们内心渴望一种便捷、低碳的养生保健方法。由此可以看出,以满足大众需求、科学的道教养生服务对道教文化事业的发展是一次难得的机会。道教养生文化资源是在中华大地上产生的具有特殊内涵的一种身心护养活动与理论方法,"我命在我不在天"的道教养生主体精神引导历代道门不断地探索和实践,道教特别提倡"以德养生",净明派有"忠孝养生法"留传。从古至今,道门中人出现了一批又一批的健康长寿者。如果能把道教养生资源与资本相结合,并借助市场的力量,道教养生文化有可能成为世界人民获得健康的一种重要途径。

8. 道教劝善文化资源是道教文化的核心竞争力

无论是从道教的发展历史来看,还是从道教众多的典籍来看,劝善文化一直贯穿在道教的发展过程中。道德涵养在道门中人的修道生活中具有特殊意义。道教善书实际上是一种特殊的宗教语言对社会善恶现象的评价，这种评价以树立典型形象的方式来进行正面诱导，从这个意义上说，道教善书是以善恶对照的方式来强化社会道德观念，规范人的社会行为。从今天的社会生活视角来审视道教伦理，我们可以得到许多启示：一是道教理论把道德修养与身心健康联系起来，强调行善去恶对延年益寿的重要作用；二是道教伦理建立了修道的整体原则，把个人的身心融入大环境中，把握"利生""利他"的"修道整体性"才能延年益寿；三是道教劝善文化侧重精神成仙的追求，特别是全真道否定了肉身不死的目标，而以精神或者灵魂的超越为其追求境界，其最终目的是引导信众行善、心善、人善。

道教经典对道教劝善文化资源的含义做出阐释以及道教文化发展的历程说明，道教文化在整个发展历程中把"善"作为教化大众的重要内容。道教劝善文化资源对我国社会文化熏陶和道德教育发挥过积极的作用。因此，道教文化资源是一种"软实力"，它虽然不能直接带来经济效益，但可以引导人们形成生财有道、诚信经商的理念。新制度经济学家诺斯认为，意识形态是由互相关联的、包罗万象的世界观构成，包括道德和伦理法则；意识形态是一种行为方式，它通过供给人们一种"世界观"而使行为决策更为经济；意识形态通过降低交易成本、减少搭便车等方式来促进经济增长。诚信理念的确立对降低交易费用，提高经济运转效率具有非常重大的作用。据不完全统计，我国企业每年因信用缺失而导致的直接和间接经济损失高达6000亿元，近年来，我国每年由企业失信引发的重大事件已由1~2起增加到4~5起。[①]

9. 道教生态文化资源是道教文化的主要标志之一，其经济价值有待开发

道教从基本的自然宇宙观出发，建立了独特的"天人合一"的道教生态文化体系，即"天人同源""天人同心""天人同归"的合同论。天和、地和、人和，天、地、人三同合心，是一种美好的状态，道教称为"和合则乐"。因为，天和则能调理四时，太和万物，五行不逆以人民兴；地和则春乐生、夏乐长、秋乐收、冬乐藏；人和则可以长生久存，与草木

---

① 顾江：《文化产业经济学》，南京大学出版社，2007。

同春。人与万物同生共存，相互尊重互不伤害，一切生命和谐幸福地生活，则国泰民安、生机盎然、天下太平。

二 制度变迁对道教文化资源可持续发展影响深刻

中国道教文化源远流长，道教文化管理体制也经历了一个漫长的过程，每个朝代对道教文化资源的管理都有每个朝代的时代特征和政策变化。

1. 从民间走向政府

在唐朝之前，道教文化资源管理基本以民间为主，之后历代朝廷都有专门的组织和管理制度，这些组织和制度，对引导道教发挥其优势功能服务社会起到了一定的作用，对道教文化的形成和传承也起到了重要作用，对道教文化资源的积累和生长更有推动作用。不难看出，除了"文化大革命"时期的政策对道教文化资源产生了极大的破坏，其他时代都体现了政府对道教文化资源的保护。正是由于这种保护政策使得道教文化能够长期传承和繁衍，并有效带动地方经济增长和社会和谐。

2. 当代道教文化资源管理政策滞后

目前，随着旅游市场的不断扩大和旅游业的快速发展，道教文化资源的旅游、养生保健功能及其伴生的巨大经济价值也凸显出来，这在中国道教文化发展史上是很少见的。各种社会利益集团都看到了道教文化资源的巨大经济价值，以及投资开发道教文化资源的低风险甚至是无风险，纷纷通过各种努力争夺对道教文化资源的相关权利。其中，资本所有者、地方政府、道教文化资源拥有者（道教团体或宫观）、道教文化资源所在地的居民，这四类群体是道教文化资源制度发生变革的最主要的需求主体和推动力量。资本所有者清楚地看到，具有高度稀缺性和垄断性的道教文化资源作为旅游产业发展的核心投入要素之一，其经济价值将随着时间的推移而不断上涨。道教文化旅游资源开发将获得比投资于其他市场化程度较高的产业领域更高的利润回报，但这必须以能够获得道教文化资源的占用和收益等相关权利为前提。地方政府及其官员在以 GDP 为核心的政绩考核体制下，具有利用道教文化资源大力发展旅游业从而推动地方经济发展的内在动力，因此，希望加强自身对道教文化资源的占用控制和开发经营，但在财政资源严重约束的条件下,必须依靠吸引社会资本参与才能完成,这使其具有强烈的改变道教文化资源制度的动机。重要的是,我国分权化改革进程中,地方政府实际上也拥有推动这种制度变革的能力。从案例中我们知道,对武当山道教文化资源管理体制的变革完全是由湖北省委、省政府推动,并且完全是将其当作一种经济资源而进行相应的体制改革,但最关键的道教文化资源产权问题没有解决,在改革开放30多年的时间里进行了7次对武当山道教文化资源的改革。道教文化资源所有者(团体或宫观)也具有通过道教文化资源制度变革发展道教文化旅游业的愿望,改变仅靠香火和功德箱的微薄收入维持的局面。另外,不可忽视的是,道教文化资源所在地的居民也希望通过制度变革,发展道教文化旅游业,增加就业机会,从而改善生活条件。

3. 道教文化资源管理制度的变迁势在必行

目前,我国对道教文化资源属性和管理主体的法律、法规体系几乎没有任何变化,但是,道教文化资源不同利益相关者各自的努力行为却推动着相关制度尤其是产权制度的快速变革。这种制度变革不是国家在整体上统一进行的,而是在不同区域甚至是针对特定的道教文化资源由相关利益群体分别推动进行的,从而具有了分散化、个别化、多样化的特点。这导致道教文化资源管理制度变革中存在着多种模式并存的复杂局面,甚至可以认为每个特定的道教文化资源景区或产品在开发过程中都形成了特定的制度结构安排。

综上所述,道教文化资源既是一种社会资源,也是一种经济资源。其中包含祖先留给我们的道德智慧、生命智慧、和谐智慧、科学智慧、快乐智慧,要建设"美丽中国",我们这一代没有理由不追寻古人还未圆的"中国梦",我们这一代也没有理由不复兴将要断层的中华传统文化,我们这一代也没有理由不告知世界中华文化的传承后继有人!其实,在古代,祖先就已经为我们指明了"天人合一"的生态观、"尊道贵德"的道德观以及"和谐共生"的生命观,道教养生文化、道教劝善文化、道教生态文化、道教建筑文化等资源都是祖先的"真言善语"和"亲力亲为"的实践,今天,我们必须以"敬畏"的态度,对待这些有用的资源。

第四章　道教文化资源的评估

文化是人类对外部世界的一种基本态度，这种态度表现在政治、经济、社会、风俗等人类社会生活的各个方面。在千百年的历史发展中，人类对待事物积极向上的、肯定的、有效的态度形成了具有强大传承能力的文化资源。比如，人们为了追求美好、和平的生活，希望拥有幸福、自由和财富，就把这种希望寄托在一些物质或者活动上，于是形成了流传至今的道教活动、道教建筑、道教音乐等传统文化资源。这些道教文化资源的形成和传承具有强大的动力和完善的机制，伴随着人们的主动传承一代又一代地流传至今，成为今天引人注目的传统文化资源之一。虽然道教文化资源是很多地区文化产业发展的基础，但并不是所有的道教文化资源都可以进行开发及产业化经营，对于道教文化资源中能够用于开发及产业化经营的资源需要从资源禀赋和市场潜力等方面对道教文化资源进行评估。一般来说，可度量的道教文化资源更容易进入市场和产业化开发。可度量的道教文化资源也体现了人类对这类资源产品属性的认可，不同的道教文化资源品相和价值体现在不同的文化价值观里面，只有用客观和统一的指标体系进行评价和估量，才能够得出不同资源种类的比较差异，也才有利于资源之间的交流和融合。可度量道教文化资源还从一定程度上解决了道教文化资源进入市场的"身份证"问题，并进一步明确了资源的瞬间价值和可持续开发的永久价值。

第一节 道教文化资源评估要素构成

一 道教文化资源的要素构成分析[①]

（一）道教文化资源的品相要素

道教文化资源是一种内生的、柔性的资源，尤其是其具有宗教的特殊性，因而对其评价难度较大。一般来说，道教文化资源品相要素包括文化特色、保存状态、知名度、传承性、独特性、稀缺性及分布范围。

道教文化资源的文化特色主要指其地域性及其他历史性的文化特征，这些资源很明显地区别于其他文化资源以及其他宗教文化资源。如，道教建筑文化资源、道教养生文化资源、道教科仪文化资源、道教音乐文化资源等。

道教文化资源的保存状态，是指道教文化资源的静态保存数量、保存质量、保存制度。武当山道教文化资源之所以成为今天湖北旅游的一张"王牌"，一个重要的因素就是保存状态较好。1412年开工建造的金顶、紫霄宫、玉虚观等，至今保留完整，每天有近万人参观游览，"黄金周"旅游期间，每天有5万~6万人。而位于江西樟树市阁皂山的道教灵宝祖庭，由于历史的原因，其神秘辉煌的道教祖庭文化资源、道教养生文化资源、道教科仪文化资源等却被尘封，没有形成大规模的道教文化产品的展示。

道教文化资源的知名度，是一种人为设定的主观评价指标，一般可以设定为道教物质文化资源和道教非物质文化资源的媒介提及率、大众关注率、道教界认可率。比如，龙虎山的道教祖庭文化、青城山的道教建筑文化、西安八仙宫的道教劝善文化、武当山的太极养生文化、三清山道教生态文化等，是被方方面面认可的有一定知名度的资源。

道教文化资源的传承性，是指道教文化绵绵不断地繁衍、继承并创新。道教徒、道观、道教组织、道教制度的存在使道教文化资源在利用开发中得以传承，并保留文化的基因。如，道教洞天福地文化中的道人修行

---

① 申维辰：《评价文化：文化资源评估与文化产业评价研究》，山西教育出版社，2004年。

行为、道教音乐中的工尺记谱、道教科仪中的罗天大醮等。

道教文化资源的独特性，是指道教文化资源在宇宙、世界上的唯一性。道教文化资源植根于中国土壤，其天人同源、天人同行、天人同归的"天人合一"理念影响着世界、传播到许多国家。道教文化资源不仅是中国传统文化的支柱之一，而且成为中国文化的核心竞争力之一。如道教建筑文化中的中轴设计理念、道教神仙文化中的"真人"形象、道教洞天福地中的洞穴修行、道教养生文化中的内丹养生等。

道教文化资源的稀缺性，是指在一定时空条件下其数量是有限的。道教文化资源是我国极其珍贵的文化遗产，其稀缺性表现为原创性、不可替代性、不可再生性、增值性。如，道教祖庭文化资源、道教神仙文化资源、道教音乐文化资源、道教科仪资源等都是历代道人们在修行实践中的总结与创新，有很多被列为世界或国家级文化遗产，没有任何一种文化可以替代。

（二）道教文化资源价值要素

道教文化资源的文化价值。这是道教文化资源最为明显的价值本体。文化一旦成为资源的核心和本质，就表明这种资源的社会性和人类活动赋予资源的深厚价值取向。有没有文化是一个人的重要特征，同样，有没有文化也是一种资源的重要特征，即使是纯粹的自然景观，有时因为人为的文化定义，也可能成为文化资源或文化景观。我们看到一些旅游景点，由于定义了人文价值，使得自然景观获得了丰富的想象力，从而有了文化的底蕴。如道教圣地武当山作为自然景观的品相得分并不高，但道教文化的深厚传承却使其成为海内外久负盛名的朝圣之地，这就是道教文化的作用。

道教文化资源的时间价值。首先是道教文化资源形成的历史性。时间是检验道教文化资源生命力是否旺盛的重要尺度，也是检验道教文化资源是否具有强大生命力的试金石，年代久远的道教文化资源，其时间价值要高于年代较短的道教文化资源。如，截至2011年6月，我国有41处自然文化遗址和自然景观被列入世界遗产名录，其中武当山古建筑群、四川青城山、河南登封天地之中古建筑群等7处世界遗产都表现了时间价值的重要性。

表 4-1 道教文化资源时间价值评价参考

朝代	纪年	长度(年)	久远性权重	稀缺性权重
夏	前 2070—前 1600	470	1	0.895596591
东汉	25—220	195	0.469959630	0.448264050
魏	220—265	45	0.423652339	0.419138997
蜀汉	221—263	42	0.423414866	0.419204775
吴	222—280	58	0.423177393	0.417366718
西晋	265—317	52	0.412966041	0.407979946
东晋	317—420	103	0.400617431	0.390848587
南北朝	420—589	169	0.376157682	0.361107813
隋	581—618	37	0.337924483	0.334964444
唐	618—907	289	0.329137972	0.306618826
五代	907—960	53	0.260508193	0.257239506
北宋	960—1127	167	0.247922109	0.238120264
南宋	1127—1279	152	0.208264070	0.200769719
元	1206—1368	162	0.174067917	0.170070619
明	1368—1644	276	0.151033009	0.141164375
清	1616—1911	295	0.085490382	0.080086516

资料来源：http：//www.xasa.com；http：//xxy.vip.sina.com。

道教创立于东汉时期，千百年来形成的道教建筑文化资源、道教祖庭文化资源、道教音乐文化资源、道教科仪文化资源、道教养生文化资源、道教劝善文化资源、道教仪式文化资源、道教节日文化资源、道教生态文化资源等都具有相当高的美学、史学、哲学、医学、化学、天文学、经济学价值。表4-1利用数理统计的基本思想构建了一个道教文化资源时间价值评价的基本权重表，以2004年为当前时点，以公元前2070年为中国历史纪年的起点，利用时间的相对长度给相应时期形成的文化资源所表现的时间久远性赋权。如江西龙虎山是道教的发源地之一，基本形成于公元220年前后，评价的永久权重赋值为0.469959630。一般来说，道教文化资源形成的时间越长，传承到现在的时间价值就越高。类似的道教建筑文化资源，大多数形成于元、明、清以后，其建筑的时间价值就相对少一些，只能够得到0.085~0.174的永久权重。但本文认为，道教文化资源的价值不能单纯以时间价值来衡量，如山西芮城的永乐宫建于元代，是典型的道教建筑群，其建筑的时间赋值不高，但宫内的壁画是目前世界艺术的珍贵宝藏。因此，还需要根据道教文化资源的稀缺性来评价。

道教文化资源的消费价值。道教文化资源传承的一个重要内在动力，就是其消费性，文化具有显著的社会功能，公众的文化消费导向具有一定的社会性，这是文化资源区别于其他资源的又一重要标志。文化消费不同于一般的物质消费，具有物质消费不可替代的功能取向。比如，个人信仰、人生观、价值观、习俗、风尚等，更多依托于文化产品的消费，道教文化资源作为文化的重要组成部分同样具有这个特征。近年来，随着我国人民生活水平提高和对外开放，道教养生文化资源、道教音乐文化资源、道教生态文化资源等形成的文化产品消费已成为国际、国内许多民众的选择，由此带动了旅游经济及文化产业的发展。

（三）道教文化资源效用要素

大多数的道教文化资源虽然还谈不上是文化产品，称不上是文化产业的成果，但是道教文化资源的效用无疑是道教文化资源得以流传和发展的重要因素。道教文化资源效用包括社会效用、经济效用、公众道德、资源消费人群及资源市场规模等方面。

在道教文化资源发展的历史长河中，道教文化资源的效用成为道教文化资源不同于经济资源而长久传承的动力。道教祖庭文化资源、道教科仪文化资源、道教节日文化资源、道教神仙文化资源等从不同的侧面表达了人们情感、信仰、生活态度的需求，从而形成了我们今天所看到的极具生命力的文化资源。

（四）道教文化资源的发展预期

文化资源作为文化产业发展的核心要素，产业化开发是其重中之重，这种发展关系到资源属地的经济发展水平、交通运输便利度、生活服务能力、商务服务能力等，也就构成了资源的整体发展环境。有学者指出，我们不主张在经济发展中，把文化资源及时兑现，而应更多、更长远地把文化资源的发展放在首位。①

从世界范围来看，美国的多元文化是以全球的文化资源作为本国的资源储备，欧洲以及世界各国文化均可成为其资源储备地。美国以欧洲古典文化为自己的文化渊源，作为移民国家，现代以后又形成了多元文化共生

---

① 申维辰：《评价文化：文化资源评估与文化产业评价研究》，山西教育出版社，2004。

共存的传统。近年来,黑人文化、少数民族文化、女性文化等都有长足发展。比如,美国文艺界经常改编或重拍欧洲电影,采用许多亚洲、非洲国家的文化题材等,但是,美国文艺界借助其他国家或民族的文化资源,主要不在于反映不同的文化,而重在以我为主,为我所用,助我发展。实际上,一切过去时代的文化资源,都有一个在今天文化语境中重新阐释和创新的问题。任何文化资源要成为生动、活跃的"现在时"或"现在进行时",都必须符合今天人们的精神生活需要。所以,一切传统的文化资源要想在今天发挥作用,都必须经历一个向现代的转换过程。

道教文化资源能够发展到今天并形成文化产品和文化服务走向世界,是道教文化资源在其发展过程中不断与各个朝代、各个时代相适应的结果。

(五) 道教文化资源的传承能力

道教文化资源的传承能力主要是指资源规模、资源综合竞争力、资源成熟度、资源环境等。表4-2用统计学的方式对道教文化资源传承能力进行了统计分析和评价。

表4-2 道教文化资源传承能力的统计评价

指标	描述语汇				
资源规模	1　2	3　4	5　6	7　8	9　10
资源综合竞争力	强　大	较　强	相　同	较　弱	很　弱
资源成熟度	非常成熟	不太成熟	成长中	幼　稚	非常幼稚
资源环境	很　好	较　好	一　般	较　差	很　差

资料来源:申维辰《评价文化:文化资源评估与文化产业评价研究》,山西教育出版社,2004。

第二节　道教文化资源评估指标体系设计

一　道教文化资源评估指标体系设计的意义分析

发展文化产业,最重要的是对文化资源的重新评估和审视。近年来,文化产业的发展对整个产业结构的调整做出巨大的贡献,包括旅游产品在内的文化资源系统,极大地丰富了产业链条和产品链条。但是,文化资源不是产品，更不是成熟的文化产业或者产业组织。文化资源转化为文化产品，首要的问题就是要对它的产品属性进行深刻的评价和界定，这种评价和定位对文化资源的生存和发展具有重要意义。

第一，对道教文化资源进行统计评价有利于明确道教文化资源的价值，指出道教文化资源开发和发展的方向，对于道教文化资源的进一步开发及产业化具有重要意义。

第二，对道教文化资源进行评估有利于不同宗教文化资源之间的横向比较，有利于明确道教文化资源的开发重心，明确哪些道教文化资源可以由企业参与开发，哪些道教文化资源禁止企业进入，对决定道教文化资源取舍具有重要价值。

第三，从产业角度看，道教文化资源开发及产业化的前提必须是客观的评价。

第四，道教文化资源具有宗教性质，必须明确地区分保护型道教文化资源、开发型道教文化资源和保护开发型道教文化资源，为各地进行道教文化资源科学、合理开发提供理论指导，从而对道教文化资源的客观评价具有较强的实践意义。

二　道教文化资源评估指标体系设计的建立

这个评估指标体系的设计遵循了树形设计的原则，设计了5个一级指标和25个二级指标（见表4-3），并从综合评价的角度出发，给定了一个模拟分值，总分值设计为800分，分配在5组指标中的评分标准为：A级不低于640分，B级不低于560分，C级不低于480分，D级不低于400分，E级400分以下。其特点为：

（1）一般来说，发展规模大、传播范围广的文化资源具有较强的传承能力。道教文化资源历经2000多年的传承，明清以前已传播到周边的国家与地区，如东亚的日本和朝鲜，南亚的印度，东南亚的越南、柬埔寨、缅甸、泰国、菲律宾、马来西亚、印度尼西亚等。道教文化资源对这些国家的社会与文化产生了一定的影响，其中影响最大的是朝鲜和日本。明清时期，随着对外交流的扩大和华人背井离乡漂洋过海去谋生，道教文化信仰也传播到欧美国家。

表 4-3 道教文化资源评价指标体系设计表

一级指标	二级指标	指标数值	标准得分	本案得分
道教文化资源品相指标	文化特色		40	
	保存状态		40	
	知名度	有	40	
	独特性	一般	40	
	稀缺性		30	
	分布范围		10	
道教文化资源价值指标	文化价值		40	
	时间价值		30	
	消费价值		30	
	遗产保护等级		30	
	资源关联价值		30	
道教文化资源效用指标	社会效用		40	
	经济效用		40	
	民间风俗礼仪		40	
	公众道德		40	
	资源消费人群		20	
	资源市场规模		20	
道教文化资源发展预期指标	资源属地经济发展水平		30	
	交通运输便利度		20	
	生活服务能力		15	
	商务服务能力		15	
道教文化资源传承能力指标	资源规模		40	
	资源综合竞争力		40	
	资源成熟度		40	
	资源环境		40	

（2）资源的综合竞争力是指资源在产品、地域、人群、发展、竞争对手等方面的竞争优势，这种优势从竞争的角度来看，实际上就是竞争力，可称为文化资源的竞争力。道教文化资源传播到世界后，产生了广泛而深刻的影响。如，虽然在"文化大革命"期间道教文化资源遭到了破坏，但在国际上仍然有很大的影响力。1968年9月，在意大利佩鲁贾召开了第一届国际道教学术会议；1972年9月，在日本长野县蓼科召开了第二届国际道教学术研讨会。虽然这两次国际道教学术会议没有一个中国人参加，但却从另外一个角度说明了道教文化资源具有广泛影响力和国际竞争力。

第三节 以江西龙虎山道教文化资源评估测量为例

一 选择龙虎山作为道教文化资源评估案例的原因分析

文化资源评估是一项非常复杂的系统工程，尤其是带有宗教性质的历史久远的道教文化资源，无论对评估者还是对评估方法而言，都是一个挑战。本文选择龙虎山道教文化资源的评估作为案例，主要有以下原因。

（1）文化产业是目前中国经济增长的一个热点，通过旅游来鉴赏和品味文化产品和文化服务，文化旅游资源的评价和开发是一个不可忽视的重要方面。

（2）龙虎山是道教文化资源的发源地，拥有极为丰富的道教文化资源。道教祖庭文化资源、道教建筑文化资源、道教洞天福地资源、道教神仙文化资源、道教科仪文化资源、道教音乐文化资源、道教养生文化资源、道教劝善文化资源、道教生态文化资源等应有尽有。通过调查我们发现，无论是中国的还是外国的道教信众都知道龙虎山是道教祖庭，但由于交通不便及部分道教文化资源的流失，许多信众没法到龙虎山祖庭去朝拜，许多游客并不了解丰富而深厚的龙虎山道教文化资源，这说明龙虎山道教文化资源开发及产业化有巨大的潜力。

（3）道教文化旅游产业是一个积极向上的朝阳产业，具有较大的发展空间。积极发展道教文化旅游产业，努力打造道教生态文化产品，对优化江西自然旅游文化产品结构具有重要的现实意义。

（4）龙虎山道教文化资源在江西文化资源中具有重要价值。龙虎山道教文化资源和景德镇陶瓷文化资源都具有世界性、独特性和稀缺性，是形成江西特色文化产品和文化服务的重要资源，也是江西对外文化贸易的特色文化产品和文化服务。然而，在市场经济条件下，具有世界影响力和竞争力的江西陶瓷文化产业生产中的精品意识、世界意识尚未完全形成，宗教（佛道）文化旅游产业没有引起政府部门的足够重视。因此，要重新评估景德镇陶瓷文化产品的价值，扩大景德镇陶瓷在世界的影响力；要重新审视江西宗教（佛道）文化资源的价值，欢迎海内外游客和香客到江西来寻根问祖。

二 江西龙虎山道教文化旅游资源评估测量表

本文对道教文化旅游资源的评估主要参考已被专家鉴定的山西财经大学的《山西省文化资源评估指标体系及评估方法研究》,在建立评估指标体系时与道教文化资源的区域特点相结合。本次评分主要针对影响龙虎山文化旅游业发展的道教文化资源品相、道教文化资源价值、道教文化资源效用、道教文化资源发展预期、道教文化资源传承能力五个方面进行调查,并结合道教文化专家模糊的德尔菲评分方法,以及询问当地居民的问卷评价方法,最后整理得出龙虎山道教文化旅游资源评价指标得分,其内容如表4-4至表4-13所示。

1. 资源品相测量

表4-4 龙虎山道教文化旅游景区评价

道教文化旅游资源评价		指标数值	标准得分	本案得分
道教文化旅游景区	景区面积	220平方公里	16	16
	开发历史	1984年设立风景区管理机构	16	12
	景区人文环境	道教、人物	16	16
	风景	山景、水景	16	12
	景区管理	国有企业管理	16	12
	综合得分			68

表4-5 龙虎山道教文化资源景点评估

道教文化旅游资源评价		指标数值	标准得分	本案得分
景点	景点道教属性	以道教文化资源为主	12	12
	景点稀缺性	道教文化资源丰富	12	10
	景点历史价值	天师府、上清宫、正一观	12	12
	景点时间价值	东汉末年	12	12
	景点资源的稀缺性	一般	12	12
	综合得分			58

表 4-6　龙虎山道教文化资源发展环境评估

道教文化旅游资源评价		指标数值	标准得分	本案得分
发展环境	自然区位便利度	距鹰潭市 18 公里	6	4
	经济区位优势	中等	6	5
	ISO14000 认证标准	无	6	0
	气候、日照和气温	适中,属亚热带温暖湿润季风气候区	6	4
	绿地面积占景区的总比例	较大	4	3
	林地、湿地和水景所占比例	较大	4	3
	野生动物、野生森林及其他珍稀动植物	一般	4	3
	全年平均降雨量	中等	4	3
	综合得分			25

资源品相总分：68 + 58 + 25 = 151（分）。

2. 资源价值测量

表 4-7　龙虎山道教文化旅游景区管理要求评价

道教文化旅游资源评价		指标数值	标准得分	本案得分
管理要求	从业人员数量	3000 人左右	15	13
	从业人员平均受教育年限	10 年左右	15	10
	是否在景区员工中建立岗位工作制度	是	10	8
	是否通过 ISO 论证	是	10	8
	是否有经常的业务管理培训	是	10	6
	是否建立监督管理机制	是	10	8
	综合得分			53

表 4-8　龙虎山道教文化旅游景区服务能力评价

道教文化旅游资源评价		指标数值	标准得分	本案得分
景区服务能力	接待规模(每年平均接待游客人次数)	约 300 万人次	20	18
	接待规格(星级酒店、住宿、餐饮、娱乐)	二星级以上	20	13
	交通便利性	中等便利	20	15
	商务服务能力	一般	20	10
	综合得分			56

资源价值总分：53 + 56 = 109（分）

3. 资源效用测量

表 4 - 9　龙虎山道教文化旅游景区游客效用评估

道教文化旅游资源评价		指标数值	标准得分	本案得分
游客效用评估	游客满意度	比较满意	25	20
	游客客源分布	国际、国内	25	15
	游客季节性分布	季节特征不是很明显	25	20
	回头客率	较小	25	10
	综合得分			65

表 4 - 10　龙虎山人文传统评价

道教文化旅游资源评价		指标数值	标准得分	本案得分
人文传统	风俗、民俗习惯对旅游的影响	不大	25	23
	历史文化名人知名度	较高	25	22
	近代以来的文化变化	较大	25	19
	资源属地的文化习惯	较小	25	23
	综合得分			87

资源效用总分：65 + 87 = 152（分）

4. 资源预期测量

表 4 - 11　龙虎山道教文化资源社会化程度评估

道教文化旅游资源评价		指标数值	标准得分	本案得分
社会化程度	公共安全	良好	10	8
	公共秩序	良好	10	8
	人才资源	一般	10	3
	公民教育程度	一般	10	4
	综合得分			23

表 4 - 12　龙虎山道教文化资源国际化程度评估

道教文化旅游资源评价		指标数值	标准得分	本案得分
国际化程度	国外游客比例	很小	10	2
	对国外游客的广告宣传等	不足	10	4
	中外文门票、导游及标志	一般	10	7
	境外旅游团体接待数量	较少	10	6
	综合得分			19

资源预期总分：23 + 19 = 42（分）

5. 资源传承测量

表4－13　道教文化旅游景区可持续发展评估

	道教文化旅游资源评价	指标数值	标准得分	本案得分
景区可持续发展能力	投入产出比	较高	40	32
	资源再生产	中等	40	30
	资源自我保护	良好	40	32
	资源修复能力	中等	40	24
	综合得分			118

资源传承总分：32 + 30 + 32 + 24 = 118（分）

三　小结

通过专家模糊评分，得出龙虎山道教文化资源品相为151分、资源价值为109分、资源效用为152分、资源预期为42分、资源传承为118分，总分为572分，属于B级。从评估分值来看，龙虎山道教文化资源具有很强的旅游经济性，而且是形成龙虎山旅游文化产业的核心资源。

1. 道教文化资源品相是形成龙虎山文化旅游业的基础

道教文化资源品相包括文化特色、保存状态、知名度、传承性、独特性、稀缺性及分布范围。从评估情况来看，龙虎山道教文化资源的文化特色、稀缺性、传承性是极为罕见的，具有较高品相，但龙虎山的发展环境（交通、自然环境等）等还有待改善。

2. 道教文化资源价值是形成龙虎山文化旅游业的核心竞争力

道教文化资源价值包括道教文化资源的文化价值、时间价值、历史价值，从评估结果来看，龙虎山道教文化资源的历史价值和时间价值得分均比较高。从时间价值来看，产生于东汉时期的道教文化资源其价值非同一般，值得政府、社会、道教界高度关注，其文化价值、历史价值在中国传统文化中也占有非常重要的地位，可以说是无价之宝。

3. 道教文化资源的效用价值不高是制约龙虎山文化旅游业发展的"短板"

从评估结果来看，龙虎山道教文化旅游景区的资源效用得分比较低，比如，客源分布情况总分 25 分，实际得分只有 15 分；回头客率总分 25 分，实际只有 10 分。另外，游客的满意度也不高，尤其是国际游客的满意度不高。

为了对这种评估方法的真实性和合理性做出进一步比较和更加合理的解释，本文另对江西省的其他几个景区及相关的佛教文化资源、道教文化资源进行了评价。由于资料缺乏权威性和本人考察的角度不同，因此结论仅供参考，不作为景区资源评价的唯一参数。

从江西其他佛道文化旅游资源的评估结果看，龙虎山的道教文化资源品相和道教文化资源传承的得分低于铅山县的葛仙山玉虚观（道教）和永修县的真如寺（佛教）（见表 4-14），这说明龙虎山的资源还不成熟，缺乏持久和有力的文化竞争力。龙虎山是道教文化资源的发源地，在景区发展规划及管理策略方面，基本集中在建筑、宣传、保护等微观的管理层面，没有设计出龙虎山道教文化建设和发展的战略目标。道教文化资源一直被当作龙虎山自然旅游资源的附属物，而缺乏对道教文化资源形成文化旅游产品的战略措施。因此，龙虎山的道教文化资源目前还没有赢得海内外道教信众的共识。

表 4-14 江西文化旅游资源评估

景区名称	资源品相 200	资源价值 160	资源效用 200	发展预期 80	资源传承 160	总得分 800	标准得分 10
龙虎山	151	98	169	63	145	626	6.3
庐山	175	125	155	75	120	650	6.5
铅山县葛仙山	170	93	165	58	152	638	6.4
景德镇陶瓷文化	170	110	145	70	155	650	6.5
永修县真如寺	165	95	120	50	155	585	5.9
婺源县乡村文化	120	95	125	65	95	500	5.0
新建县万寿宫	133	90	85	50	90	448	4.5
樟树市阁皂山	110	92	98	70	85	455	4.6

从其他佛道旅游景区来看，游客中初次游客所占比例高达89%，二次游客所占比例为10%，二次以上的游客所占比例不足5%，海外游客和国内道教信徒也只有参加相关活动才到达，所占比例不足5%。据统计，庐山、葛仙山、云居山等景区每年二次以上（含二次）的游客所占比例高达80%以上。在庐山东林寺，海外游客中二次（含二次以上）游客所占比例也高达75%以上。相关旅游研究结果表明，二次以上（含二次）游客进入某一旅游景点，吸引游客的往往不再是自然资源，而是人文、活动、宗教等功能性内容。

从海外游客来看，本人在工作中，每年需要接待近20多批来自东南亚国家及中国台湾、香港、澳门地区的道教信众，顺便随机调查了一些信众发现，70%以上的海外道教信众期待再次到龙虎山道教祖庭祭祖寻根，并愿意带家人到祖庭来拜祖，但他们希望宫观不收门票，并能提供简单、卫生的酒店和清淡的饮食。仅在中国台湾地区就有道教信众1200多万人，他们中绝大多数都期待到道教祖庭来祭祖寻根，这些都是潜在的龙虎山道教祖庭的香客。

从江西本地区的游客来看，我们对龙虎山附近半径200公里左右地区的游客进行调查，表示愿意再次光临的游客比例约为15%，这些游客基本上来自龙虎山附近半径200公里左右的地区，这一地区的人口总数为2600多万人，目标旅游人口约为1500万人。按照目前龙虎山每年的接待能力、门票制度、道教文化环境测算，这些游客和香客资源将会在有限的几年内迅速枯竭。相应的，龙虎山道教文化旅游资源的传承能力、道教文化资源价值也会逐渐衰弱。

表4-15 龙虎山景区覆盖人口统计（2011年）

地区	总户数（户）	总人口（万人）	地区	总户数（户）	总人口（万人）
全省	12097969	4488.4367	赣州市	2174193	842.7758
南昌市	1447895	508.8996	吉安市	1304090	484.2875
景德镇市	449121	159.9446	宜春市	1476356	545.2800
萍乡市	495398	186.7511	抚州市	1076727	393.7787
新余市	36225	114.7003	上饶市	1719470	662.3535
鹰潭市	309526	113.3973	九江市	1282943	476.2683

资料来源：《江西统计年鉴（2012）》，中国统计出版社，2012。

表4-15中，南昌市、景德镇市、鹰潭市、抚州市、新余市、宜春市、九江市和吉安市的部分县市也在龙虎山的有效辐射范围内，半径不超过200公里，乘坐火车、公交车，车程不超过3个小时，这部分人口大约为2600万人，超过江西人口的50%，也就是说，50%以上的江西东北部人口是龙虎山潜在的旅游客户。因此，从龙虎山旅游的长远发展来看，首先一定要厘清龙虎山道教文化资源的脉络，并且把这种脉络清晰化，贯穿在龙虎山道教文化资源的保护、开发、宣传等活动中，突出龙虎山道教文化资源的分量和地位，为龙虎山文化旅游实现可持续发展打好基础。

4. 龙虎山道教文化资源预期很低，需要进行制度性调整

在国际化程度方面，国外游客比例标准得分10分，龙虎山只得2分；对国外游客的广告宣传得分也很低，只有4分，这与龙虎山道教文化资源的世界影响力是不相称的。

第一，山山水水是龙虎山道教文化资源形成和发展的重要依托。

在2000多年前，道教的创立者张道陵选择了龙虎山作为道教的开坛授箓之地，之后龙虎山成为世界道教中心。《道德经》第八章讲：上善若水，水善利万物而不争，处众人之所恶，故几于道。最善的事物莫过于水。无水，则不能产生芸芸众生的生命世界；无水，任何生物都不能生存。水生育万物，滋润万物而与物无争，不求回报。它柔弱温顺，总是处于为人们所鄙弃的最低下的地方，所以，水最接近于道。①《太平经》强调天、地、人共同生养万物，指出道是自然万物所必须遵循的法则，保护自然界以阴阳和谐为原则，《太平经》提出了"天父地母"的概念，从生态学的角度，其包含的文化内涵有三个方面："天父地母"体现了天、地、人互相和谐共同生养万物的理念；"天父地母"意味着天地自然界与人属于同类，应受到像父母那样的尊重，而不可伤害；"天父地母"包含了天地能够对人类破坏自然环境的行为予以惩罚的思想。②

中国道教文化的发源地——江西龙虎山天师府，是道教正一派的祖庭，是道教的风水宝地，传说第一代天师取上清河（泸溪）的水炼成九

---

① 任法融：《道德经》译文，北京白云观印，2006。
② 卿希泰主编《中国道教思想史》，人民出版社，2009。

天神丹，丹成而龙虎见，山因而得名。正所谓"至人出而灵奇现，胜地传而德教长"，嗣后，历代天师世居龙虎山中，绍承太上道德真风，涤除玄览，传扬清静无为之学。其山川之美、宫殿之丽、仙迹之异、教宗之显、道真之神，展现出文化与自然相映生辉的历史画卷，正所谓"道教圣地龙盘虎踞千古胜，人间仙境鬼斧神工十分奇"。然而，十分遗憾的是，上清河上游修建了一座水电站及其他项目工程，使得天师府门口的上清河段常年干涸，不仅没有"神水炼丹"，还因为河流改道，到雨季，天师府经常面临大水的威胁。2010年6月，一场大水漫入天师府2米多深，很多珍贵的道教文化遗产资源被毁，引起海内外道教界的震惊。据观察，具有"神水"之名的卢溪河因上游拦坝建造小水电站而常年基本处于干涸的状态。无水，使龙虎山道教文化的资源品相、资源价值、资源效用大打折扣，也成为龙虎山文化旅游业发展的障碍之一，小水电站和数千年的道教文化资源相比孰轻孰重？这值得引起有关部门的认真思考。

第二，制度变迁是龙虎山道教文化资源开发及产业化的关键因素。

龙虎山风景旅游区现行的管理体制是实行鹰潭市龙虎山风景旅游区管理委员会、鹰潭市龙虎山风景名胜区管理局两块牌子一套人马，集地方行政管理、风景名胜管理于一体，由鹰潭市委、市政府赋予其行使县级党政管理职能。1993年5月，鹰潭市委、市政府本着"三个有利于"的原则，以改革创新的精神，抓住制约龙虎山开发建设的主要因素——管理体制问题进行果断决策，组建了龙虎山风景旅游区管理局，将原龙虎山风景名胜区管理局、鹰潭市旅游局合并过来，实行三块牌子一套人马，由鹰潭市委、市政府赋予其行使县级党政管理职能。同时，将龙虎山核心景区原属贵溪市的两个镇（上清镇、龙虎山镇）在行政上划归龙虎山风景旅游区管理局管辖，从根本上改变了在龙虎山旅游开发过程中地方行政管理、风景名胜管理和旅游行业管理三驾马车各行其是、互相掣肘，阻碍发展的状况，形成了有利于龙虎山旅游开发的统一的行政、管理和投资主体。为了进一步完善景区的管理体制，强化其管理职能，1999年11月，鹰潭市委、市政府将鹰潭市龙虎山风景旅游区管理局更名为鹰潭市龙虎山风景旅游区管理委员会。目前，景区党委、管委会有29个内设机构和直属单位，全方位行使县级党、政、群管理职能。2000年4月，又将余江县洪湖乡豪岭村和贵溪市上清林场划归龙虎山管委会管理。2001年，龙虎山景区发起设立了龙虎山旅游集团公司，按照市场化运作、企业化管理的模式，负责整个龙虎山景区旅游资源的统一运营。随着鹰潭市文化旅游业发展的需要，2003年9月，鹰潭市委、市政府决定市旅游局单设。① 2009年，旅游部门将正一观（含兜率宫）、大上清宫归还给龙虎山道教协会，并对嗣汉天师府等道教文化资源行使管理权（使用权），经营权则交由龙虎山旅游集团公司，统一运营，统一收取门票。

著名经济学家林毅夫认为，制度是重要的，制度与经济发展存在清晰的双向关系：一方面，制度会影响经济发展的水平和进程；另一方面，经济发展可以而且会经常导致制度变迁。② 龙虎山道教文化资源具有国际性，其制度建设也需要与国际接轨。从龙虎山的管理体制来看，改革开放后，地方政府为了经济诉求，不断分分合合，曲曲折折，这与国际化旅游发展的需求是相悖的。

培养国际性经营管理人才是龙虎山文化旅游产业发展的关键。需要面向社会招聘具有道教文化知识背景、懂管理并且有全球眼光的高素质人才，同时还需要培养一支热爱道教文化事业的管理团队。

5. 道教文化资源传承情况良好，可以带动龙虎山文化旅游产业的发展

龙虎山道教文化资源传承得分为118分，这说明龙虎山文化旅游产业的发展潜力很大。

龙虎山被列为道教第32福地、第15洞天，曾拥有10大道宫、81座道观、50座道院，千百年来被称为"道教圣地"，也是道教祖庭。不仅王安石、文天祥、赵孟頫等文人高贤曾在此访道参玄、修身养性，更有来自世界各地的信徒朝拜。因此，完全可以利用龙虎山道教文化资源传承的独特优势，参与国际文化旅游的分工，将世界上独一无二的道教文化"嵌入"国际文化价值链中，让世界分享中国龙虎山道教文化的魅力，把龙虎山建设为世界道家文化主题公园，设计并建立中国道家文化博物馆、中国道教授箓道院、中国道教文化大学等。

---

① 资料来源于龙虎山政务网。
② 林毅夫：《再论制度、技术与中国农业发展》，北京大学出版社，2003。

第五章 道教文化资源 SWOT 分析与区域影响

在对道教文化资源评估的基础上,本章运用 SWOT 方法对我国区域道教文化资源开发及产业化竞争优势(Strength)与劣势(Weakness)、机会(Opportunity)与威胁(Threat)进行分析。

第一节 道教文化资源开发及产业化 优势(Strength)分析

一 东部地区要素禀赋与区位优势

东部地区包括北京、天津、河北、上海、江苏、浙江、福建、山东、广东、海南10省市。

1. 要素禀赋

要素禀赋是指一国或一地区拥有的各种生产要素。东部地区拥有资金、人才、技术等要素禀赋和得天独厚的区位优势。

东部地区面积为129.4万平方公里,占我国全部国土面积的13.5%。东临海洋,海岸线长,地势平缓,交通便利,技术力量雄厚,经济管理水平高,拥有人才与资本优势,城市规模和城市密度大,人们的市场观念较强,市场运作较规范,市场竞争较有序,在整个经济发展中发挥着龙头的作用,有利于文化产业的协作配套,便于信息和技术的交流,便于吸引国内外投资。20世纪80年代,东部地区在改革开放的过程中,经济快速发展,推动投资、人文社会环境、基础设施等得到极大改善。资金、技术、人才等生产要素从世界、全国各地涌入东部地区。①

2. 旅游文化市场

东部主要城市的入境游人数和旅游外汇收入在全国处于领先地位。2006年，各地区接待入境游人数排名中，广东排名第一，共接待中外游客2089.71万人；上海排名第二，入境游人数达464.63万人；江苏第三，入境游人数达445.19万人；北京第四，入境游人数达390.29万人。2006年，广东旅游外汇收入达75.33亿美元，排名第一；北京旅游外汇收入为40.26亿美元，排名第二；上海旅游外汇达39.04亿美元，排名第三；江苏旅游外汇收入达27.87亿美元，排名第四（见表5-1）。2007年，入境旅游人数和旅游外汇收入两项指标广东均排名第一，接待入境游人数达2460.87万人，旅游外汇收入达87.06亿美元。

表5-1 东部主要省市接待入境旅游人数和旅游外汇收入

省市	2006年		2009年	
	各地区接待入境旅游人数（万人）	各地区旅游外汇收入（亿美元）	各地区接待入境旅游人数（万人）	各地区旅游外汇收入（亿美元）
广 东	2089.71	75.33	2747.8	100.28
上 海	464.63	39.04	533.39	47.44
江 苏	445.19	27.87	556.83	40.16
北 京	390.29	40.26	412.51	43.57

资料来源：《中国旅游统计年鉴2006》《中国旅游统计年鉴2009》，中国旅游出版社，2006，2009。

3. 道教文化资源的丰裕程度

北京是道教文化资源形成的重心，白云观是道教全真派三大祖庭之一，是北京最大的道观，开山祖师为丘处机。丘处机曾应成吉思汗之召赴大雪山（今阿富汗兴都库什山），留下了"一言止杀"的历史故事，其回大都（今北京）后住太极宫。元太祖因其道号为长春子，下诏改太极宫

---

① 马萱：《我国区域文化产业竞争力研究》，社会科学文献出版社，2011。

为长春宫。及丘处机羽化，弟子尹志平等在长春宫东侧修建下院，即今白云观，并于观中构筑处堂，安厝丘处机灵柩。丘处机被奉为全真龙门派祖师，白云观以此被称为全真龙门派的祖庭。今天的白云观系清康熙四十五年（1706）重修，有彩绘牌楼、山门、灵官殿、玉皇殿、老律堂、丘祖殿和三清四御殿等。新中国成立后，中国道教协会、中国道教学院和中国道教文化研究所等全国性道教组织、院校和研究机构先后设在这里。1957年成立的中国道教协会会址就设在白云观。白云观也是"文化大革命"中在北京很少没有被破坏的寺庙之一。① 白云观于1984年被列为道教全国重点宫观，同年对外开放。从1987年开始，每年春节白云观均举办"民俗迎春会"，至1999年已举办13届，为北京四大传统庙会之一。东岳庙、火神庙在历史上也很有影响，东岳庙行业祖师信仰习俗已被列为国家级非物质文化遗产。

上海道教音乐文化资源丰富，且道教音乐人才济济。据记载，上海民族乐团的部分骨干就来自道士。上海城隍庙是道教音乐文化产品的生产地和音乐人才实践的基地，其组建的道乐团远赴日本、中国香港、新加坡等地演出，道教曲目《炼度》被列为国家级非物质文化遗产。上海城隍信仰文化资源的带动作用很明显，上海城隍庙因其影响大，来往信众多，从而带动了周边经济的繁荣。上海城隍庙是明永乐年间（1403—1424），由知县张守约将金山神庙改建而成。历史上的城隍庙屡毁屡建，现在的城隍庙是1926年修建的，1995年开始修缮，并接待游客。现在，老城隍庙与其后面的豫园不仅是旅游名胜地，而且是购物的好去处，这里不仅有小商品、土特产和特色商品市场，而且有大型综合商场和名点小吃。上海的"太岁信仰"文化资源价值也很高，每年春节"拜太岁"的人非常多。特别值得一提的是，位于上海浦东钦赐仰殿道观藏经楼的万年紫檀木雕老君立像，素有"无价的紫檀，精湛的雕刻，智慧的老君"之称，使得上海道教文化资源价值连城。

福建道教文化资源最突出的特点是对台湾道教文化的影响及悠久的妈祖信仰文化。一是对台湾道教文化信仰的影响。台湾道教文化主要源

---

① 道教之音，http：//www.daoisms.org/article/sort022/info－445.html。

于闽南,是随闽粤一带的移民到台开发而传入的。据《台湾通志》称:"台湾之道教,来自内地,其与移民相始终。"我国道士赴台正式传教的最早记载,是在明万历十八年(1590),即福建漳州闾山三奶派的道士首先到台南传教,这是最早传入台湾的道教教派,对以后台湾道教的发展和民众生活都产生了深远的影响。由于台湾的移民大多来自福建及广东,对福建的道教有着特殊感情,道教在入台后继续得到发展,并且深入民间各阶层和民众的日常生活中,对台湾人婚丧喜庆、祭祀朝拜等的影响尤为明显。

二是福建的妈祖信仰文化深入台湾民众。妈祖信仰文化也被列入世界级非物质文化遗产名录,妈祖崇拜有着悠久的历史。中国沿海各省居民中都有妈祖信仰者,在台湾,妈祖更是民众的主要信仰之一,其信徒可达1000余万人。明朝时,随着福建移民的入台而带去了妈祖信仰,妈祖很快深入台湾民众的内心,成为台湾沿海信徒的保护神。妈祖庙从清代的数十座增加到如今的800多座,且数量有增无减,规模也越来越大。妈祖信仰已成为台湾民众的重要信仰,具有鲜明的地域特色。近年来,随着两岸民间信仰者不断增多,许多台湾的妈祖信徒,来福建泉州祖庙进香、拜祖,促进了海峡两岸的民间交往,也加强了海峡两岸人民民族文化的凝聚力。

三是福建道教经典文化资源具有无可比拟的特色。今福州市于山的九仙观,曾是宋代《万寿道藏》的刻经处,又为福州著名的道教宫观。宋徽宗崇宁年间(1102—1106),诏令搜访道书,令道士校订《天宫宝藏》增至5387卷。宋政和年间,诏令天下搜访道教遗书,设经局,敕道士元妙宗、王道坚校订,送福州闽县九仙山万寿观(今福州九仙观),命龙图阁直学士中大夫福州郡守黄裳役工镂版,以镂版运进京师,新刻凡5481卷,分装540函,因于万寿观雕刻,故名《万寿道藏》,此乃第一部正式刊刻的道藏。这是福建道教为弘扬道教文化所做出的重大贡献,在道教史上具有重要的影响。[①]

四是关帝道教信仰文化资源的社会影响。福建道教信仰文化中最具影

---

① 刘海燕、郭丹:《闽台客家宗教与文化》,福建人民出版社,2009。

响力的地方神，除妈祖外，还有关帝。关帝在道教信仰中，被认为是团结、仁义、忠于友谊的楷模，为历代民众所信仰。福建道教信仰尊崇关帝，不仅出于对其一生"忠义"的敬慕，而且也提倡重贤和忠义正直，对社会有一定的积极影响。在福建，较为著名的关帝庙有泉州关帝庙、福州关帝庙等。可以说，关帝在福建民众心目中，已成为扶正压邪、护佑众生的"大神"，并且深入民心，对人们的生活习俗和传统文化产生了深远的影响。武夷山、霍童山是道教的洞天福地，泉州清源山老君巨型造像是全国罕见的道教文化遗产。

山东省的道教文化资源也比较丰富。一座泰山就足以震撼世界，而崂山的道教音乐文化资源、蓬莱的八仙信仰文化资源、泰安的东岳庙庙会分别被列为国家级非物质文化遗产名录，这些都是道教文化资源的精华。泰山的碧霞祠是道教著名女神碧霞元君的祖庭，位于泰山极顶之南，天街东首，北依大观峰（即唐摩崖），东靠驻跸亭，西连振衣岗，南临宝藏岭。元君上庙，为泰山最大的高山古建筑群，宋大中祥符年间（1008—1016）创建，金碧辉煌，俨然天阙。祠为二进院落，以照壁、金藏库、南神门、大山门、香亭、大殿为中轴线，两侧为东西神门、钟鼓楼、东西御碑亭、东西配殿。① 崂山是道教文化资源的发祥地之一，崂山自春秋时期就云集一批长期从事养生修身的方士之流，明代志书曾载"吴王夫差尝登崂山得灵宝度人经"。到战国后期，崂山已成为享誉国内的"东海仙山"。崂山道乐则是道教音乐中独具特色的一大分支。多年来，由于不同时期不同文化层次人物的参与，崂山道乐不断丰富和完善，具有鲜明的特色，从功能和韵律风格上可分课韵、功韵、咒韵、庆韵、祭韵、逸韵六类。崂山道士中高寿者极多，与其道乐丰富有很大关系。

江苏为道教文化发源地之一，茅山法坛在道教界无人不晓，历史上江苏就是高道云集之地。晋代葛洪在茅山撰《抱朴子》《肘后备急方》等书，系统整理神仙长生思想、神仙方术和医方；梁朝陶弘景编纂《真诰》《登真隐诀》《真灵位业图》等经典，丰富和发展了道教理论；唐代司马

---

① 道教之音，http://www.daoisms.org/article/sort022。

承祯在茅山编撰《修真秘旨》《天隐子》《上清天地宫府图经》及《坐忘论》等；清代詹守椿在南京撰《碧苑坛经》；民国年间，南通道教会主席戚季华创立尊经社，购买道藏刻印《阴符经》《道德经》《黄庭经》等经典数十部；无锡道士华彦钧（瞎子阿炳）创作的二胡名曲《二泉映月》成为传世之作，传播全球，被称为中国人在海外的思乡曲。2006年国务院公布的第一批国家级非物质文化遗产中就有苏州玄妙观道教音乐。

二 中部地区要素禀赋与区位优势

中部地区包括山西、河南、安徽、江西、湖南、湖北6省。

1. 要素禀赋

一是地少人多。中部地区包括湖北、湖南、河南、安徽、江西、山西6个相邻省份，地处中国内陆腹地，起着承东启西、接南进北、吸引四面、辐射八方的作用。中部地区依靠全国10.7%的土地，承载了全国28.1%的人口，创造了全国19.5%的GDP，是我国的人口大区、经济腹地和重要市场，在中国地域分工中扮演着重要角色。二是位置重要。从中国整体发展的角度考虑，中部就是中国的"腰"，只有"腰板"直了，中国这个巨人才能走得正、走得稳，中国经济才能协调健康发展，从这个意义上来说，加快中部地区发展是提高中国国家竞争力的重大战略举措，是东西融合、南北对接，推动区域经济发展的客观需要。三是贫困面大。中部6省中，贫困人口集中分布、贫困程度较深、革命老区县和国家重点扶贫县较多的地区有湘西、鄂西、豫西、晋西北、赣南和大别山等。四是中部具有很好的发展基础和优势，特别是区位优势、资源优势、工业基础优势、科技教育优势和历史文化资源优势，但也存在制约发展的突出矛盾和问题，主要是工业化、城市化、市场化水平低，对外开放程度不高，经济增长的动力和活力不足。主要表现在：一是"三农"问题仍很突出；二是制约工业发展的瓶颈尚未突破；三是生态破坏和环境污染比较严重；四是教育、卫生等社会事业发展滞后；五是交通运输体系建设仍存在薄弱环节。

2. 旅游文化市场

中部地区的入境游人数和旅游外汇收入与东部地区相比相差甚远。在中部地区，湖北、湖南相对靠前，江西、山西较为落后。

表 5-2 中部各省接待入境旅游人数和旅游外汇收入

省份	2006 年		2009 年	
	各地区接待入境旅游人数(万人)	各地区旅游外汇收入(亿美元)	各地区接待入境旅游人数(万人)	各地区旅游外汇收入(亿美元)
山 西	57.37	1.64	106.78	3.78
河 南	75.74	2.74	125.85	4.33
湖 南	97.08	5.03	130.87	6.73
湖 北	105.58	3.20	133.46	5.1
江 西	49.73	1.40	96.43	2.9
安 徽	80.37	2.27	156.16	5.66

资料来源：《中国旅游统计年鉴 2006》《中国旅游统计年鉴 2009》，中国旅游出版社，2006，2009。

案例 5-1

九华山成为韩国游客首选旅游目的地①

据 CCTV-4 报道，作为中韩建交 16 周年文化交流的重要活动之一，韩国宗仁九华山体验休闲活动日前在九华山肉身宝殿正式举行。根据韩国友人介绍，在韩国，近年来佛教圣地九华山已成为他们来中国的首选旅游目的地。

由于九华山与韩国有着特殊深厚的历史渊源，因此，安徽九华山及其佛教历史文化已经成为中韩两国文化交流的载体。自 2000 年以来，由韩国来九华山观光朝拜的游客逐年增加，占九华山境外游客量的 25%。

2007 年是中韩文化交流年，应韩国佛教界盛情邀请，九华山恭送地藏菩萨圣像回韩国引起韩国民众的极大关注。2008 年，韩国民众陆续回访，全年超过 4 万余人。

为了将九华山打造成世界级旅游胜地、国际性佛教道场这一目标，近年来，九华山投入 2 亿多元，拆除了核心景区 15 万平方米的其他建筑。目前，大铜像景区、花台景区、狮子峰景区已经相继建成，仅 2008 年一年，境外游客人数已实现大幅攀升，同比增长 57%。

---

① 陆静：《九华山成为韩国游客首选旅游目的地》，《池州日报》2009 年 1 月 8 日。

3. 道教文化资源

中部地区道教文化资源极其丰富,所有的道教文化资源种类在中部地区都存在。

山西道教文化资源。一是中国最大的道教石窟文化资源在山西。道教是根植于中国社会的本土宗教,道教石窟文化资源也是体现中国本土艺术特色的一种艺术门类,龙山石窟是元代全真教道人宋德方主持营建的,现存8窟,其中的7窟为元代或元以前的作品,龙山石窟是道教石窟寺艺术的经典作品,其造像内容、雕刻技法在我国石窟寺艺术中占有重要地位。二是道教神仙文化资源突出。一说吕洞宾出生于山西省永乐县,是道教全真派"北五祖"之一,也是"亦人亦神"的风云人物,道教的内丹道派和符箓道派都信奉他。在民间,他又是普通百姓和道教信徒心目中最尊崇、最可亲的神仙之一,每年农历四月十四日吕祖诞辰,全国各地祭祀吕祖的殿堂云集善男信女。在海内外著名的祭祀吕祖的道观有庐山仙人洞、西安八仙宫、香港蓬瀛仙馆、台湾的指南宫等。三是山西拥有道教全真派的三大祖庭之一。在吕洞宾家乡、芮城县永乐镇修建的规模宏大的永乐宫,它和北京的白云观、陕西终南山的重阳宫,并称为当世全真派道教的三大祖庭。永乐宫金碧辉煌的建筑和绘制精美的壁画,是元代全真教的艺术瑰宝,在中国道教文化中占有突出的地位。四是全真派道教宗师丘处机的弟子宋德方,主持刊刻《玄都道藏》,他往返奔波于山西管州(今静乐县)、上党、太原、晋南等地,搜集遗经,设局雕刻,历时近10年,最后刻成7800余卷,版藏于玄都观,称"玄都宝藏"。

河南道教文化资源。河南道教文化资源蕴含中原文化的厚重与包容,同时中原文化为道教文化资源的孕育与生成提供了丰富的营养,使得道教这一土生土长的民族宗教,逐步成为民族传统文化的重要一支,并以其独特的方式诠释着民族文化的博大精深。一是道家名人多。中原地区是道教理论的主要源头,河南鹿邑人老子(李耳)被道教尊为教主,其所著《道德经》被奉为道家主要经典,著名的道学家成玄英、内丹修炼法创始者陈抟、太一教创始人萧抱珍、东华派创始人宁全真据说也都是河南人。二是道教洞天福地文化资源排位居前,河南境内的"洞天福地"有王屋山、嵩山、桐柏山和北邙山,著名的宫观有鹿邑太清宫、浚县碧霞宫、洛阳上清宫、开封延庆观、南阳玄妙观、济源阳台宫等较大宫观。其中，王屋山为"十二大洞天"之首，而登封中岳庙是历代皇帝祭祀中岳神的地方，是我国现存最早、规模最大的道教建筑群之一。嵩山至今仍是河南道教活动最多、道教遗迹较多的地方，被列入世界文化遗产名录。三是道教名著影响广泛，《道德经》和《黄帝内经》至今在海内外都有广泛的影响。

湖北道教文化资源。一是武当山道教建筑文化资源堪称世界一流。武当山的道教建筑依山借势而筑，布局雄伟，结构精巧，规模宏大，气势非凡，具有较高的建筑艺术水平，其中以金殿和真武大帝神像最为著名，全系铜铸，外鎏赤金，为中国建筑史上的珍品。山中现存主要道教建筑有金殿、太和宫、南岩宫、紫霄宫、五龙宫、遇真宫、玉虚宫、复真观、元和观、磨针井、玄武门等，基本保持明代建筑布局，以上诸宫观庙宇之中珍藏有数以千计的金、银、铜、铁、锡、木、石、玉、瓷等的神像、供器及法器，具有较高的艺术价值和历史价值，武当山古建筑群也由此被列入《世界遗产名录》。二是武当武术文化名扬天下。武当山是道教历代方士、道人隐居修炼之胜地，尹喜、阴长生、谢允、吕洞宾、陈抟、寂然子、张守清、张三丰等很多著名道士均曾在此山修炼、传教、习武。武当山是武当派和武当拳的发源地，武当武术被列入国家级非物质文化遗产名录，由张三丰创立的太极拳传遍世界。三是武当道教音乐文化产品成为经典。武当山宫观道乐是我国秦巴地区优秀民间文化与唐代至明代宫廷音乐相结合的产物，是我国民族音乐的瑰宝，武当山宫观道乐既保留了全真派"十方韵"的音乐特色，又具有多教派音乐混融的风韵，而且各类韵腔与法器曲牌俱全，常见器乐曲牌有《山坡羊》《梧桐月》《迎仙客》等，唱诵曲牌有《普供养》《斗老赞》《王母赞》等。武当山宫观中的"玄门日诵早晚课""祖师表"等科仪音乐均得到传承，妥善而完整地保存了下来，为此，武当山宫观道乐被列为国家级非物质文化遗产。四是道教建筑文化资源呈现中西文化特色。坐落于武汉市的长春观有闻名于世的"三绝"：全国仅留一块的"天文图"、带有藏族风格及欧式风格的建筑以及乾隆帝御赐"甘棠"石刻。新中国成立时，全国曾留有三块"天文图"碑，为道教天文学家所留，上刻有"谕旨"二字：一块在杭州玉皇山，一块在陕西某观，一块即在长春观。现前两块皆毁于"文化大革命"，仅留长春观一块全图碑，乃为"一绝"，是极珍贵的天文学文物。"二绝"是长春观，长春观是我国道教唯一的一座带有藏族风格及欧式风格的建筑群。原因有二：一是清末助建长春观的钦差大臣官文乃满族人，崇信藏传佛教，所用工匠受其影响，将藏族吉祥物大象及藏红花图案装饰于殿堂；二是清末长春观主持侯永德原本是左宗棠手下的一员将官，后出家为道人，主持长春观时受西方思潮影响，将欧式风格和中式风格相结合，修建了全国唯一的以欧式建筑为主体的道教建筑——道藏阁，其屋檐上用水泥"堆塑"而成的传统花饰，其工艺现已失传。"三绝"是位于道藏阁前的乾隆亲书石刻"甘棠"二字，也是在道教建筑中为数不多的帝王题词。

湖南道教文化资源。湖南道教文化资源主要体现在"两座名山"和"两个名观"上。一座名山为道教五岳之一的衡山。衡山又名南岳、寿岳、南山，为我国五岳名山之一，七十二群峰层峦叠嶂，气势磅礴，主峰坐落在湖南省第二大城市——衡阳市。衡山素以"五岳独秀""宗教圣地""文明奥区""中华寿岳"著称于世，现为国家级重点风景名胜区、国家级自然保护区、全国文明风景旅游区示范点和国家5A级旅游景区。在道教洞天福地文化资源中，衡山是道教洞天福地（有道教"三十六洞天"之第三洞天——衡山洞，道教"七十二福地"之青玉坛福地、光天坛福地、洞灵源福地），是神仙居住游憩地之一。建于唐代的南岳大庙，是湖南省最大的一座古建筑，它规模宏大，布局严谨，占地面积多达98500平方米，在南方一带也是数一数二的大庙。南岳庙，历代都进行过重修、扩建，规模不断扩大，现存建筑是清代重修的，整个庙宇有9进，包括正殿、寝宫、御书楼、盘龙亭等建筑；正殿高22米，庄严肃穆，气势雄浑；殿内有72根石柱，象征着衡山七十二峰；正殿中央供奉着"南岳司天昭圣帝"。为了展示衡山道教文化的深厚价值和国际影响，2011国际道教论坛于10月23日至25日在南岳衡山举办，近30个国家的约2000名中外嘉宾与会。此次国际道教论坛以"尊道贵德，和谐共生"为主题，深入探讨了中国道教文化的和谐理念和道教文化资源对经济增长的带动作用。另一座名山是岳麓山，也是南岳七十二峰之一，山上有道教名观——

云麓宫，始建于明成化十四年（1478），为道教"七十二福地"之"二十三洞真虚福地"。

江西道教文化资源。江西道教文化资源极其丰富，而且在世界上享有盛誉，其中最突出的是道教祖庭文化。道教祖庭文化资源有龙虎山天师道（正一道）祖庭、樟树阁皂山灵宝派祖庭、西山净明派庭等，还有地方信仰的祖庭，如婺源五显大帝信仰祖庭、神霄信仰祖庭等。这些祖庭，在历史上为传承中国传统文化、带动经济社会发展发挥了很大作用。如正一派天师道祖庭，无论历史怎样变迁，朝代怎样更替，道教的天师文化却一直传承下来，这不仅在中国历史上而且在世界历史文化中也是独特而神奇的文化现象。在近代，虽然正一派天师道祖庭的部分道教文物曾遭遇过损毁，但由于其信仰基础的存在，在历史长河中基本没有中断过。目前，在政府的支持下，为了满足海内外信众对道教祖庭"寻根问祖"的强烈愿望，龙虎山正一派天师道祖庭的恢复、建设工作正在进行中。龙虎山道教界与海内外道教界的文化交流活动也比较频繁，已经举行了6届海峡两岸道教文化交流活动，对于带动海峡两岸乃至与世界文化的交流发挥了特殊的作用。正一派灵宝祖庭，位于江西樟树市阁皂山。自清末，阁皂山就屡遭危厄，逐渐趋于衰落。1992年，在政府的支持下，阁皂山重建了观音阁、三师殿、药王殿等代表阁皂山"神仙之馆"的建筑，2011年8月开始由企业援助建设葛玄殿、昊天殿、藏经阁，但要恢复到明清时期宫观群道士1500人的"神仙之馆"的状态，恐怕需要很长一段时间，也需要社会各界的艰辛努力。正一派净明道祖庭——西山万寿宫为净明派祖庭，相沿1600多年香火不绝。明清时期，江西商人将道教净明信仰文化传播到贵州、云南、四川等省及海外。据统计，全世界有1400多座万寿宫，江西境内有500多座，仅江西省分水县就有60多座，贵州省镇远县有5座。为了弘扬道教净明文化，目前，中华道教净明文化研讨会正在筹备中，将为全世界信仰净明文化的信众提供一个交流的平台。值得一提的还有五显大帝祖庭，"五显"也称"五通"，是江西婺源本土的地方神，后随徽商的足迹流传到浙江、福建、台湾、香港等地及越南、泰国等国家。其祖庙位于江西婺源的灵顺庙，婺源灵顺庙之外的"五显"香火地，都被称为"行祠"或"行宫"，在苏州、杭州、温州、泉州等地有灵官庙（旧名行祠）、华光庙，五显大帝仅在台湾的庙宇就有 70 多座，信众 300 多万人。

三 西部地区要素禀赋与区位优势

西部地区包括四川、重庆、贵州、云南、西藏、陕西、甘肃、青海、宁夏、新疆、广西、内蒙古 12 个省（自治区、直辖市）。

从要素禀赋来看，中国西部地区土地面积为 538 万平方公里，占全国国土面积的 56%，目前有人口约 2.87 亿，占全国总人口的 22.99%。西部地区远离海洋，深居内陆，自然资源丰富。"三原四盆"是其基本地势特征——青藏高原、黄土高原和云贵高原占据西部地区的大部分，柴达木盆地、塔里木盆地、准噶尔盆地和四川盆地位居其中；"一高一干一季"构成了西部的三类自然区，即青藏高原区、西北干旱区和局部季风气候区，呈现出各自的自然特点。西部地区地域辽阔，人口稀少，是我国需要加强开发的地区，它也是我国少数民族聚集的地区。

从道教文化资源丰裕程度来看，西部道教文化资源的形成和发展历史，在中国道教史上占有极其重要的地位。西部道教文化资源对中华文化的形成也有着极其重大的影响。不仅早期道教文化资源形成于今天的西部地区，道教文化史上的一些重要事件和知名人物亦发生或活动在西部地区。西部地区有"五岳"中的西岳和"西镇"，"四渎"中的长江、黄河、汉水。自西周至唐代，各王朝长期在西部定都，历代朝廷每年的祭祀活动也带动了道教文化的发展。如位于陕西周至县终南山的楼观台、户县的重阳宫等宫观均是自隋唐至金元年间近 8 个世纪的道教圣地。[①]

陕西道教文化资源。一是终南山道教文化地位崇高。作为道教洞天福地的终南山，是指狭义的终南山，其地域在今西安、户县、周至县境内，秦岭北麓，是古都西安南面的主要屏障。位于西安市周至县的楼观台自古以来便被誉为中国道教的发祥地，相传 2500 年前，东方智慧先哲老子就是在此地写下了著名的《道德经》五千言，并在此讲经说道，因此，这里也被称为道教的祖庭，素有"天下第一福地""洞天之冠"的美誉，道

---

① 樊光春：《西北道教史》，商务印书馆，2010。

教史上称"仙都"。近日开园的楼观道文化展示区塑造的环境是一种"天人合一""天父地母""道法自然"的哲学氛围，给人们一种启迪、一种探究、一种品味。

二是华山的道教文化资源。佛教文化资源在华山没有任何痕迹，因为华山雄险神奇，只有道门中人才有如此不畏艰难的精神，这也充分证明了道教文化资源的重要价值和深厚底蕴。千百年来，华山不仅是我国著名的游览胜地，而且是道教有名的"洞天福地"，历来是道教徒向往的"修炼之地"；华山不仅是道教独占的名山，而且是道教洞天福地文化"三十六小洞天"中的"第四洞天"。早期道教界的著名道士，如北魏的寇谦之、北周的焦道广等人都曾在山上结庐修炼。得益于华山道教文化资源的优势，朝拜者络绎不绝，华山道教文化资源在中华民族思想文化史上的地位值得称颂。

三是西安的楼观台、万寿八仙宫、明圣宫、都城隍等都是全国著名的宫观，这几座道观都在以不同的形式促进道教文化资源的可持续发展。例如，西安万寿八仙宫的道教素食文化，提倡"见素抱朴，以素养德"的道教素斋文化精神，"八仙养生斋"自开业以来，非常受民众的欢迎。在道教劝善文化方面，道观不仅积极参与公益，帮助孤寡老人，资助失学儿童读书，还奉劝居士一起帮助失学儿童。2011年"行善路上"活动开展以来，已资助82名贫困儿童读书及部分困难家庭的医疗。道教生态文化建设形式多样，道观每年都要带领信众举行放生法会，并倡导低碳生活，提出节能环保倡议书。丹道文化弘扬面广，102岁的张至顺道长办班讲课，吸引了来自海内外300多名教内教外的人士参与。

四川道教文化资源。一是青城山，青城山是中国道教文化资源的重要发祥地。全山的道教建筑文化资源以天师洞为核心，包括建福宫、上清宫、祖师殿、圆明宫、老君阁、玉清宫、朝阳洞等10余座宫观。二是青城山道教音乐文化资源历史悠久。其可分为声乐和器乐两大类：声乐主要有韵曲、吟诵曲、朗诵曲3种形式。目前青城山道教音乐中使用的韵曲仍保留了历史上流传下来的北韵（全真正韵）和南韵（广成韵），其中南韵极富四川地方音乐特色，以细腻含蓄见长。器乐有细乐和大乐之分。洞经古乐是道教音乐的流派之一，1000多年来，青城山洞经古乐一直在民间流行，是正一教火居道士（以道教科仪为业）在民间禳灾祈福时必备的仪式。三是青城山养生文化资源传承较好。青城派武术与道家修炼的"外活四体，内活经络，修命强身"的"动功"有关，且吸收了佛门及各派武术的精华，形成海内外公认的门派，与少林、武当、峨眉诸武术派别相互促进，并驾齐驱。青城派武术尤以玄门太极拳和剑术为最。玄门太极拳自成体系，是青城派武术的核心内容，与青城山秘传的玄门太极长生功同为道家"动静双修"的上乘功夫。青城派第36代掌门人刘绥滨提炼改良后的青城太极养生功夫系列（有三十六式、十八式、十三式、九式、六式），因其有简单易学、适应性强、养生益寿、利于身心健康等特点，先后被推广到美国、法国、德国、加拿大、瑞士、日本、意大利等国。另外，青城派剑术也被誉为全国四大剑派之一。相传，张道陵天师有"雌雄剑"。历代青城山道士中均有习剑术者。近代，青城山还流传有七星剑、飞剑十三剑、龙虎剑、紫虹剑、二十四剑等剑术。青城派武术常用的器械，除剑器外，还有青龙大刀、乾坤圈、铁鞭等。青城拳术因深受剑术影响，有"剑拳"之称。青城拳术因师承不同而有多种，其中尤以青城洪拳（亦称小洪拳）较为知名。此外，青城派武术中还有自然门一派，又称"神打""神拳"，属于带自发动功性质的击剑术。2009年，"青城武术"被列为四川省非物质文化遗产。

云南道教文化资源。一是云南道教建筑文化资源有奇特多样的宫观楼台，主要体现在道教建筑的"特殊空间"。如入口"引导空间"是将大众引入"仙境"的开端，体现道教世俗与清虚的分水岭。云南地区道教建筑宫观的入口经常选用月台与雨道台阶的形式。又如，巍宝山道教宫观建筑群分为前山和后山，在造型上集中体现了西南边陲少数民族古建筑的民族特色和地方特色。二是云南道教音乐文化资源的民族特色很强。云南道教音乐文化多是各民族本身固有的音乐艺术与汉族传统音乐交融发展，逐渐形成的云南地方乐种，瑶族、白族、彝族、纳西族等少数民族地区的道教音乐与汉族地区的道教音乐也不尽相同，既蕴含本民族固有的文化特质，也不乏汉族传统文化风貌，内涵甚为丰富，颇具学术研究价值。

内蒙古道教文化资源。一是道教文化对内蒙古的政策影响。针对当时蒙古统治者成吉思汗对征服地人民的残酷政策，著名高道丘处机面见成吉思汗时提出了"不滥杀无辜、使民休养生息、选贤用能"的政策主张。①二是"走西口"文化对内蒙古道教文化的影响。"走西口"主要是指以中原民众尤其是晋商为代表的"边商"、旅蒙商打通了长城上的禁闭关口而形成的文化。山西晋商不仅带去了中原地区的茶叶、绸缎、棉针线等物质文化，也传播了中原道教文化、音乐文化、戏曲文化等。经过长期发展，已形成了一种诚实守信、扶贫济困和蒙汉民族和谐融合的"走西口"文化。② 在"走西口"的主要地区呼和浩特、包头等地的道教宫观，吕祖庙、财神庙、龙王庙、龙泉观等目前依然保持完好，但很遗憾的是这些道教宫观因为没有传承文化的道教人士而成为缺乏生气的房屋。三是忽必烈与道教文化的关系。元朝至元十三年（1276），世祖忽必烈封道教第三十六代天师张宗演为嗣汉天师，因此，天师府正式称为嗣汉天师府，明朝洪武时期曾改为"正一大真人府"，民国十六年（1927）蒋介石派人修缮天师府，又恢复原名"嗣汉天师府"，一直沿用至今，它是历代张天师祀神和生活之所。

第二节 道教文化资源开发及产业化劣势（Weakness）分析

一 东部地区道教文化资源开发及产业化竞争劣势

笔者认为，道教文化资源的单一化是东部地区的最大劣势。在道教文化资源比较弱势的情况下创造出文化产业的优势，需要有文化创意人才。据调查，目前我国东部地区面临严重的文化创意人才数量短缺和人才质量不高的结构性问题。我国创意人才数量严重不足，从事创意文化产业的人才不到10万人，预计"十二五"期间文化产业人才缺口将达到5000万人。上海、北京、广州的广告公司对创意人才的需求缺口已达到74%。③

---

① 卿希泰主编《中国道教思想史》，人民出版社，2009。
② 伏来旺：《我看内蒙古》，内蒙古人民出版社，2012。
③ 马萱：《我国区域文化产业竞争力研究》，社会科学文献出版社，2011。

相比较，日本的创意学校已达 5000 余所，创意人才达到 5000 万人；美国创意人才也有 3900 万人，尤其是文化创意中心城市人才更为密集，如纽约文化创意人才占就业人数的 12%，伦敦、东京则分别高达 14% 和 15%。

文化产业的生命力是内容的创新，需要人利用自身的智慧、灵感、技艺，对文化资源进行创造与提升，从而生产出符合市场需求的具有品牌价值的文化产品。享誉世界的沃尔特·迪斯尼在 1928 年制作的米老鼠形象，成为全世界宠爱的动画形象，具有经久不衰的影响力，也为他带来了惊人的财富。2003 年《福布斯》公布全球虚拟人物财富榜，年近 80 岁的小熊维尼以创造 59 亿美元财富的成绩高居榜首。中国台湾地区漫画大师蔡志忠先生创作的中国古籍经典漫画《庄子说》《老子说》等，迄今达 100 多部，作品在 31 个国家和地区出版，总销量逾 3000 万册。可见，创意是文化产业得以发展壮大的源泉与动力，东部地区需要全面培养创新型人才，变道教文化资源劣势为道教文化资源产业化的优势。

二 中部地区道教文化资源开发及产业化竞争劣势

(一) 中部地区道教文化资源优势尚未转化为产业化优势

文化资源开发是指为发挥、提高和改善文化资源的利用率，并使文化生产顺利进行而开展的一系列技术经济活动，这种技术经济活动的实质，就是尽可能地发现和利用各种文化资源，通过人类劳动的加工，使其成为具有更高文化价值的文化产品。[1] 文化资源开发可以分为以下两种：一种是单项文化资源的开发，另一种是综合文化资源的开发。单项文化资源的开发是指对某项文化资源的利用现状进行比较分析，找出更有利于其发挥作用的途径和方法，使之发挥更大的经济效益和社会效益。综合文化资源的开发是指为了各个文化生产部门之间的相互联系和相互作用，系统考察各种文化资源综合利用效益的活动。[2] 在某些区域，文化资源禀赋是经济社会可持续发展的基础，也是培育可持续发展扩张能力和潜在能力的基

---

[1] 程恩富：《文化经济学通论》，上海财经大学出版社，1999。
[2] 马萱：《我国区域文化产业竞争力研究》，社会科学文献出版社，2011。

础。历史悠久和丰富多彩的道教文化资源是中部地区经济社会可持续发展潜在能力的基础和比较优势。

推动道教文化资源开发及产业化，变资源优势为产业优势，主要是指道教音乐文化资源、道教养生文化资源、道教医药文化资源等的单项开发以及道教文化旅游资源的综合开发利用。中部地区有着极为丰富的道教文化资源，但由于道教文化资源开发不足、不当，对道教文化资源破坏严重，没有将这种资源优势转化为产业优势。

（二）中部地区缺乏道教文化资源管理复合型人才

文化产业是以文化为生产和创作内容的产业，它既要求从业人员具有文化艺术素质，同时还要求从业人员具有敏锐的市场意识和经营管理能力。缺乏专业人才是制约我国中部地区道教文化资源可持续发展的瓶颈。目前，中部地区缺乏既懂文化又懂经营的复合型人才。在原来的传统文化体制下，中部地区文化企事业单位从业人员普遍存在着知识结构不合理，专业化程度不高，不懂管理、营销、资本运作，不熟悉国际惯例和规则，没有经过市场竞争磨炼，缺乏市场意识、营销能力，缺乏经济和管理常识，缺乏文化鉴赏修养和娱乐趋势的判断力等问题。[①] 中部地区道教文化资源的利用和开发人才就更为奇缺。目前，中部地区对道教太极文化资源、道教音乐文化资源、道教医药文化资源等的开发与利用尚处在初级阶段。

（三）多部门管理道教文化资源的模式制约中部地区文化产业发展

我国文化体制改革经历了30多年的历程，取得了一定的成果，但目前仍然存在一些问题。目前，在中部地区政府部门的结构设置中，存在着中央、地方、行业及部门对道教文化资源管理条块分割的不利局面，造成管理职能分散、管办不分、政事不分、交叉管理、各行其是、互相扯皮、相互掣肘等问题。行政管理部门、行业管理部门、道教文化资源部门的关系还不协调，难以完全理顺，这制约着能够通过市场运作的道教文化资源的产业化经营。中部地区道教文化资源产权所有者缺位，主体虚设。新制度经济学代表人物道格拉斯·若斯（Douglass C. North）认为，有效率的产权之所以对经济增长起着重要的作用，是因为一方面产权的基本功能与资源

---

① 马萱：《我国区域文化产业竞争力研究》，社会科学文献出版社，2011。

配置的效率相协调；另一方面有效率的产权使经济系统具有激励机制。这种机制的激励作用体现在以下三个方面：降低或减少费用；人们的预期收益得到保证；从整个社会来说，个人的投资收益充分接近社会收益（在产权行使成本为零时，充分界定的产权使得个人的投资收益等于社会收益）。所以，道教文化资源产权的界定、调整、变革是必要的。中部地区需要加强道教文化资源管理体制改革，避免实际操作中出现管理重叠、越位、混乱的局面。

三 西部地区道教文化资源开发及产业化竞争劣势

虽然西部地区有良好的文化资源（道教文化资源）和旅游资源，但是，西部地区文化产业还处于起步阶段，各个省区的发展还不太平衡，产业结构也不够合理，产业规模偏小，科技含量和附加值低，文化市场活力不足，文化产业与旅游产业融合度不够，具体表现为：观念有待转变，体制不够灵活，在发展文化产业的资源整合方面缺乏统一规划；经营传统文化（道教文化资源）产业的人才缺乏。①

第三节 道教文化资源产业化的内外部机遇（Opportunity）分析

一 综合国力不断提高为道教文化资源产业化发展提供了广阔的前景

改革开放30多年来，我国综合国力和国家影响力经历了由弱到强的巨大变化，为我国东、中、西部文化产业发展提供了广阔的前景。随着我国经济持续快速发展，人民生活水平大幅度提高，精神文化需求快速增长，人们的消费结构发生了前所未有的变化，人民群众的文化消费进入旺盛期。

19世纪，德国统计学家恩格尔根据统计资料揭示了消费结构变化的一条规律：一个家庭收入越少，家庭收入（或总支出）中用于购买食物的支出所占比例就越大。随着家庭收入的增加，家庭收入（或总支出）

---

① 云南大学国家文化产业研究中心：《西部地区文化产业与旅游产业互动研究》，载《国家文化产业课题研究报告》（2009年度）。

中用来购买食物的支出比例则会下降。由此推断，一个国家越穷，国民的平均收入（或平均支出）中用于购买食物的支出所占比例就越大，随着国家富裕程度的增加，这个比例则呈下降趋势。一个家庭的恩格尔系数越小，就说明这个家庭经济越富裕。反之，如果这个家庭的恩格尔系数越大，就说明这个家庭的经济越困难。我国人民生活水平普遍提高，恩格尔系数逐渐降低，随着城市化进程的加快，人民对精神文化方面的需求不断增长，带动了文化产业的发展，文化产业的发展可极大地提高和增强综合国力。因此，我国综合国力和人民生活水平的逐渐提高，为各地区文化产业的发展提供了广阔前景和有力保障。

二 全球化趋势为道教文化资源产业化提供了良好契机

在全球化时代，地区间的文化交流日益增强。在全球一体化的背景下，文化资源表现出公共特质，文化产业的生产要素不再局限于一个国家或一个地区，任何一个国家都可以利用其他国家的文化资源生产文化产品，并把这种文化产品销售到文化资源原产地。比如，《功夫熊猫》取材于中国具有海内外影响力的道教文化中的"功夫"元素；《花木兰》取材于中国古代民歌，由美国迪斯尼影片公司拍成动画片，在市场上获得成功，仅美国的票房收入就达1.2亿美元。美国的影视业、图书出版业、音乐唱片业已经在世界上建立了庞大的、细密的产品销售网络，美国的文化产品一经推出，就可以通过这些网络迅速扩展到全世界的文化领域，送到每一个消费者面前。经济全球化不仅使各国经济依存度逐步加深，也使各国文化资源、文化消费时尚、文化市场日益国际化，文化竞争力在综合国力竞争中的地位显得更加重要。在全球化背景下，文化产业的领域与空间呈现出巨大的包容性。全球化背景下，经济与文化相互促进，文化产业的生产领域与拓展空间呈现出前所未有的放射状态，文化产业的空间成为真正的开放性空间。

全球化背景下，西方强势文化在全球文化竞争中居于主导地位。据统计，当今世界95%的文化市场被50家媒体娱乐公司占据。目前传播于世界各地的新闻，90%以上由西方7大国垄断，其中又有70%由跨国公司垄断。美国新闻署在128个国家设立了211个新闻处和2000个宣传活动点，在83个国家建立了图书馆。美国控制了世界上75%的电视节目的生产和制作，许多第三世界国家的电视节目中有60%~80%的内容来自美国。而在美国的电视节目中，外国节目的占有率只有1.2%。美国公司出产的影片只占全球影片产量的6.7%，却占领了50%以上的全球总放映时间和电影总票房的2/3。美国音像视听产品的产值已超过航空航天等行业，居于全国出口贸易的第一位，在国际市场上占据了40%的份额。[1]

改革开放以来，外国商品和外国资本大量涌入我国，其中也包括文化产品。在对外文化贸易中，我国的文化产业一直处于弱势，存在巨大的贸易逆差。虽然在全球化背景中，西方强势文化在国际上占主导作用，但我国文化产业在经济全球化背景下，实施"走出去"战略后，国际影响力在加大，本土的道教文化资源在"走出去"战略中也大有可为。

三 党和政府高度重视文化产业发展为道教文化资源开发及产业化提供了有力保障

党的十八大报告提出，要建设优秀传统文化体系，弘扬中华优秀传统文化。可以预见，道教界将以弘扬道教优秀文化为切入点，在建设社会主义文化强国中发挥积极作用。

四 现代科技迅猛发展为道教文化资源开发及产业化发展提供了有利条件

科技进步拓展了道教文化资源产业化发展的空间，互联网、新媒体、动漫等高科技为道教文化资源的传播创造了条件，也为道教文化资源产业化的发展提供了帮助。

五 中华文化影响扩大为道教文化资源开发及产业化发展提供了竞争平台

文化"走出去"战略已见成效，国际影响力逐渐扩大。全球化时代，不同文化之间，一方面存在着西方学者所说的"文明冲突"，另一方面表

---

[1] 林拓等：《世界文化产业发展前沿报告》，社会科学文献出版社，2004。

现为渗透、影响、共存共荣。道教文化境外交流日益频繁，每年都有在东南亚、欧洲、美洲举办的道教文化交流活动，另外，每年到我国道教文化祖庭所在地朝拜的海外信众也越来越多。

第四节　道教文化资源产业化的外部威胁（Threat）分析

一　来自西方发达国家文化产品的冲击

近年来，外国资本和外国文化加快进入中国文化市场。随着各种西方文化产品不断在中国普及，西方文化价值观对我国文化消费者在文化心理、文化认同等方面产生了一定的影响。

二　来自道教文化资源可持续发展的压力

随着文化产业的发展，如何实现道教文化资源可持续发展并更好地服务于经济、社会、生态等方面已提上日程。如，道教文化资源如何选择更多的传承方式；道教文化资源如何吸引更多的社会人才参与开发；如何解决人才匮乏的问题等。无论是道教文化的国际化传播，还是道教文化产品与服务都面临很大的压力和不足，道教文化资源面临逐渐枯竭的危险依然存在。据本人三次到台湾的城镇、乡村开展道教文化资源调研得知，无论是城市还是农村，无论是台湾北部还是南部，台湾的道教建筑文化资源、道教神仙文化资源、道教劝善文化资源、道教节日文化资源、道教科仪文化资源、道教养生文化资源、道教音乐文化资源等不仅丰富多彩，而且古色古香，中国味特别浓厚。台湾的许多乡村公路都是由道观的善款修建的。据台湾道教总会统计，台湾道教信众有1600多万人。虽然台湾的道教建筑不及台湾佛教建筑那样富丽堂皇，但其遍布在众多乡村，能最大地满足一般民众的精神文化和身体健康需求，具有民间性、普遍性、实用性。

三　来自佛教文化资源发展的压力

中国是一个多宗教的国家，除了道教，佛教、伊斯兰教、基督教、天主教都是外来宗教。早在东汉中叶，中印佛教文化开始交流。汉明帝时期，"白马驮经"是佛教文化在中国传播的见证；法显、玄奘、义净从异国他乡带来了丰富多彩的佛教文化艺术资源。据有关统计，在新中国成立初期，我国佛教寺院约有5万处，道教宫观约有1万处，伊斯兰教清真寺约有3.9万处。[①] 佛教文化博大精深，内涵厚重，佛教文化资源的开发形式多样、内容丰富，而且在海内外有巨大的影响。如，少林寺推出的《禅宗少林·音乐大典》就是在少林寺的禅文化和武术文化基础上打造出来的优秀佛教文化产品；由身体残障人士表演的舞蹈《千手观音》是藏传佛教千手千眼观音造型基础上的艺术创新[②]，佛教艺术的魅力及其文化产品影响巨大。在东部地区，不仅有丰富的佛教文化资源，而且佛教文化资源的开发及产业化模式也呈现多元化：浙江的灵隐寺、普陀山的佛教文化资源丰厚且有特色；上海玉佛寺、静安寺的佛教文化资源价值高且传播有道；广东古代"海上丝绸之路"的发源地，是菩提达摩、真谛、不空等高僧在中华大地传播佛教文化，形成佛教文化资源的第一站，也是本土高僧慧能的出生、弘法、圆寂之地，是佛教南禅的发祥地，是具有浓厚的岭南特色的禅宗文化资源，连续举办的佛教禅宗节日文化与广东地方经济、社会发展密切关联。[③] 江苏灵山佛教文化资源的整合与开发利用达到了极致，自1997年开园以来，每年吸引海内外信众和游客200多万人次，为无锡的经济建设和城市发展带来了有益影响。[④]

四　来自旅游文化产品导向的影响

由于道教文化产品要求消费者具有较高的文化品位，因此国内的消费者还未能形成欣赏道教文化产品的兴趣；对国外的消费者而言，由于道教文化产品的内涵深厚，加之语言的障碍，许多外国人对道教文化产品和服务的消费还存在着一定的困难。

[①] 保继刚、陈云美：《宗教旅游开发研究》，《热带地理》1996年第1期。
[②] 恒占伟：《我国佛教文化旅游开发问题和误区》，《沧桑》2009年4月。
[③] 林少春：《继承发扬禅宗优秀文化》，《中国宗教》2012年广东专刊。
[④] 陈卫华：《对佛教文化旅游事业发展的思考》，《法音》2012年第11期。

第五节　我国道教文化资源开发及产业化战略矩阵

表 5-3　我国道教文化资源开发及产业化 SWOT 分析矩阵

		优势(Strength)	劣势(Weakness)
优劣势	东部	地理位置优越 人才与资本集中 消费需求大且消费能力强	道教文化资源没有突出的特色 地区间道教文化资源发展不平衡
	中部	道教文化资源丰富 自然资源丰富	道教文化资源开发人才缺乏 道教文化资源开发不足 规模偏小，效率偏低
	西部	特色道教文化资源丰富 国家政策支持	道教文化资源开发不合理 相关人才缺乏
		SO 战略(发挥优势，利用机会)	WO 战略(利用机会，弥补劣势)
机会(Opportunity) 综合国力不断提高，全球化的发展趋势，党和政府高度重视，现代科技迅猛发展，中华文化影响扩大	东部	1. 利用地缘优势，与台湾、香港、澳门合作，对道教音乐文化资源进行高品位的开发、对道教养生文化资源进行产业化开发 2. 利用资本优势，促进道教文化资源集聚，形成文化产业园区	东部文化产业营销优势与中部道教文化资源整合
	中部	1. 利用道教文化资源优势，开拓道教文化品牌产品 2. 建立道教文化资源开发的人才激励机制	利用中部崛起，优化道教文化产业结构
	西部	1. 利用西部大开发时机，培育道教文化产品消费群体 2. 科学合理开发道教文化资源，走特色道教文化资源产业化之路	利用西部大开发机会和政策优势，对道教文化资源进行整合，对有经济价值的道教文化资源进行市场化运作
		ST 战略(利用优势，减轻威胁)	WT 战略(减少劣势，回避威胁)
威胁与挑战(Threat) 1. 西方发达国家文化强势，我国各区域文化产品、文化资本、文化价值观受到冲击 2. 世界贸易组织对我国区域文化市场有限"准入"，外国文化产业合法进入中国	东部	利用资本实力，加强道教文化产业链的形成	加快建立创新机制，对道教文化资源进行开发
	中部	利用道教文化资源优势和中部崛起战略，提高中部企业文化管理水平	引进道教文化资源开发的人才
	西部	结合道教文化特色资源，吸收民间资本，加大投入	科学合理开发道教文化资源，健全开发机制，提高道教文化资源开发及产业化规模水平

第六节　小结

一　东部地区的资金、人才优势没有转化为"开采"传统文化资源的力量

东部地区拥有资金、人才、技术等要素禀赋和得天独厚的区位优势，旅游市场基础较好，旅游业在全国处于领先地位，但东部地区如何借助资金、人才、技术及旅游市场的优势，优化并整合道教文化资源以形成区域文化产业的竞争力还有很大的空间，如广东、上海、江苏、北京有成熟的旅游市场和非常有价值的道教音乐文化资源、道教养生文化资源，如果把人才、资金等要素与道教文化资源进行"嫁接"，就可以形成区域文化产业的增长极，带动相关产业的发展，并利用世界各类资源促进本地区道教文化产业实现跨越式发展，大踏步走向国际市场。

二　中部地区的资源优势尚未转化为文化产业发展的竞争优势

中部地区处在黄河流域和长江流域，特殊的地理位置孕育了中华文明，形成了多姿多彩的文化。中部地区是一个多元文化资源极为丰富的地区，江西的陶瓷文化美誉世界；山西、江西的县衙文化资源是全国保存最好的；安徽的徽商文化、山西的晋商文化、江西的赣商文化影响深远。中部地区也是道教文化资源非常丰富的地区，这是道教文化产业化开发的核心资源禀赋，但中部地区丰富的道教文化资源还没有转化为文化产业发展的竞争优势并形成竞争力，整个旅游业产业发展也处于相对弱势的地位。中部地区旅游业的发展需要充分利用道教文化资源丰富的优势，做大做强道教文化旅游业。如江西拥有丰富的道教祖庭文化资源、道教节日文化资源、道教神仙文化资源、道教建筑文化资源、道教养生文化资源等；湖北拥有丰富的道教太极拳文化资源；河南鹿邑是老子诞辰地。

三　西部地区的环境优势没有得到充分利用

西部地区的"丝绸之路"文化、草原文化、民族文化具有特色，

西部道教文化与民族文化形成了其独特的文化资源，并且西部地区拥有西部大开发的政策优势和中国-东盟的合作平台，这是道教文化资源开发及产业化的比较优势。道教天师文化、净明文化、五显文化在云南、贵州、广西等地有深厚的群众信仰基础，在历史上道教文化也曾通过这一地区传播到越南、缅甸、柬埔寨等西亚、南亚国家，但西部地区还没有形成充分利用其资源的政策环境和平台优势，道教文化资源在这一地区还有较大的发展空间。

四 道教文化资源和佛教文化资源各有特色、各有优势、各有劣势

道教祖庭文化资源在中部地区的分量很重，养生文化资源极其丰富并且类型多样。道教生态文化资源历史悠久，对现代生态文明建设有许多启示。道教音乐文化资源是我国民族音乐文化的重要组成部分。佛教文化资源是外来文化，但在中国扎根并发扬光大，佛教少林寺文化影响深远，无论在东部地区还是在西部地区，佛教建筑文化资源、艺术文化资源都很丰富。笔者认为，要深入挖掘道教文化资源并充分展示其文化经济优势，需要借鉴佛教文化资源的开发模式，如无锡灵山模式。

第六章 道教文化资源开发及产业化发展

第一节 道教文化资源开发及产业化发展的理论基础

一 公共品理论与道教文化资源及产品的定义、性质

(一) 公共品理论

公共品的含义。萨缪尔森给出了公共品的定义：公共物品就是在使用上和消费上不具有排他性的物品。威克塞尔认为，公共品供应应该是个人效用最大化，国家提供公共服务给予个人的边际效用应与个人纳税损失财富的边际效用相等。马佐拉提出，公共物品是对私人物品的补充，其特征是消费的不可分性，而这种不可分性来自对公共物品需求的统一性，这是公共物品非竞争性和非排他性的思想渊源。

公共品的特征。完全的公共产品必须同时具有非排他性和非竞争性。所谓非排他性，是指产品的消费效用在不同的消费者之间不能分割，任何人都可以无偿使用。所谓非竞争性，是指当使用某种产品的消费者不断增加时，不会影响原来消费者对该产品的消费，也不必增加社会成本，其新增消费者使用该产品的边际成本为零，具体包含两个方面的含义：一是边际成本为零，即增加一个消费者对供给者带来的边际生产成本为零；二是边际拥挤成本为零，即在产品还未达到充分消费的情况下，每个消费者的消费都不影响其他消费者的消费数量和消费质量。

如何判断哪些产品是公共产品，彭德成（2003）认为，判断一种产品是否为公共产品，主要看其能否同时满足非竞争性和非排他性两个特

征。考虑到非竞争性包含了边际生产成本为零和边际拥挤成本为零两方面的含义，实际上是三个条件。

准公共品的含义。准公共品在公共经济学中被概括为"俱乐部产品"（Club Goods）。布坎南和其他一些学者对这类产品进行了深入研究，提出了著名的"俱乐部经济理论"（Economics Theory of Clubs），在他们看来，所有俱乐部成员在消费该俱乐部物品的时候都存在彼此之间的相互影响，即 A 和 B 同为一个"俱乐部成员"，A 在消费该俱乐部物品的同时，其行为已经构成 B 消费该俱乐部物品的效用函数的自变量，同理，A、B 效用函数中也早已包含了 B 消费行为这一自变量。准公共产品的拥挤效应是指对准公共产品的消费或者使用密度达到一定的程度，准公共产品的消费或使用者之间出现的互相干扰、使用效率下降、使用成本上升等现象。

（二）道教文化资源特殊的准公共性质

按照公共经济学理论，可以认为，道教文化资源属于公共资源，人们对其观赏、体验道教文化资源的消费活动，具有非竞争性和非排他性。但是，当道教文化资源成为旅游风景区产品并通过设立门票等手段收费，即当道教文化资源成为企业开发的文化产品时，对消费者就实施了进入限制或使用限制，道教文化资源便形成了一个产品，具有了消费的排他性和竞争性。因此，一个依托道教文化资源而形成的旅游风景名胜区或文化产品，当其设立门票进行游客管理和提供市场方式经营时，这种道教文化资源便从公共产品转变为准公共品。这种准公共品可以由市场来经营，但政府需要进行一定程度的规制。

第一，道教文化资源是一种公共资源，它是由中国人的祖先经过多年的积累而产生的一种宗教文化资源，它是古人集体智慧的创造，是一种具有世界意义和深厚价值的文化遗产资源，具有长期被保护性（本代人或后代人享用）、完整性、真实性（保持原有风貌）要求。很显然，对道教文化资源的享用具有社会集体性，更重要的是，具有可供人类享用的外部性，所以，道教文化资源应该是公共资源或公共产品。

第二，道教文化资源的权利归属为国家所有，进行旅游开发意味着把所有人的公共资源用来满足少数人（私人方面）的需要，这种开发既有公共性的一面，也有私人性的一面，是私人性与公共性统一的准公共品。

第三，道教文化产品和道教文化服务作为一种特殊的公共品，它除了具有一般公共品性质之外，还具有宗教文化资源价值，当这些宗教文化资源通过旅游、观赏等方式被人们享受时，就形成消费意义上的经济价值，而且道教文化产品和道教文化服务还具有世界或国家范围内的唯一性、不能重复性、不可再生性，这些特征再次证明道教文化产品和道教文化服务保护处于绝对优先的地位，所以道教文化资源是一种特殊准公共产品。

第四，道教文化产品和服务的公共性和经济属性二者不可偏废，因为道教文化资源的多元价值属性是其相关的利益结构的根本原因。对于一个由道教文化资源形成的文化旅游产品和服务，可以通过封闭该景区并向旅游参观者销售门票的方式，对消费者实施进入限制，即不买门票者不得参观和消费。于是，道教文化产品和服务作为一种产品，便有了排他性的特征。从这个意义上说，为了提高道教文化产品和服务的市场效应，应该充分发挥市场和价格机制的作用，尽量减少政府干预。而另一方面，在合理的能满足大众需求的范围内，向一个额外的消费者提供该商品所引起的产品边际成本为零，即临界容量之内，道教文化产品和服务的消费具有非竞争性特征。换句话说，只有当消费道教文化产品和服务的人数超过临界容量时，对道教文化产品的消费才具有竞争性，就会出现"拥挤"问题。

二 比较优势理论与区域经济发展

（一）比较优势理论

亚当·斯密提出了"绝对优势理论"，他认为两国之间进行贸易的原因在于产品的价格差异，每个国家都会依据自身的自然条件和地理条件生产自己最擅长的产品并进行交易，这样就会使得各国都各得其利并提高国家的福利。

大卫·李嘉图提出了比较优势理论，他认为，即使在没有任何绝对优势的国家，仍可通过专门生产其相对成本较低的产品以换取它自己生产相对成本较高的产品，仍可以使贸易国得到更多利益。该理论证明了在两国都能生产两种产品的条件下，当某一个国家产品的生产占有绝对优势或绝对劣势时，两国都可以利用自己的相对优势，并遵循"两利相权取其重，两弊相权取其轻"的原则,则双方都有可能从贸易中获得利益,都可以得到劳动分工和交换带来的剩余财富。

赫克歇尔·俄林提出了要素禀赋理论。他进一步探讨了竞争力的来源,认为在国际贸易中一国竞争力依赖于出口产品的竞争力,并将这一竞争力归结为生产产品的成本差异,进而把竞争力的决定因素引入要素禀赋范畴。要素禀赋理论提出了在国际贸易中比较成本优势的成因,认为一国资源禀赋的丰裕程度是决定国际贸易分工的基本条件。

(二) 道教文化资源丰裕程度与区域经济发展

根据比较优势理论可以认为,道教文化资源是一种具有比较优势的资源,道教文化资源区域比较优势的特性,可以为区域经济发展创造比较优势,形成区域文化品牌,带动区域经济发展。

第一,道教文化资源的丰裕程度将降低文化产品的生产成本,同时提升道教文化产品和服务的价值。又由于道教文化资源的稀缺性和垄断性,道教文化产品和服务具有极大的竞争力,形成道教文化产品和服务的差异化,满足消费者的偏好选择。

第二,对于区域之间同时具有的道教文化资源,它们之间也是存在差异的,道教建筑文化资源、道教洞天福地文化资源、道教生态文化资源等都是道教文化资源差异化的表现,因而,各区域可以根据自己的比较优势来对道教文化资源进行产业化开发,形成错位竞争,树立相对优势竞争地位,从而获得比较效益。

第三,道教文化资源的开发及产业化将促进区域文化品牌建设,反过来,区域文化品牌建设也将推动道教文化资源的可持续发展,推动道教文化资源可持续利用,是一个"双赢"的结果。区域文化品牌是区域产业竞争优势的体现,具有较好的区域品牌的优势产业和主导产业,可以形成较强的竞争力和较高的市场占有率。

第四,要素禀赋的竞争力理论强调资源的重要性,这实际上明确了国家在贸易之中竞争力的提升很大程度上要靠发挥自身的资源禀赋优势,从而能在国际竞争中获得比较优势带来的利益,由此,可以根据道教文化资源具有的区域或国家资源禀赋优势,使道教文化资源参与国际贸易分工,并成为对外贸易的文化产品之一。

(三) 道教文化资源的稀缺性与区域经济发展

资源的有限性的度量或稀缺程度的表现，是由该种资源的供给和需求之间的关系来反映的。资源的有限性对一个国家的各种经济资源而言，不管其归属，或国家，或企业，或集体，或个人所有。但就一个国家总体而言，不管运用的经济资源或是可获取的经济资源是否有限，如何使用这些资源，使其能最有效地促进国民经济发展，推动其他社会目标的实现，都是政府组织经济计划或管理市场要完成的任务。

道教文化资源的稀缺性是指在一定时空条件下其数量是有限的，这一稀缺性不仅表现在资源的存量有限，而且表现为对存量的破坏。道教文化资源是我国珍贵的文化遗产，其稀缺性表现为原创性、不可替代性、不可再生性、增值性。道教文化资源的原创性是指由历史的积淀而形成，其历经2000多年的生命历程，久而不衰；道教文化资源的不可替代性，意味着它不能被其他同类文化资源所代替，道教神仙文化资源、道教科仪文化资源、道教音乐文化资源、道教养生文化资源等都是世界文化遗产中独一无二的；道教文化资源的不可再生性意味着这些文化遗产一旦消失，它们的物质信息和文化信息将无法传承。这些特性意味着道教文化遗产资源保护在开发及产业化的过程中处于绝对优先的地位。道教文化资源的增值性是指道教文化资源的文化价值会随着人们对其认识的深入而增长（至少不会下降），从而会带来经济价值的增长。道教文化资源的经济价值来源于道教文化的稀缺性，这一稀缺性会随着时间的流逝而增加。同时，经济发展和社会进步也会有助于道教文化资源经济价值的提升。

案例 6 – 1

道教文化资源具有稀缺性、不可再生性、增值性等特性，这些特性符合科学发展、少投入多产出的产业化开发和利用的要求。龙虎山景区在对天师府投入2000多万元（天师府二门27万元、法箓局116万元、兜率宫143.4万元、万法宗坛28万元、正一观945.8万元、上清宫一期工程900万元）的情况下，每年仅门票收入就超过2000万元，而且随着龙虎山道教文化产品和服务在海内外影响的不断扩大，逐年还在增加。今天投入少是因为历代张天师做了大量的投入，现代人只要用少量的钱就激活了它的经济价值，很多文化遗产资源的开发和利用都是遵循这个道理①。

三 产业集聚理论与道教文化产业园区的发展

(一) 产业集聚理论

1. 马歇尔的规模经济理论

对产业集群的研究最早见于英国新古典经济学家马歇尔在19世纪末提出的产业区位理论。马歇尔在1890年出版的《经济学原理》中提出了两个重要概念：内部规模经济和外部规模经济。他认为外部规模经济与内部规模经济同样具有产业组织效率，因此是十分重要的，这种经济往往能因许多性质相似的小型企业集中在特定的地方——即通常所说的工业地区分布而获得。同时，马歇尔对导致规模经济的原因做了细致的探讨，他指出，大工厂可以采用高效率的机械，从而极大地提高生产效率，从机械的经济所获得的各种利益是小工厂难以企及的，企业集聚在"产业区"内，可以降低劳动力的搜寻成本和辅助生产成本，信息的溢出可以使集聚企业的生产效率高于单个的分散的企业，特别是通过人与人之间的关系促进知识在该地区的溢出。

2. 基于竞争力的产业集群理论

哈佛大学教授迈克尔·波特（Michacle Porter）率先提出全球经济下的产业集群理论，从一个全新的视角——竞争力的角度来看待和分析产业集群现象。产业集群在竞争日趋复杂、知识导向和动态的经济体中，其角色也愈来愈重要。波特提出钻石体系理论，从竞争力角度对集群的现象进行分析和研究，结果显示集群不仅仅降低交易成本、提高效率，而且改进激励方式，创造出信息、专业化制度、名声等集体财富，更重要的是集群能够改善创新的条件，加快生产率的提升，也更有利于新企业的形成。

---

① 《龙虎山志》，江西科学技术出版社，2007。

3. 增长极理论

法国经济学家弗朗索瓦·佩鲁（F. Perrour）在20世纪50年代提出了增长极理论，引入了推动性单位和增长极的概念。所谓推动性单位就是一种起支配作用的经济单位，当它增长或创新时，能诱导其他经济单位增长。推动性单位可能是一个工厂或者是同部门内的一组工厂，或者是有共同合作关系的某些工厂的集合；增长极是集中了推动性单位的特定区域。他指出，推动性单位具有三个特点：一是新兴的、技术水平较高的、有发展前景的产业；二是具有广泛市场需求直至国际市场需求的产业；三是对其他产业有较强的带动作用的产业。增长极同时具有极化效应和扩散效应。

（二）道教文化资源与文化产业园区的发展

按照产业集聚理论，道教文化资源具有形成规模效应、形成产业竞争力的特征，是具有带动作用并走向国际市场的文化产品，可结合我国中部、东部、西部地区道教文化资源的比较优势及其他资源优势，促进以道教文化资源为核心资源的文化产业集聚。

第一，文化产业集群的产生同地理位置有着天然的联系，有着良好区域经济合作的地域是产生文化产业集群的基础。本文强调东部、中部、西部的合作与互补，利用东部地区的过剩资本转移到中西部地区，促进资金、技术、人才和商品自由流动，进而形成道教文化资源产业的集群力量。

第二，文化产业的集群发展同区域经济有着必然的联系。本文以我国东部、中部、西部地区为单位研究道教文化资源开发及产业化区域竞争优势。东部地区经济发达，旅游业发展强劲，道教文化资源开发及产业化能获得较好的外部发展环境和动力，而中西部地区经济落后，道教文化资源开发及产业化处于弱势状态。

第三，一定区域内的文化产业集结成为产业集群，可以提高区域内文化的各自相对竞争优势（即比较优势）。产业集群与比较优势理论在本文中是密切相关的两个理论基石，我国东部、中部、西部地区的道教文化资源产业集群形成后，可通过降低成本、刺激创新、提高效率等多种途径，提升整个区域的道教文化资源产品形成能力，形成一种集群竞争力优势。

四 规制理论与道教文化资源开发及产业化的政府规制

(一) 规制理论

规制公共利益理论。规制公共利益理论是一种建立在规范分析框架基础上的理论，该理论以市场失灵和福利经济学为基础，在相当长一段时间内占据了统治地位，该理论产生的直接基础是市场失灵和外部性的存在。该理论认为，市场经济一般会在垄断、外部效应、信息不对称等领域出现失灵情况，此时，政府规制便具有潜在的合理性。在自然垄断情况下，进入规制只允许一个厂商进行生产，这符合生产效率的要求；而价格规制能约束厂商制定出社会最优价格，符合最优配置效率，所以，自然垄断价格和进入规制可能获得资源配置和生产双重效率。在外部性存在的情况下，增加对消极外部性的税收征收，补贴积极外部性，可能导致倾向社会偏好的资源配置状态。总之，从理论上说，当出现市场失灵时，规制可能带来社会福利的提高。规制公共利益理论认为，政府是公众利益而不是某一特定部门利益的保护者，它应该对任何出现市场失灵的地方进行规制，从而确保资源配置，保证公共利益不受损害。

规制的俘获理论。规制的俘获理论（也叫规制的部门利益理论）是由斯蒂格勒首次提出的，由匹兹曼和波斯纳予以发展。这一理论完全与公共利益理论相佐。该理论的基本观点是：不管规制方案如何设计，规制机构对某个产业的规制实际上是被这个产业"俘虏"，其提高了产业利润而不是社会福利。因此，规制俘获理论又叫部门利益理论。

规制经济理论。理论分析与规制实践表明：规制与市场失灵同时存在，而且规制也不完全是支持生产者。规制公共利益理论和规制俘获理论仅是一种假设和一种陈述。该理论的基本思想：一是强制力是政府的根本资源；二是各规制部门机构都追求效用的最大化，其行为选择是理性的；三是运用经济分析方法分析规制的产生，改变了规制作为一个政治过程被看作外生变量的观点，由此规制便成为经济系统的一个内生变量，由规制需求与规制供给联合决定。

激励性规制理论。无论是规制公共利益理论、规制俘获理论，还是规制经济理论，它们存在的根本缺陷是：它们假定政府规制机构与被规制企业在规制方案的制定和实施过程中具有同样多的信息,双方又是一种对称信息博弈。激励性规制理论的出现在很大程度上弥补了这些缺陷。植草益认为,激励性规制是在保持原有规制结构的条件下,激励受规制企业提高内部效率,即给予受规制企业竞争压力和提高生产或经营效率的正面诱因。激励性规制给予受规制企业一定的价格制定权,让其利用信息优势和利润最大化动机,主动提高内部效率、降低成本,并由此带来利润增加。因此,相对于传统规制而言,激励性规制只关注企业的产出绩效和外部效应,而较少控制企业的具体行为,企业在生产中具有更大自主权。激励性规制主要包括最高价格上限规制、区域间竞争、特许权投标、社会契约制等方式。

(二) 我国道教文化资源开发及产业化的政府规制

第一,道教文化资源的外部性与政府规制。外部性是指私人收益与社会收益、私人成本与社会成本不一致的现象。外部性可分为正外部性与负外部性。当私人收益小于社会收益或私人成本大于社会成本时,称为正外部性,反之则为负外部性。就道教文化资源的开发和利用来说,合理的道教文化资源开发有利于增加道教文化部门的财力,进一步促进道教文化遗产资源的保护;有利于带动地区经济的发展,提高人民的物质文化生活水平;有利于保护优秀的道教文化资源,增强中华文化的软实力,使社会效益远大于私人收益或部门收益,从而产生正外部性。同时,道教文化资源的开发及产业化也可能存在负外部性,道教文化资源开发及产业化不当会对珍贵的道教文化资源及周边自然环境产生破坏,使得道教文化资源生存的良好风水被破坏,这种行为也许会给部门或私人带来更大的收益,但对社会而言,却是成本远大于收益。道教文化资源的外部性需要政府规制来解决。

案例 6-2

道教祖庭文化资源面临的尴尬

中国道教文化的发源地——江西龙虎山天师府,是道教正一派祖庭,是道教的风水宝地,传说第一代天师取上清河(泸溪)的水炼成九天神丹,丹成而龙虎见,山因而得名。是所谓"至人出而灵奇现,胜地传而德教长"，嗣后，历代天师世居龙虎山中，绍承太上道德真风，涤除玄览，传扬清静无为之学。山川之美、宫殿之丽、仙迹之异、教宗之显、道真之神，展现出文化与自然相映成辉的历史画卷。正所谓"道教圣地龙盘虎踞千古胜，人间仙境鬼斧神工十分奇"。然而，十分遗憾的是上清河上游修建了一座水电站及其他项目工程，使得天师府门口的上清河段常年干涸，不仅没有"神水"炼丹，还因为河流改道，到雨季，天师府又经常面临大水的威胁，2010年6月的一场大水，进入天师府2米多深，很多珍贵的道教遗产文化资源被毁，引起海内外道教界的震惊。

第二，道教文化资源的成本性与政府规制。道教文化资源包含着社会价值、文化价值、历史价值和经济价值，而且作为人类的公共财富，其真正产权和真实价值难以确定并做出精确的评估。但这种状况为投机者开了绿灯，在他们的思维里，"道教文化资源成本难以核算"便是"没有成本"的代名词。在道教文化资源开发及产业化发展过程中，其成本是使用各类道教文化资源的代价和损失。当道教文化资源开发及产业化发展成本不断增加时，其对道教文化资源开发及产业化的可持续发展形成制约，使道教文化资源开发及产业化发展的环境和支持系统的能力减弱，从而造成道教文化资源开发及产业化的社会福利水平下降，抵消了道教文化资源开发及产业化发展的收益，最终影响道教文化资源的配置效果。当这种发展成本超过一定限度时，便会形成道教文化资源开发及产业化的不可持续。道教文化资源是属于全人类的，它不仅应该展现在当代人面前，也应该使后代感受到它丰厚的历史内涵。因而，道教资源开发及产业化的发展必须是可持续的发展，道教文化资源在代际之间的配置必须体现其合理性。

第三，道教文化资源的自然垄断性与政府规制。就道教文化资源开发及产业化而言，一方面，由于道教文化资源本身具有自然或文化的独特性，其作为一种文化产品和文化服务的需求替代性极小，从而使道教文化资源的开发及产业化面临的是一种垄断性市场结构。另一方面，由于道教文化资源具有整体性的特点，对道教文化资源的分散开发不利于取得最低的经营成本,从而使道教文化资源开发具有自然垄断的性质。

第二节 道教文化资源开发及产业化模式分析

一 道教文化资源综合开发及产业化模式

(一) 古城类道教文化资源开发及产业化模式

1. 城市经营内涵

城市经营就是优化城市各要素之间的配置关系,构建经济发展、社会进步、生态环境相协调的城市有机体,从而最大限度地发挥人类的创造力,促进城市"两个文明"程度的不断提高。城市经营是以城市资源资本化为着眼点,把城市当作一个社会化企业进行计算管理,运用市场经济手段,对以公共资源为主体的各种可经营的资源进行资本化市场运作,以实现这些资源在容量、结构、秩序和功能上的最大化和最优化,从而实现城市建设投入和产出的良性循环、城市功能的提升及城市的可持续发展。城市经营的对象是城市,经营对象与最终的产品是唯一的、不可复制的,这就要求城市经营者必须充分认识自己经营对象的要素构成,认识各要素在城市经营中的地位和作用。在历史文化名城经营中就必须处理好城市各要素与历史文化名城各要素——文化遗产保护的相互关系。历史文化名城在城市文化经营中要充分利用历史遗留下来的优秀文化遗产资源,利用文物形象、历史文化价值塑造城市形象。

保护性开发经营文化遗产城市,就是对城市独特的历史文化风貌加以保护和恢复,并在此基础上在文化遗产城市进行整体开发经营。这要求城市建设与历史文化内涵相呼应,树立城市经营的大旅游观念。在塑造和推广城市整体要素的系统整合中,应以历史文化遗产保护为根本,以文化遗产土地经营为基础,以土地经营方式与产业经营方式为手段,以生态与基础设施经营为保障,以城市形象整体塑造为目标,构筑历史文化特色突出、文化内涵深厚的历史文化名城形象,以达到城市价值不断增值和文化遗产可持续经营的目的。

2. 丽江模式

丽江古城始建于宋末元初，距今已有800多年的历史，是历史上茶马古道的重镇，现居住着6200多户2.5万多名以纳西族为主的居民，古城内拥有独具特色的小桥、流水、人家、纳西古乐（即富有地方特色的道教音乐）、木府、三眼井、四方街、河灯漂放和五彩石路等10个历史自然景观。丽江模式的特色就是保护与经营的有机结合。在保护上，1997年丽江古城被列为世界文化遗产后，累计投入10亿元资金用于古城文化资源的保护，为丽江品牌的树立和旅游业飞速发展发挥了巨大的作用。在经营上，丽江模式是联合国公认的、世界文化遗产地有效经营开发的典范，该模式使丽江古城文化遗产资源保护与文化旅游业的经营开发协调发展，科学地处理了保护与经营的两难问题，为丽江文化软实力的提升和社会经济的可持续发展打下了良好的基础。

3. 布拉德福德模式

布拉德福德是一座国际文化交流之城，虽然只是一个中等城市，却是连接西方文化与东方文化的重要枢纽。从20世纪80年代开始，布拉德福德成为印度电影最重要的海外文化交流中心之一，城市所在的约克郡成为2007年印度电影节的授奖之城，并且与巴基斯坦、斯里兰卡、孟加拉国等国长期保持着电影与文化方面的密切联系。这充分说明，布拉德福德已成为全球电影产业链中的重要一环，其不仅在电影发展史上占有一席之地，而且这个城市也给未来的电影事业带来灵感。

（二）生态类道教文化资源开发及产业化发展模式

1. 生态旅游内涵

生态旅游（Ecotourism）是由国际自然保护联盟（IUCN）特别顾问谢贝洛斯·拉斯喀瑞于1983年首次提出的。十几年来，生态旅游的发展无疑是成功的，平均年增长率为20%，是旅游产品中增长最快的部分。

2. 国家公园模式

一般认为，"国家公园"（National Park）一词是由美国艺术家乔治·卡特琳（Geoge Catlin）首先提出的。1872年，经过多方努力，美国国会批准设立了世界上第一个国家公园——黄石公园；1916年，美国依法在内政部设立国家公园管理局，专门负责全国的国家公园事务；1935年通过的《历史遗迹法案》规定,将国家文化资源和自然资源统一交由国家公园管理局管理,这显然已大大扩展了国家公园的原有概念。现在,美国国家公园系统包括国家公园、国家保护区、国家纪念地等 20 种类别的 379 个单位,面积约为 33.74 万 km^2,占全美国土面积的 3.64%,其中,国家公园 54 个,面积约为 20 万 km^2,数量占国家公园系统的 14%,但面积却占 60% 左右。2000 年,美国国家公园每年接待游客约 3 亿人,2000 年财政预算达 20 亿美元。[①] 产生于美国的国家公园思想作为一种理念,已经被世界上 100 多个国家普遍接受,并且这些国家参照其做法,将本国具有价值的自然资源、文化资源的区域划为国家公园给予保护,进行统一规划、统一管理、统一运作。目前,全世界有国家公园 1500 多处,各种保护区 1 万多处。国家公园内被保护的自然资源、文化资源为人们提供生态旅游,形成了使人们放松身心、鉴赏文化、品味自然、收获快乐的文化旅游产业。

自美国建立世界上第一个国家公园——黄石公园 100 多年以来,国家公园制度不断发展并日趋完善。世界各国对国家公园的管理和经营方式各具特色,但大多数遵循了依法管理、严格保护、特许经营的基本原则。美国国家公园的特色是:在规划体系上,美国国家公园管理局下设丹佛规划中心,负责全国国家公园的规划设计工作,各地区管理局设有规划设计室,基层管理局设有规划设计小组,实行总体规划—实施计划—年度报告三级决策体系,同时利用公众参与、用地管理分区制和环境影响评价等有力手段保证科学决策和有效管理。在管理体系上,美国的国家公园均由内政部国家公园管理局统一管理,国家公园管理局下设 10 个地区局,分片管理各地的国家公园。国家管理局、地区管理局、基层管理局三级管理机构实行垂直领导,与公园所在地政府没有业务关系。这种管理体制职责分明、工作效率高,避免了与地方政府产生矛盾,也没有相互争利和扯皮的事情。在旅游经营上,坚持管理和经营相分离原则,国家公园管理局是非营利性机构,日常开支由政府拨款,部分靠社会捐赠,门票只是作为管理

[①] 杨锐:《国家公园与国家公园体系:美国经验教训的借鉴》,载张晓《中国自然文化遗产资源管理》,社会科学文献出版社,2001。

手段，不用于公园的日常开支和管理人员的工薪，而用于环境和资源保护建设及环境宣传教育支出。经营项目全面实行特许权经营制度，即要求国家公园的餐饮和住宿等旅游设施由特许经营处向社会公开招标，经济上与国家公园管理局无关。在分类管理上，美国国家公园与州立国家公园有明确的分工，国家公园以保护自然文化遗产为主，在此前提下提供全体国民观光游览的机会；而州立公园主要为当地居民提供休闲度假场所，允许建立较多的旅游设施，以缓解国家公园面临的旅游压力；在人事管理上，美国国家公园的管理人员由总局统一任命和调配。工作人员由两部分组成，一部分为固定员工，纳入国家公务员系列；另一部分是临时工，以满足旅游旺季的需要。重要的是，一旦确定为国家公园，原居民需要全部搬出，所以国家公园内不存在社区居民的就业问题，国家公园不承担发展社区经济的职能。此外，美国的国家公园建立了较为完善的法律体系，几乎每个国家公园都有独立的法律。国家公园的管理以联邦立法为依据，规范国家公园管理局的管理权限和管理行为。在这种法律体系下，美国国家公园的管理者将自己定位于管家或服务员的角色，而不是业主的角色，管理者对自然资源、文化资源只有照看和维护的义务，而没有随意支配的权利。

2. 青城山模式

青城山是中国道教十大洞天中的"第五大洞宝仙九室之天"，位于四川省都江堰市西南15公里处，山上草木茂盛，四季常青，主峰海拔2434米，是中国著名的历史名山和国家重点风景名胜区，历来享有"青城天下幽"的美誉。山内有全国最集中的道教宫观建筑群，始于晋，盛于唐，其道教建筑群自然古朴，体现出浓郁的中国西南地方特色。在青城山出土的大量文物对揭示古蜀文明具有重要意义。早在公元前2世纪，秦王朝即将青城山列为国家祭祀的十八处山川圣地之一。世界遗产委员会认为，青城山是中国道教的发源地之一，属于道教名山。建福宫，始建于唐代，规模颇大；天然图画坊，是清光绪年间建造的一座阁；天师洞，洞中有天师张道陵及其三十代孙虚靖天师像，现存殿宇建于清末，规模宏伟，雕刻精细，并有不少珍贵文物和古树。青城山于2000年11月被联合国教科文卫组织列入世界文化遗产名录。青城山模式主要体现在：道教文化资源与自然资源都很丰富，是推动文化旅游产业的发展核心；政府、企业、道教界在管理、开发道教文化资源上形成了一个"可持续发展的利益分配机制"，50%的门票收入用于道教文化资源可持续发展，道教文化资源的管理由社会团体参与。

（三）园区类道教文化资源开发及产业化模式

1. 产业集群内涵

产业集群（又称产业集聚）是指相同的产业高度集中于某个特定地区的一种产业成长现象。文化产业集群是指在一个特定的区域内，以一个主导产业为核心，吸引大量彼此联系密切的企业群和相关服务机构在空间上集聚，从而形成可持续竞争的优势现象。各种形态的文化产业集聚区是产业集群的物质载体，规范化的文化产业园区是产业集群的管理形态，而文化产业的集群则是产业集群发展的高级形态。文化产业的集聚发展，不是一个固定的模式和僵化的目标，而是一个动态的过程，会经历一个由初级到高级，不断递进和发展的阶段。在全球文化产业发展的大格局中，文化产业集聚发展（Conglomeration Development of Cultural Industry）已经成为具有普遍意义的发展潮流，构成了文化产业竞争力的基本空间群落。正如战略家波特所说，如今的世界经济版图是由产业集群来支配和划分的，产业集群决定了竞争的优势。这在文化产业的世界版图中也强烈地呈现出来，成为全球文化竞争的重要趋势。[1]

2004年，联合国开发计划署颁布的《2004年人类发展报告：当今多样化世界中的文化自由》宣布："文化是人类最为持久的产品。人类在地球上的繁荣主要是通过文化实现的。"[2] 2006年，联合国教科文卫组织在《旅游、文化与可持续发展》中进一步指出，自从1972年联合国大会在斯德哥尔摩提出重新认识"发展质量"以来，全球越来越形成一个广泛共识，换言之，发展必须是经济、技术和人文环境的共同提高。文化是发展的一种重要的资源。文化资源（Cultural Resources）最重要的价值在于

---

[1] 上海社会科学院文化产业研究中心：《文化产业集聚发展战略研究》，载《国家文化产业课题研究报告》（2009年度），云南大学出版社，2010。

[2] 联合国开发计划署：《2004年人类发展报告：当今多样化世界中的文化自由》，中国财政经济出版社，2004。

保护和传承了人文遗产的多样性。① 英国 NESTA② 基金会在研究报告《创意增长——英国如何发展起世界水平的创意经济》中指出，不能把文化创意产业等同于纯粹的商业活动，由于文化创意产业具有三元合一的复合形态，是人文精神、商务模式和学习型网络的有机结合，所以，文化创意产业的集聚发展，吸收了更为丰富多样的资源和要素，受到了社会各界更为广泛的关注，呈现了更为新锐的发展潮流。③ 2003 年颁布的《伦敦市长文化发展纲要》就明确提出了四个战略目标：强化伦敦作为世界级文化之都的优势；提高创造力是伦敦成功的关键；保障所有伦敦人参与文化活动的权利；保障所有伦敦人从文化资源中获得普遍的利益。

2. 圣达菲模式

圣达菲是美国最古老的首府之城，又是美国第一个被联合国教科文卫组织命名的创意城市，其主要特征为：一是地理位置特殊。圣达菲位于一片浩瀚的沙漠戈壁之中，它仅有 7 万居民，没有公共机场、没有公共汽车、没有高层建筑，全城绝大部分是两三层建筑，用土红色涂料覆盖，犹如一片坚固的砂岩矗立在仙人掌丛林中。二是历史阶段特殊。圣达菲在历史上曾是印第安人的故乡，1500 年后，圣达菲成为西班牙探险家的殖民点；1850 年，受墨西哥人的统治；20 世纪初，圣达菲成为美国的新墨西哥州。所以，这里的居民有许多种族。三是文化资源有特色。在传承印第安人、西班牙人、墨西哥人、美国本土文化遗产的基础上，让本地居民广泛参与文化创意活动，包括丰富多彩的民间工艺、民间歌舞、创意烹饪、创意时尚、文化节庆等，使得圣达菲成为时尚民俗创意的代名词，如其巧妙利用干旱少雨的气候特点，设计了一年四季的市场节庆活动，春天有别开生面的热气球节兼市场节，7 月 12~13 日是色彩斑斓的国际民俗艺术市场节，7 月 26~27 日有热闹的西班牙市场节，8 月 23~24 日是著名的印第安市场节，12 月 6~7 日还有冬季室内西班牙市场节。他们出售的工

---

① 联合国教科文卫组织：《旅游、文化与可持续发展》，2006 年英文版。
② NESTA（National Endowment for Science, Technology and the Arts）UK，英国最有影响的科学、技术和艺术基金会之一，近年来涉及领域包括数字化技术、跨国商业、创意经济的未来发展趋势和应对战略。
③ NESTA 基金会：《创意增长——英国如何发展起世界水平的创意经济》，2007 年英文版。

艺品价格不菲，却吸引了大批国际游客。

3. 龙潭模式

龙潭位于南京市栖霞区，是中国金箔生产的主要基地。2006年6月，南京金箔锻制技艺被列入第一批国家级非物质文化遗产名录，南京金箔生产企业形成了以龙潭地区为中心的产业集群，产生了很好的集群效应。其主要特征为：一是道教文化资源特色。六朝时期，金箔在南京龙潭一带盛行，广泛流传"仙家造金箔"的民间传说，而关键人物是在道教历史上有重要影响的"葛仙翁"——葛玄。在那个时期，金陵地区老百姓大多数信奉道教，众多的道观、庙宇需要"薄如蝉翼"的金箔贴裹，使得金箔产业成为可能。在南京龙潭地区，由于千年积淀，金箔文化遗迹俯拾皆是，上至80岁老叟，下至七八岁的小孩，都了解金箔手工艺制作技术。这种世代的文化熏陶，深厚的文化底蕴，奠定了金箔文化产业在龙潭地区蓬勃发展的基础。二是世界金箔制造中心。目前龙潭有各类金箔企业86家，年总产值逾2亿元，其中年产值在1000万元以上的规模企业3家，金箔总产量占全国的80%，占世界总产量的60%。除龙潭外，在国际上，只有日本的仁川县和意大利的部分地区生产金箔。三是意义重大。积累数千年的金箔制造工艺为龙潭地区形成了金箔文化产业的集聚，降低了企业的生产成本，为区域经济发展和地区品牌形成发挥了积极的作用，同时产业价值链链式效应也得到有效释放，促进了专业分工，推动了技术进步，最关键的是带动了当地百姓的就业。①

4. 中华道教灵宝文化产业园模式

中华道教灵宝文化产业园的建筑、科仪、音乐、医药、养生等资源在中国道教文化史上具有重要的地位和影响，但其中最突出、最有经济价值的是道教医药文化资源和道教养生文化资源。

一是道教文化资源经济价值极高。1800多年前，葛玄作为道医来到阁皂山，留下了极有价值的医药文化资源。"尊道贵生"，道教徒出于习医自救、济世利人的目的和宗教情怀，历来重视研习医药，有"十道九医"的说法。道门中人在内修外养的过程中，积累了医药学知识技术，

---

① 顾江：《文化遗产经济学》，南京大学出版社，2009。

均与中国传统医学有密切联系，其医学和药物学的精华，成为中医的重要组成部分。道教医家对中国传统医学也做出了贡献，是形成道教文化产品的重要资源，具有较高的经济价值，是道教文化资源开发及产业化发展的重点。

道教医药文化资源影响深远。《肘后备急方》等药物经典是灵宝医药的重要见证。葛玄的衣钵传人，侄孙葛洪继承和发扬了世祖修身养性、导引健康长生的积极一面，对中医中药造诣精深，通过对制药行医的实践，撰成《肘后备急方》《急救仙方》《仙传外科秘方》等医学著作，成为中国医药史上的重要医药方家，世界"免疫疗法"的鼻祖。葛洪对"樟树药帮"影响至深，"樟树药帮"流传千百年的制药规范，第一句就是"遵《肘后》"。葛玄、葛洪行善施诊的行为也对灵宝医药的传承发挥了积极作用。道教医药文化资源对我国中医学的形成发挥了巨大作用，"两葛"在阁皂山采药炼丹，布道施诊，经常免费为当地百姓看病施药，赢得百姓的称颂和赞扬，同时也开创了神仙道教丹鼎派先河。丹鼎派倡导服药炼丹，以及以长生成仙为目的的修炼活动，中国学者称之为"金丹道"，近代日本学者则称为"葛氏道"，后世道书称魏晋神仙道教中的医药学为道教医药学。以葛玄、葛洪为代表的医学家在阁皂山开创了道教医药学，在中国医药史上写下了光辉的一页，"两葛"之后，南朝的陶弘景及号称"药王"的唐代大医药家孙思邈也都曾到阁皂山采药行医。明末清初"四公子"之一的方以智，入阁皂山修道，研究药材炮制法，撰写《药地炮庄》一书，对樟树药业炮制有重大影响。清末民初欧阳明性道长，四十年如一日，研读医药典籍上千种，以治疗骨折驰名，即使粉碎性骨折也不用上夹板，只需用手处理后，敷上自制"接骨丹"，简单包扎后就可以痊愈不落残疾。"金针大师"黄石屏用金针一针治愈了霍元甲、袁世凯的多年痼疾，享誉海内外。药王庙寄托了百姓的信仰和期待，位于樟树市区的药王庙就是为纪念"药王"孙思邈所建，每年农历四月二十八日都要举行庙会以示缅怀。①

道教养生文化方资源方法体系完备。养生是根据生命的发展规律，达

---

① 杨波：《阁皂山的历史文化及其旅游发展》，江西师范大学硕士学位论文，2007。

到保养生命、健康精神、增进智慧、延长寿命目的的理论和方法。"养生"一词最早见于道教书籍《庄子》。所谓"生",就是生命、生存、生长的意思;所谓"养",即保养、调养、补养的意思。道教吸收古代"天人合一"的哲学思想,认为人生即宇宙、宇宙即人生,主张尊道贵德、重生贵和、抱朴守真、清静无为、慈俭不争和性命双修,形成了思想深邃、方法独特、结构严谨的道教养生文化完备体系,积淀了大量强身健体、祛病延年的独特方法和理论。灵宝派是道教养生理论的鼻祖和支柱,其代表人物葛玄、葛洪主张"修身养性、断谷导引、炼丹成仙",提倡修炼金丹、白日飞举、药物养生延寿,将道教"养生延年理论"推向顶峰,特别是葛洪,在外丹和内丹两方面都有较大影响,葛洪所著的《抱朴子》一书,是道教史上养生理论的开山之作,系统地阐述了"神仙方药"与"养生延年"的具体方法,其提倡的药物养生益寿将道教"神仙方术"推向顶峰。著名道士谢仲初、全真道南宗五代传人白玉蟾(葛长庚)、光禄寺卿杨申等常住山中修炼,朱熹、文天祥、颜真卿、解缙等都曾躬逢其盛。

二是,创新道教文化资源开发及产业化发展的模式。中华道教灵宝文化产业园从2010年9月开始,由樟树市政府、樟树市阁皂山旅游开发有限公司、阁皂山大万寿崇真宫管委会共同建设,园区定位是以弘扬道教文化为主题,以"修性养生"为依托,是一个传承中国优秀文化、具有文化产品的公益性和市场性的文化旅游项目,对樟树市的"药酒盐、古道闲"旅游资源进行有效整合,极具文化个性和樟树特色,具有创新意义,并在全世界道教文化资源开发、中医药文化产业发展中有极大影响,具有一定的示范性和导向性。其园区占地面积为544180平方米,建筑面积为95628平方米,规划设计表达了"道法自然"的道家思想,采用周易八卦的易理布局,建筑皆为景观。道教文化资源展示严格按照道教建筑的标准,一条主轴线从一天门、两仪亭、四象厅、八卦宫到六十四间养生会所,层层演"易",包括福地景区(葛仙祠、玄都观、崇真宫、道德宫、藏经阁等)、中华药博园、药王谷、养生会馆等,由企业帮助重建,交由道教界管理。企业创建了一支来自民间、热爱道教文化的管理团队,团队按照现代企业管理制度,运用资本市场,创新进取,采用灵活的方式,集聚道教文化各类资源及自然资源,延伸旅游文化产业链,为道教文化资源可持续发展留下了一批珍贵的文化遗产。政府在其中履行服务职能,在政策范围内,在土地方面给予了极大的优惠和支持,出资1.2亿元修建连接昌樟高速公路的葛玄大道,总长为45公里。在金融方面,金融部门给予项目特殊支持,帮助项目顺利融资,使整个园区的建设有了坚实的保障。

二 道教文化资源单项开发及产业化模式

(一) 道教音乐文化资源开发及产业化模式

中国传统音乐蕴含丰富的道教文化。道教音乐的神是虚静柔和的韵,形是五音六律。神通于心,故"韵可修心养性;形合于阴阳五行,故五音六律能调养五脏六腑而炼形养命"。道教的性命双修,从传统医学而言是形神共养,从现代医学而言是心身并调。① 道教音乐以其虚静阴柔之神韵,以其所含的巨大的"道"磁场,与"心"感应,对心灌注自然的能量,让心皈依自然之道,与宇宙同旋律,达到"天人合一"的和谐,这是人与自然之间的生态平衡。以"阴阳五行"为基础,道教音乐的"五音六律"和人体的"五脏六腑"建立了横向有机的联系,也就是说,音乐的"五音六律"对人体的"五脏六腑"有直接的修复作用。如《灵枢·五音五味篇》说:"商音铿锵肃劲,善制躁怒,使人安宁;角音条畅平和,善消忧郁,助人入眠;宫音悠扬谐和,助脾健胃,旺盛食欲;徵音抑扬咏越,通调血脉,抖擞精神;羽音柔和透彻,引人遐想,启迪心灵。"② 然而,生长了1800多年的道教音乐在"文化大革命"期间遭遇毁灭性的打击。改革开放后,经过教内教外的不懈努力,鲜为人知的"道教音乐"这一名词才开始陆续出现在各学术刊物及学术专著之中,有专业音乐家加入表演的"道教音乐"走上了舞台,走向了民众,甚至走出了国门。这种艺术化了的道教音乐演示活动慢慢被社会认同接受的同时,部分道教宫观也有了从事这种演示活动的组织——"道乐团"。1988年8月22日,北京白云观正式成立了白云观道教经乐团,并首次在北京音乐

---

① 程雅君、程雅群:《道教音乐养生的机理研究》,《宗教研究》2005年第2期。
② 吴敦序:《中医基础理论》,上海科技出版社,1995。

厅举行了汇报演出。此外，还有武当山道乐团、苏州玄妙观道乐团、茅山道院道乐团、龙虎山天师府道经乐团、上海城隍庙道乐团、绵山道乐团、青城山道乐团及成都青羊宫道教经乐团等。在海外，香港、澳门、台湾地区先后成立了多个道教音乐团，香港蓬瀛仙馆创办的香港道乐团正式成立，这是经香港政府注册的唯一专事道教音乐表演的团体。新加坡、马来西亚、泰国等国家也先后成立了专门的道教乐团。其中，上海城隍庙、北京白云观、湖北武当山、苏州玄妙观、龙虎山天师府、茅山道院、四川青城山和青羊宫等道观的道乐团还多次应邀到英国、法国、德国、比利时、新加坡、加拿大、中国台湾、中国香港、中国澳门等国家和地区进行专场道教音乐演出。① 北京道乐团于 2012 年国庆节期间在国家大剧院演出，产生了极大的反响。

1. 丽江纳西古乐模式

纳西古乐是道教音乐与纳西族民间音乐相融合的奇异乐种和艺术结晶，在丽江纳西族民间广为流传，它奇迹般保存了部分中原地区早已失传的唐、宋、元时期的词曲牌音乐。纳西古乐植根于纳西族的社会生产生活中，婚丧嫁娶、起房寿辰、休闲娱乐都离不开它，在纳西文化构建中占有重要地位。丽江纳西古乐也是人类共同的珍贵文化遗产，是人类文明的"音乐活化石"，在中国乃至世界音乐研究领域中具有极其重要的价值，它不仅在中国和世界文化发展史上具有独特的地位，而且还将在今后的民族文化发展中继续起到不可替代的作用。一是历史悠久。据考证，这种古乐起源于公元 14 世纪，它是云南省最古老的音乐，也是世界上最古老的音乐之一。纳西古乐由《白沙细乐》《洞经音乐》《皇经音乐》组成（《皇经音乐》现已失传），融入了道教法事音乐、儒教典礼音乐，甚至唐、宋、元的词曲牌音乐，形成了它独特的灵韵，被誉为"音乐活化石"。二是古曲、古器、老艺人，这是纳西古乐的核心。古老的曲子，曲子都是唐、宋、明时期创作的，如丽江洞经音乐中的经腔《八卦》，据专家考证是唐开元二十九年（741）二月，由唐玄宗，即皇帝李隆基御制并颁布的两首道教音乐之一，它们是《霓裳羽衣舞曲》和《紫

---

① 刘红：《当代道教音乐的回顾与展望》，《中国道教》2006 年第 6 期。

微八卦舞（曲）》的组成部分。而洪武十五年（1382），皇帝朱元璋亲自重修了燕乐（通宴乐）中的《宴享九奏》，包括迎膳进膳曲《水龙吟》；古老的乐器，乐师们手上所持乐器，皆有上百年历史，在经乐队至今保存着500多年前的一架特大型曲项琵琶，是龙虎山第三十一代天师后裔张时珍受明代丽江木府土司之邀参加活动时带去的。演奏的人老，大部分是70岁以上的老人，他们从小就接受洞经音乐的熏陶，虽然年纪大，但精神很好。三是传承方式严格，纳西古乐有着一套严格的传承方式，乐师们遵循以师带徒或父带子的方式，使古乐代代相传，并用工尺谱为媒介，以口传心授的方法传教。师傅口唱工尺谱，一曲曲、一句句地教，徒弟一曲曲、一句句地背，一边背工尺谱，一边学习演奏乐器，然后逐渐实践，边学边奏，直至熟练。正是由于这种严格的传承方式，纳西古乐才得以留存至今。四是纳西古乐已成为丽江文化产业的重要品牌。在云南丽江古城，"大研纳西古乐会"的演出每天晚上都吸引着来自世界各地的观众，到丽江欣赏这种被誉为"音乐活化石"的古乐已经成为很多人到丽江旅游不可缺少的内容，听过这种古乐的人不仅会感受到纳西古乐的古老和高雅，而且还能体会到纳西族文化的博大精深。纳西古乐虽然古老，但500多年来却常盛不衰，其原因是纳西古乐庄重高雅，它不仅深受纳西族人民的喜爱，而且也受到了世界许多国家的青睐。1995年10月，丽江纳西古乐队应邀赴美国、比利时、荷兰访问演出，一度轰动了欧美，西方广播公司在黄金时间大量播放了丽江纳西古乐；荷兰、日本等国专家或考察团还专程到丽江考察纳西古乐。以宣科为会长的纳西古乐会从1983年成立以来，每年收入就超过500万元，并且每年以11%的速度递增。五是形成了完整的纳西古乐产业链。纳西古乐从组织演出（生产文化产品的上游）到中游、下游出售门票、舞台的控制、制作DVD、出书等都是由纳西古乐团"一条龙"完成，不需要租剧场、不需要花钱做宣传营销，这降低了演出成本，增加了利润，形成了一条健康运行的产业链。因此，文化产业链的延伸，尤其终端市场的控制对发展文化产业起着重要的作用。①

---

① 顾江：《文化遗产经济学》，南京大学出版社，2009。此外，本人两次到丽江实地考察并访问了宣科先生。

2. 香港蓬瀛仙馆模式

道教在香港的传布历史较短。20世纪30年代初，以蓬瀛仙馆为代表的有组织性的全真派道教宫观在香港陆续设立，自此，道教文化逐步开始以宫观为基础在香港境内向社会传布。香港蓬瀛仙馆是香港道教文化的重要载体，在保护、传承道教文化尤其是道教音乐文化方面，通过产业化方式发挥了积极作用。一是传承。香港全真派道观所使用的音乐，起初是由广东罗浮山冲虚观经广州三元宫而传入香港，现今全香港各宫观所运用的经韵音乐基本上是一致的，只有某些地方大同小异。香港道教音乐自广州传入后，在几十年的传承过程中，受香港地域文化中诸如粤曲、粤剧、广东小曲以及儒、释等其他宗教音乐的影响，已形成了一种具有香港地方特色的道教音乐。二是创新。从音乐形式上看，香港道教音乐可分为经韵和器乐两类。经韵音乐是香港道教音乐的主体部分，它依附于经文内容，贯穿于各类科仪。经韵由道观内专职道士（习称"经生"）唱诵。器乐音乐在香港道教音乐中有其独特的一面，将乐器加入到经韵唱诵之中的跟腔伴奏。担任器乐演奏的乐师，习称为"醮师"，是职业艺人，通过市场化方式运作，而非道观内的道士。从传播道教音乐文化方面来看，蓬瀛仙馆首先在香港举办中国道教音乐文化节，现已在全国各地举办了15届。从培养道教文化人才方面来说，蓬瀛仙馆出资100万元与上海音乐学院中国仪式音乐研究中心合作共同培养弘扬道教音乐的文化人才，并每年资助30万元与香港中文大学道教文化研究中心在暑假期间举办道教文化管理培训班，还与宗教文化出版社合作出版了多系列道教文化丛书，其中包括道教经典系列、道教善书系列、道教神仙系列、道教养生系列、道教科仪系列、道教建筑系列、道教艺术系列、道教医学系列等。三是慈善。用道教音乐文化服务香港社会，得到了香港市民的积极参与，也取得了丰厚的收益。香港蓬瀛仙馆用慈善的方式回报社会，积极参与香港及内地的公益事业，在江西兴国县、南昌县，在四川汶川地区等，都有香港蓬瀛仙馆的捐赠。在香港，仙馆建立了免费中西医疗所各一所及自制跌打药酒派发国内外；建成了两所幼稚园及两所青年自修室；创办了两所老人服务中心，帮助香港孤寡老人。

3. 十二生肖模式

儿童剧《十二生肖》是中国儿童艺术剧院与澳大利亚墨尔本国家艺

术中心合作推出的剧目，《十二生肖》内容的创新是其最大的亮点，它用世界语汇讲述中国传统文化，最重要的人物是曾经执导过悉尼奥运会以及2007年多哈亚运会开幕式的澳方导演彼得·威尔森。其主要特点是：一是用艺术语言打破国界讲故事。儿童剧《十二生肖》用木偶、京剧、皮影、剪纸、动画、舞蹈及古筝、埙等器乐表演手段创造出一种新的国际艺术语汇。二是故事主体呈现普世价值认同，《十二生肖》借用中国传统文化中生肖的形象，运用中国传统文化元素，烘托出一个全球关注的主题——水资源的保护。三是赋予传统文化新内涵。十二生肖是中国传统文化中的重要符号，包含着丰富的文化内容，体现了中国自古以来对人与人、人与自然之间关系的深刻认识。每种动物都被赋予不同的品格和特点，拥有美丽动听的神话传说，这些文化在西方是没有的。澳大利亚国际艺术中心在《十二生肖》演出期间，在剧院大厅中的墙壁上陈列了许多十二生肖民间艺术品，许多家长和小孩在展示大厅流连忘返，希望找到自己的属相，希望了解更多的关于中国生肖的知识。

（二）道教太极文化资源开发及产业化模式

中国有5000年的文明历史，有太多可以与全世界分享的文化资源，但是，当前对外文化交流和传播严重"入超"，文化贸易出口远远小于进口，在国际文化市场的份额中，中国及亚洲其他国家仅占6%。基于历史与实践的判断，更是为了顺应世界经济发展趋势，中国以文化贸易实施文化"走出去"战略是今天理性而现实的选择。[①] 文化"走出去"主要有三个层面：对外文化宣传、对外文化交流、对外文化贸易。其中对外文化贸易主要通过出口体现本民族特色和科技含量高的文化产品来参与国际文化市场竞争，是中华文化走向世界的主渠道。积极培育外向型文化企业乃至形成跨国公司是拓展文化贸易的关键。[②] 中国需要加强国际文化外贸体系的建设，加强对外文化贸易的法制建设和政策制定，需要改变目前外宣

[①] 李嘉珊、杨嫔秋：《文化贸易：中国文化"走出去"的理性选择》，载文化部对外文化联络局、北京大学文化产业研究院编《中国对外文化贸易年度报告（2010年）》，北京大学出版社，2011。

[②] 骆玉安：《关于实施中华文化走出去战略的思考》，《殷都学刊》2007年第2期。

意识形态化的现状。① 目前中国对传统文化资源的挖掘利用远远不够,许多宝贵的文化资源被别人重新诠释并赋予西方的价值观。② 道教文化是中国传统文化的重要组成部分,道教文化遗产资源要健康发展,保持其传统内涵,需要大量资金。而面对数量众多的道教文化遗产,政府往往顾此失彼。市场为一些潜在经济价值较高的道教文化遗产资源提供了自我保护、自我发展的可能,在民间资本和国际资本的推动下,太极拳的产业化进程加速发展,预计到 21 世纪中叶,将会形成以中国为核心,以日本、韩国和东南亚各国以及澳大利亚、美国、英国等国家为中心,向非洲、南美洲、中东、中亚等国家与地区渗透辐射的太极拳网络。届时,太极拳将在全球普及,太极拳练习者将达数亿人,由此形成的太极拳市场必将带来巨大的商业利润,在实现利润的同时也将带动太极拳这一道教非物质文化遗产的发展与保护。③ 由此可以认为,道教太极文化产品是中国对外文化贸易的产品之一,不仅可以传播中国文化,推动中国与世界的交流,还可以减轻外来文化对中国国内文化市场的冲击,促进产业升级换代、经济结构优化,调整外贸及经济发展方式,逐步实现巨大的经济效益。

1. 武当山模式

武当山模式主要反映了武当养生的价值。所谓武当养生,是以武当山道士们的丹道修炼为主要内容,吸纳中国古代各门派修身养性的理论与方法,广泛运用现代科技,形成的一整套简单易行、成本很低的强身健体、延年益寿的方法和技术体系。它包括太极十三势、武当十八式、太乙五行拳、玄武拳、纯阳拳、赵堡太极拳等,其拳法变化多端,融合了押筋拔骨、呼吸导引、无形方位、阴阳变化的义理,具备珍贵的养生文化资源价值。④ 世界华人协会主席、世界篮球协会主席程万琦在武当山签约组建世界太极拳总会,正式向全球推广太极文化。近年来,武当山围绕"太极文化、养生健身"主题,以武术交流为抓手,以弘扬文化为目的,大力

---

① 黄向阳:《中华文化"走出去"的认同基础》,《传承》2008 年第 6 期。
② 陈正良:《中国"软实力"发展战略》,人民出版社,2008。
③ 顾江:《文化遗产经济学》,南京大学出版社,2009。
④ 陈和塬、陈凌:《武当丹道修炼》,社会科学文献出版社,2011。

推进"1369"工程，打造太极文化名山：一是有一套发展机制。武当山在全国首开先河成立武术局，负责武术馆校管理、武术文化研究、武术文化产业化开发、武术运动普及，成立武当拳法研究会、太极拳协会、太极三丰联谊会，挖掘、整理隐于民间濒于失传的武当内家拳套路200多种。二是有财政支持。每年投入100万元实施武术传承人津贴制度。三是有一个团队，运用市场机制组建三大表演团队，包括武当功夫艺术团、武当太极功夫团、道教功夫团，在国内和海外进行表演。四是建成一条产业链。武当武术国际交流中心已成功举办了武当太极拳国际联谊大会、世界太极拳健康大会等10多项有影响的活动；武当山国际武术学院已开始面向海内外招生；正在建设武当功夫城作为武术传承基地；投资20亿元，联合美国好莱坞建设《太极传奇》景区，打造全球首家武术主题公园、世界健康养生大本营；借助名人效应打造武当影视基地；国际顶尖编导团队精心编排的大型舞台剧《天下太极出武当》已在太极大剧场常年演出。五是打造九张武当文化名片。武当山以"国山、国学、国术"为载体，以"名人、名山、名典"的经典文化组合，精心打造舞台剧《太极武当》、大型交响乐《太和之音》、实景剧《太极秀》、影视剧《大武当》、电视纪录片《太极武当》、电影《太极》、世界养生大会、电视剧《天下武当》、武当太极拳国际联谊大会等，将武当山打造成太极文化的展示地、生态文化旅游的示范地、世人向往的度假胜地。①

2. 陈式太极拳模式

陈小旺先生系"陈式太极拳"第十九代传人，著名太极大师，曾担任河南省陈式太极拳协会主席，河南省武术协会主席，是第七届全国人大代表，河南省第七届政协委员，其突出的贡献是走出国门传播太极拳养生文化。1990年陈小旺赴澳大利亚成立了"世界陈小旺太极拳总会"，每年巡回到亚洲、欧洲以及美国等地推广普及太极拳。自20世纪90年代开始，他每年绕地球1~2圈，在世界几十个国家和上百个城市积极推广传播太极拳，让世界了解中国，了解中国神奇的太极功夫，培养"洋弟子"30万人。还通过电影的方式，传播太极拳文化，参加过《太极神功》《神

---

① 资料来源于武当山风景区管委会网站及本人实地调研。

丐》《陈式太极拳》等影片的拍摄工作。

（三）道教医药文化资源开发及产业化模式

1. 恩威模式①

创建于1986年的成都恩威集团，由著名科技实业家、道教文化专家薛永新先生创立，抱着"服务社会，造福人类"的宗旨，恩威集团从一家仅有几十名员工的小型乡镇化工企业开始，经过14年的努力，发展为集科研、生产、贸易于一体，以制药为主体的高科技跨国集团企业。目前，恩威集团旗下已拥有成都恩威制药有限公司（合资）、成都恩威保健制药公司、成都恩威化工公司、恩威集团中药有限公司、同源美国国际贸易集团、恩威集团有限公司、恩威包装有限公司、四川恩威中医药研究所、双流医院等子公司和分支机构。14年来，恩威集团累计向国家纳税1.8亿多元，为社会各种公益事业捐赠药品和现金1.4亿多元，每年要购买价值5000万元的中草药作为原材料，直接和间接解决就业人员20多万人，为国家和社会做出了巨大贡献。凭着骄人业绩，恩威已跻身中国大型企业前列，获得"优秀明星企业"等60项殊荣，恩威与道教文化资源的渊源主要有以下四点。

一是，运用道教文化理念创新企业管理。以"服务社会，造福人类"为宗旨，以道家"无为"思想为指导进行管理创新。"道"是老子在《道德经》里指出的一个重要概念，"无为"思想则是道家思想的精髓。历史已经证明，把"清静无为"的道家学说运用于社会、国家的管理，是能够收到良好效果的，如汉朝的"文景之治"。对企业而言，提倡"无为"就是要摆正企业和社会的关系，恩威公司用"无为"指导企业管理，从广告宣传到市场拓展，从员工的思想教育到生产管理，都贯穿着"无为"精神，恩威运用"无为"思想管理企业，形成了自己的独特优势。

二是，运用道教文化资源研发新产品。恩威集团长期致力于传统中医药的研究开发，并取得了诸多成就。由集团总裁薛永新先生研制的洁尔阴洗液自1987年问世以来，畅销至今，以其确切的疗效深得广大患者和医生的信赖，1993年和1998年分别被卫生部批准为国家三类新药和五类新

---

① 资料来源于恩威集团网站及本人实地调查。

药，列入国家中药保护品种，荣获"四川名药""四川名牌产品"称号，并获国家中医药管理局"科技进步二等奖"等10多项殊荣。恩威努力挖掘道教文化资源这座"富矿"，还研制开发出洁尔阴泡腾片、洁尔阴女士巾、好娃友口服液、清经颗粒、延寿宝颗粒、心血通颗粒、益气补肾颗粒、风湿止痛宁、疲劳康、脾胃康等一系列天然药品和保健品。

三是，恩威品牌覆盖面广。恩威天然农药具有广谱抗病毒、病菌的功能，无毒无残留，不仅能有效防治植物病虫害，还能提高农作物产量的15%~35%，广泛适用于蔬菜、水果、粮食、绿化植物等，为解决农药残留对环境与人类造成危害的世界性难题做出了积极的贡献。恩威天然兽药双黄杀毒退烧颗粒，对禽类新城疫病毒以及高、低致病性禽流感均有特效，对动物的多种致病性病毒、病菌有杀灭作用，解热、退烧功效显著。恩威研制成功的中药乾坤宁有广谱抗病毒、抗病菌、快速解热退烧的功效，对600余名艾滋病患者长达14年的临床研究证明，乾坤宁能有效降低体内病毒，增强免疫力，停药1~10个月以上病毒不反弹，无毒副作用。乾坤宁对HIV、乙肝、丙肝、流感、多种性病病毒均有杀灭作用。新产品乾坤丹还有广谱抗肿瘤作用，临床观察，能降低放、化疗的毒副作用。丹芎通脉颗粒对肾阴虚引起的胸闷、胸痛、冠心病合并高血压、糖尿病、高脂血症等均有显著疗效。此外，开发出的中药长寿宝对延缓衰老、增强免疫力、抗疲劳、老年痴呆等均有良好效果。

四是，反哺道教文化资源的恩赐。成都恩威集团在四川鹤鸣山——道教文化发源地之一，整体恢复和修建了道教祖庭"道源圣城"，鹤鸣山位于成都大邑县境内，北依雾中山，脚抵川西平原，左邻青城山。东汉末年，张道陵入蜀学道，在鹤鸣山以老子之"道"得道，因道设教，创立道教，鹤鸣山由此成为道教祖庭。成都恩威集团于2006年开始对鹤鸣山的道教文化资源进行产业化运作，在占地22.65平方公里的鹤鸣山上复兴开发建设集道教朝圣、文化旅游、弘扬道家文化于一体的道教文化交流中心。

2. 隆力奇模式①

一是，道教文化产品有特色。隆力奇集团邀请国内外保健美容专家携

---

① 资料来源于道教之音网站及本人实地调研。

手国内外医学专家,结合国内外顽固疾病治疗、康复的科学理论,传承我国古代道教中医保健的文献,25年如一日,勤耕不辍,挖掘我国中医和道教养生文化,潜心钻研,终于研制出多款高端养生保健产品。

二是,建立道教文化博士后流动工作站。隆力奇集团与中国社会科学院世界宗教研究所发挥各自的资源优势,成立了道教文化博士后流动工作站,为积极挖掘道教文化资源服务企业、服务社会、服务大众寻找到了新的合作模式。

三是,参与道教建筑文化项目。隆力奇捐资5500多万元恢复位于常熟市的道教场所——真武观,同时,为恢复和传承具有江南特色的道教音乐文化、道教科仪文化、道教太极文化、道教饮食文化等提供了载体和平台。

四是,推动道教文化"走出去"。捐资2000万元参与中国道教协会的"道行天下"活动,设立中国道教文化建设基金,为推动中国传统文化"走出去"战略做出了积极的贡献。

第三节 道教文化资源产业化运作存在的问题分析

一 道教文化资源开发及产业化发展规模不大,还没有形成规模经济效益

1. 文化产业发展态势不强劲

我国文化产业兴起和发展比较晚,从全国情况来看,文化产业尚未形成成熟的规模化发展态势,许多道教文化资源无论从文化产品规模还是从文化产品品质上都没有形成足够的影响力。

从东、中、西部地区来看,东部地区文化产业发展势头较好,但道教文化资源还没有列入文化产业发展的范畴;中部地区虽然有丰富的道教文化资源,但如何挖掘道教文化资源内涵进行综合开发还处在探索阶段;西部地区对道教文化建设比较关注,主要体现在道教文化事业方面。

从文化产业的角度来看,道教文化资源开发及产业化主要体现在旅游

文化产业方面，影视业、出版业、工艺品（陶瓷、刺绣等）等领域对道教文化资源的开发和利用还不充分。

2. 道教文化资源开发主体认识不足

真正理解道教文化资源内涵，且能从理性的角度去保护道教文化资源、实行可持续开发及产业化开发的主体不仅数量有限，而且在内涵上挖掘不够，过度、破坏性、不负责任地对道教文化资源进行掠夺式开发成为常态。

3. 道教文化资源产品单一

从目前道教文化资源开发情况来看，大多数是对道教文化资源的单项开发或文化旅游产业的开发，在道教文化资源的综合开发及利用方面还有很大空间，可以开发更多的道教文化产品和服务促进社会和谐、服务大众健康。

4. 道教文化资源开发及产业化模式缺少多元化

在保持道教文化资源的内涵基础上，需要借助现代科技手段对道教文化资源进行多元化开发及产业化。

二　道教文化资源优势没有充分发挥，有待整合

1. 道教文化资源开发的"短板效应"

道教文化资源的形成是一个漫长的过程，它是在各个朝代政府的支持下，由一代代的道教信众用智慧和劳动产生的价值丰厚的资源，但这种道教文化资源或被占有，或是为了经济发展而"无中生有"地建造一些没有道教文化内涵只有道教文化外壳的建筑物，这样就形成了道教文化资源开发的"短板效应"。大多数企业或政府对道教文化资源的利用只盯在道教文化旅游资源的价值上，没有从保护道教文化资源的角度去开发道教养生文化资源、道教音乐文化资源，以形成有益于老百姓健康的产品，而且这些道教文化产品在国际上也没有成为我国对外贸易文化产品。

2. 道教文化资源开发及产业化还存在许多矛盾

一是"产业"与"事业"之间的矛盾。这一对矛盾是我国道教文化资源开发及产业化中最为突出的问题，如道教文化旅游作为文化与经济相

容的综合性文化产业,追求利润最大化是旅游企业的题中之义,而道教宫观是一个比较特殊的部门,国外通常都把宗教活动场所定义为非营利机构,以社会服务为主要职能,但在我国,大部分道观把经济利益摆在第一位,热闹的活动、庄严的仪式似乎都是为了经济效益。所以,在道教文化旅游资源规划与开发时,很容易产生种种矛盾和问题。

二是"经营"与"修行"之间的矛盾。随着道教文化资源的开发及产业化,很多道教场所(尤其是作为世界文化遗产或国家级文物的道教场所)被整合为风景区资源,统一管理,收取高额门票,如此经营的结果是:道教徒修行的清静、庄严、肃穆的气氛被大量的游客所冲淡,高价的门票将许多信教群众拒之门外。道教场所的首要职能是作为道教徒修行和道教信众朝拜的地方,但我国很多开放的道观除作为道教场所外,还承担着旅游接待、管理维护等职能。对于道教宫观"经营"与"修行"的矛盾,有些道教界人士认为,应当取消以道教宫观为主要游览内容的风景区的门票,个别地方甚至因此发生过道教宫观与旅游部门之间的矛盾。

三是"产权"与"经营权"之间的矛盾。我国道教文化资源在恢复和建设方面还存在"产权"与"经营权"问题的争议,这类问题多属历史遗留问题。改革开放以来,我国道教宫观迅速恢复,大部分交还给道教界,但还有少数著名的道教宫观,其"产权"与"经营权"还存在分离的情况。

四是"保护"与"开发"之间的矛盾。道教文化保护应包括道教物质文化遗产和道教非物质文化遗产。现实中,由于过度开发,一些道教文化遗产被破坏或滥用,形成了保护与开发之间的矛盾。

五是"正业"与"副业"之间的矛盾。东、中、西部地区都有一些颇具特色的道教文化资源,尤其是西部地区,道教文化与民族文化的融合,使其道教文化资源的特色非常明显。各地应充分利用道教仪式文化资源、道教养生文化资源、道教音乐文化资源、道教酒文化资源、道教茶文化资源等具有比较优势的资源。目前,在如何表现道教仪式文化艺术,从美学的角度向世人充分展示道教仪式文化方面,还远远不够。此外,如何充分挖掘道教饮食养生文化资源、道教太极养生文化资源等问题的解决都需要借助资本的力量和市场的作用,要切实结合人们的需求,向社会提供道教饮食文化产品和道教太极文化服务。

三 道教文化资源开发及产业化的链条尚未形成

1. 没有道教文化精品

由于道教文化资源产品开发的分散性,开发深度不够、缺乏精品制作以及市场认知程度不够、认知范围不大,且进一步拓展衍生品的投入不足,衍生品链条形成较困难,系列化程度不高。其主要原因是产业自身延伸链条的实力不足,缺少资金和配套机制,特别是家族式传承经营情况严重,不能通过相互联合或资源整合,形成有效配置使用有限资源的通道。

2. 道教文化资源保护方式单一

各级政府及有关部门只是局限于加强保护力度,对产业的促进缺乏实质性扶持和支持措施,使道教文化产业发展缓慢,延伸能力较弱,很多衍生产品的开发仅存在于产业设计中。

3. 道教文化产品"卖出去"还存在许多问题

道教文化资源作为一种文化遗产,其开发利用价值很大。对其中有经济价值的资源进行产业化开发和经营可以保护和传承文化遗产、合理配置道教文化资源以及形成新的行业和延长产业链,这是我国实现文化产业大发展、大繁荣的一条重要渠道,既是中华文化"走出去"战略的重要内容,也是我国实现节能、降耗、减排的可持续发展的重要措施。

四 缺乏对道教文化资源开发运作的保障机制,产业化发展后劲不足

由于缺乏开发资金以及其他激励机制的扶植,过高的生产成本阻碍了道教文化资源的产业化经营及大规模发展。比如,我国西部地区或边远民族地区的许多具有地方特色的道教音乐文化资源、道教医药文化资源、道教养生文化资源等由于资金缺乏,整体开发水平低,配套设施不完善,大部分已经是非物质文化遗产的道教文化旅游资源至今无人知晓。同时,缺乏鼓励精品原创、精品制作、精品研发所需的风险投资机制,未形成实质性推动道教文化资源产业化发展的大环境。

第四节　道教文化资源开发及产业化模式设计
——以龙虎山为例

龙虎山在道教文化资源的开发及产业化过程中具有举足轻重的地位和龙头作用，其道教文化资源的开发及产业化不能照搬某一种模式，而需要结合龙虎山道教文化资源的地位、影响和区域经济社会发展战略，与鹰潭市及鄱阳湖生态经济区的总体战略相适应。龙虎山道教文化资源开发及产业化的客观选择是：（1）需要政府主导并借鉴古城类的"丽江模式"和生态类的"国家公园模式"，对世界上历史最悠久、最有价值的道教文化资源实行整体保护和统一规划。同时，可以在开发道教文化资源时保护龙虎山道教祖庭文化、道教神仙文化、道教音乐文化、道教洞天福地文化、道教节日文化、道教科仪文化、道教生态文化。（2）需要借鉴古城类的"布拉德福德模式"和园区类的"圣达菲模式"、生态类的"青城山模式"发展道教文化旅游业、出版业、工艺品、艺术表演等，把最具有中华文化特色的道教文化产品和服务推广到全球并吸引来自世界的目光。（3）借鉴道教音乐文化资源开发及产业化的"纳西古乐模式"、道教太极拳文化资源开发及产业化的"武当山模式"，让世界信众和游客到龙虎山全面品味道教文化。

一　树立城市经营理念

龙虎山是我国著名的道教文化遗产地、全国4A级旅游风景区、国家级文物保护单位，旅游业一直是鹰潭市的支柱产业。然而龙虎山经济发展滞后，与国内发达文化遗产地区经济发展的差距在不断拉大。从根本上分析，当前鹰潭市要想寻找新的经济增长点以实现整个城市的经济发展，需要在发展思路上实现转型，建立城市经营的整体观念，逐步实现从道教文化遗产"资源经营"向"城市经营"的转变，加强城市基础设施建设和道教文化资源经营的结合。在基础设施建设的基础上，引进市场机制，通过产业化和市场化途径，加大城市产业化经营程度。这样做，一方面可以促进整个城市经济发展，增强其发展后劲,进一步为道教文化资源的开发提供经济基础,另一方面可以改善城市总体形象和城市面貌。龙虎山道教文化资源的开发,要逐渐改变过去单一的道教文化产品展示和提供道教文化服务以获得门票收入的方式,而要注重对其道教文化资源历史内涵的开发,并寻找最能体现道教文化资源底蕴的载体,提升道教文化产品和道教文化服务的品位,使得道教文化产品和道教文化服务的形象鲜活地呈现在香客和游客面前。增加消费者体验"心斋"和"坐忘"逍遥式旅游并形成多次重复循环式旅游,延长道教文化旅游产业链,使经济文化资源转化为经济优势,并通过旅游产业的巨大带动作用对城市其他相关产业的发展起到促进作用,也为"城市整体经营"提供基础。如可通过城市经营建设一批养生修炼场所,恢复在历史上具有重大影响的传箓坛——上清宫的全貌,上清宫内仅道院就有24所,即三华、东隐、西隐、崇元、太素、十华、郁和、清和、崇禧、崇清、繁禧、达观、明远、洞观、栖真、混成、紫中、清富、凤栖、高深、精思、真庆、玉华、迎华。目前,在24所道院中只保留了东隐道院,上清宫内也只恢复重建了福地门、下马亭、钟楼、鼓楼、龙凤街等。另外,在上清宫周围还有静应观、凝真观、逍遥观、灵宝观、龙泉观等55座道观、道院、道庵。[①]据清乾隆版《龙虎山志》中的《院观卷》记载,龙虎山共有宫、观、院、庵63处,其中9座宫、40座观、9所道院、5个道庵,绝大多数在以上清宫为中心的15公里范围之内,只有9处在此范围外的余江、金溪、饶州及贵溪市鬼谷山。[②]

二 加大保护道教文化资源的力度

龙虎山作为道教祖庭所在地,应加大力度整合道教神仙文化资源、道教科仪文化资源、道教音乐文化资源、道教节日文化资源、道教劝善文化资源、道教养生文化资源、道教生态文化资源等各类资源,加快推动形成优质道教文化产品,在全世界展示道教文化服务。因此,必须通过各种途

---

① 张金涛:《中国龙虎山天师道》,江西人民出版社,2010。
② 《龙虎山志》,江西科学技术出版社,2007。

径加以重点保护和传承：一方面，集中政府、学界、道教界的力量，在资金、政策、人才等方面加大扶持力度，保护和发展道教文化资源；另一方面，通过市场运作的方式吸引社会力量参与保护和发展。如，上清宫作为"天师草堂"的延伸，居江南道教宫观之冠，而且在全国也是首屈一指的。它是历代天师阐教演法、传道授箓的主要活动场所，也是历代正一派高道修真养性的阆苑，拥有"神仙所都"和"百神受职之所"的称谓，因此，需要尽快将传道、授箓、祭祀等道教核心文化资源从天师府转移到上清宫，将具有弋阳腔的天师道教音乐、道教科仪仪式展示在上清宫。正一观（祖天师庙）是历代天师炼丹之处，2000 年由政府拨款恢复。在正一观周边可以修建一批养生修炼场所供道教居士、社会人士打坐、练太极等使用。著名国学大师南怀瑾先生在阐释道教经典《参同契》中的"御政之首，管括微密"时，对静坐与人的身体的关系做了讲解和论证，静坐时，外形收拢起来就是管理，内心不向外面消耗了，这是静坐姿势身体"微密"的作用。① 法国 J. Filliozot 教授在《道教与瑜伽》一文中指出，道教徒习静的方式与瑜伽有许多相似的地方。正一观周边环境优美，自然生态良好，是养生修炼的理想佳境，完全可以吸引世界各地养生修炼者"坐忘"。

从这个意义上来说，保护和经营道教文化资源也是为了保护民族文化和提升城市文化品位。龙虎山的城市经营与道教文化资源的保护，定位于世界道教文化之城、国际旅游的主要目的地。因此，在龙虎山文化经营中要充分利用道教文化中的优秀资源来塑造城市形象。要通过对道教文化资源的保护，延续道教文化资源的生命，从而全面塑造城市品牌，提升城市文化品位，实现道教文化资源开发和城市整体经营的可持续发展。

三 建成世界道教文化中心

在经济全球化的背景下，一个城市的文化产业集聚将以特色服务和成本优势"嵌入"国际文化产业价值链中的战略环节，发挥自己在文化产

---

① 南怀瑾：《我说参同契》（中），东方出版社，2009。

业之全球产业链中的独特作用,带动本地产业的转型和升级。即使这个城市是中小城市,或者在文化产业领域没有太大的影响,但是在经济全球化和文化劳动新的国际分工背景下,特色型的文化产业集群,同样可以"嵌入"国际文化产业价值链中,并且产生世界性的影响力。①

龙虎山坐落在中国江西省鹰潭市南郊16公里处,因其特殊的地理和人文个性而闻名古今。从生态角度看,龙虎山地处武夷山脉的余脉,拥有独特的丹霞地貌和青山秀水;从道教文化资源角度看,道教是在龙虎山形成、发展与完善的,特别是在这里完成和完善了正一天师道的思想体系、教义教规、典章制度等,天师传承制度延续63代经久不衰,获得与孔府齐名的"南张北孔"美誉。凭着其道教文化资源、自然风光资源的独特优势,完全可以参与国际文化产业的分工,将世界上独一无二的道教文化资源产业化并"嵌入"国际文化产业价值链中,让世界分享中国道教文化的独特魅力并从中获取极大的身心快乐。因此,建议把龙虎山建设为世界道教文化中心,由三部分组成:世界道教文化旅游之城、世界道教文化交流之城、世界道教陶瓷文化之城。

第一部分,建设龙虎山世界道教文化旅游之城。龙虎山的自然资源和道教文化资源分为观赏型、参与型、体验型、深层型和学习型五种类型。一是龙虎山观赏型道教文化资源,如道教建筑文化资源、道教神仙文化资源、道教科仪仪式文化资源等。被纳入洞天福地系统,"仙"味十足的奇山秀水、繁复宫观,构成了龙虎山天师府建筑外部环境;"仙"味十足的府内园林绿化、匾联雕绘、造像艺术,构成了龙虎山天师府建筑内部环境。② 二是龙虎山参与型的道教文化资源。如道教劝善文化资源、道教生态文化资源、道教节日文化资源等。三是龙虎山体验型道教文化产品和服务,如道教养生(道教太极拳、道教饮食、道教静坐等)文化资源、道教洞天福地文化资源等。四是龙虎山学习型道教文化资

---

① 美国学者 Toby Miller, John Menurria 等曾经提出文化劳动的国际分工(New International Division of Cultural Labor, NICL),认为文化产业的分工协作将随着经济全球化的浪潮而进一步向深度发展,这不但给发展中国家带来了强烈的冲击和机遇,也给发达国家(包括美国和日本)的文化生产带来强烈的冲击,迫使它们应对来自其他国家和地区的更具有文化多样性、成本更低的文化产业之挑战。

② 吴保春:《龙虎山天师府道教建筑思想研究》,厦门大学博士学位论文,2009。

源，包括道教信仰修行人、道教文化研究者及道教文化爱好者等。五是面向全世界道教徒提供斋醮、科仪、音乐等道教文化资源，这是道教文化资源的核心部分。

龙虎山要建设成为世界道教文化旅游之城需要方方面面的支持与参与。一是要纳入国家文化发展战略，在政府服务、财政投入、金融支持等方面有特别的政策倾斜；二是需要纳入省级政府的重点推动项目，并要成立由专家、政府、道教界人士组成的专门的规划和发展委员会；三是在交通、住宿、购物等方面的配套需要按照标准来建设；四是需要集中全国的道教学者、道教教职人员等人才资源，并需要培养会外语的道教徒和道教文化资源管理人才。

第二部分，建设龙虎山世界道教文化交流之城。龙虎山定位于国际道教文化交流之城，一是可考虑创办中国道教文化大学，接纳来自世界各地的道教文化爱好者，不仅为道教徒提供交流平台，也为全世界研究道教文化的学者及道教文化爱好者提供一个交流平台；二是争取每年举办一次国际道教文化交流大会或者单项道教文化国际交流大会，促进中国道教文化走向世界；三是举办道教国际音乐会和道教文化产品展览会，推动道教文化产品和道教文化服务走向世界。

第三部分，建设龙虎山道教文化园区。把最能代表中国文化特色而又产生于江西的陶瓷文化资源和道教文化资源进行有机整合，开发具有世界影响力的道教文化产品和服务，如设立世界最大的道教陶瓷文化产品贸易区，举办世界道教科仪文化研修、世界道教静坐养生文化体验班等。

第五节　小结

无论是综合类还是单项类道教文化资源开发及产业化的发展模式，都具有各自的特点。道教文化资源的开发及产业化因其资源的特殊性，在模式选择上，需要考虑到区域资源的丰裕程度、合格的道教文化资源管理人才及融资情况，最根本的是要有利于道教文化资源可持续发展（保护与传承）和产业化发展的需要。

一 道教文化资源开发及产业化对道教文化资源可持续发展的影响

五四运动以后，对于中国的文化资源（道教文化资源）有四种不同的态度：第一种是全面保护，第二种是批判继承性保护，第三种是继承批判性保护，第四种是全面破坏。过去批判"继承性保护"的比较多，对道教文化资源，笔者以为应该继承"批判性保护"。因为只有先继承保护下来，了解、鉴别之后才可以取其精华，去其糟粕。从历史的角度看，道教文化资源就是不断吸取儒家文化资源、佛教文化资源中的营养，逐步形成的具有多种资源类型和内涵的中华文化；但对于其宗教特性我们需要有包容的心态，选择多样化的方式对道教文化资源进行保护和传承：一方面满足老百姓对信仰文化的需要，另一方面满足社会对道教文化产品的需求。

（1）突出保护道教文化资源的理念。古城类道教文化资源开发及产业化的模式将推动城市发展。"丽江模式"之所以获国际公认，其最可贵的是保护与开发相得益彰，丽江正是因为重视文化遗产资源的保护才建立了文化遗产旅游业的基础。反之，通过旅游业的发展推动道教文化资源的进一步保护和管理，实现了文化产业的可持续发展。布拉德福德成功地实现了由污染严重的纺织城转型为电影城并"嵌入"国际产业链中，带动了城市的国际化，城市文化资源得到保护。"香港蓬瀛仙馆模式"是传承道教音乐内涵和创新道教音乐传承形式的典型案例，每年带动内地在各地举办并走上国际舞台的道教音乐会在社会上反响强烈。

（2）凸显保护道教文化资源的政府角色。生态类道教文化资源开发及产业化的模式，凸显文化与自然资源的有机结合，应由国家统一对文化资源进行保护与管理。100多年来，国家公园制度出现和完善的过程恰恰是一个关注并处理不同群体关于自然文化旅游资源目标不一致问题的过程。虽然不同国家的国家公园制度都会结合本国的特殊情况而形成一定的差异性，但都遵循以下两个基本规则：一是国家公园制度选择了中央政府而不是个人、公司或社区作为自然或文化资源非经济价值的管理者，这说明非经济价值要由非经济的组织机构用非经济手段来实现；二是以美国为代表的西方各国大多通过相关特许经营法律明确允许某些个人或公司而不是政府在国家公园内提供规制下的旅游服务,这符合经济价值要由经济主体来实现的逻辑。"中华灵宝文化产业园模式"中,政府积极参与并提供修路的公共服务,借助灵宝祖庭文化资源的历史地位和辐射影响,利用市场机制对道教文化资源进行整合,在恢复灵宝文化祖庭和保持道教文化资源宗教存在感的前提下,对道教养生文化资源、道教医药文化资源进行开发。

(3) 突出保护道教文化资源的地方特色。"圣达菲模式"是在资源稀缺的环境下创意文化产业的成功案例,虽然没有太多资源,没有公共机场,没有高层建筑,在一片沙漠中创造了奇迹,但这不正是与道教文化资源形成的历史过程一样吗?"龙潭模式"就是由对道教神仙人物葛玄的崇拜而形成了世界金箔生产中心,为当地老百姓带来了巨大的财富。"纳西古乐模式"是以道教经典音乐为依托,为世界游客提供精美的道教古典音乐大餐,并形成了完整的产业链,积累了保护纳西古乐的雄厚资金,使纳西古乐在发展中得到保护和传承。

(4) 突出保护道教文化资源的核心部分。"青城山模式""武当山模式""龙虎山模式""中华灵宝文化产业园模式"等都涉及道教文化资源中的重量级资源,必须重点保护。

二 道教文化资源开发及产业化对经济发展的影响

文化资源是一个国家文化旅游产业赖以生存和发展的基础和依托,道教文化资源是我国传统文化的重要组成部分。学习和借鉴国际上发达国家对文化资源管理、开发和经营的成功经验和做法,对加快我国道教文化资源管理和经营体制重新构建、确保道教文化资源可持续利用、增强我国文化旅游产业的国际竞争力具有重要意义。在参照国际、国内经验的基础上,道教音乐文化资源的开发需要通过产业化运作的思路,在对道教音乐文化资源的开发中传承和保护这世界上独一无二的文化遗产。在丽江、青城山、苏州、武当山等旅游景区都能聆听和感悟到道乐神韵。道教音乐文化资源通过市场化运作的方式正在悄然兴起,这是道教音乐文化产品走出"孤芳自赏"的强烈信号。其实在中国道教文化中,十二生肖的文化内涵也很丰富，覆盖面也很广，如北京白云观、台北指南宫等地的雕刻艺术。

1. 创新道教文化资源开发及产业化的综合发展模式

中华灵宝文化产业园模式是道教文化资源开发及产业化的一种创新模式，综合来看，一是积极响应了国务院出台的《文化产业振兴规划》。二是政府支持力度大，政府投资1.2亿元修建了一条连接高速并直接通往文化产业园区的一级公路，并以葛玄命名，称为"葛玄大道"。三是金融支持到位，省工商银行直接对中华灵宝文化产业园区项目进行考察、论证，以部分道教文化资源的无形资产作为抵押进行融资。四是尊重信仰。将道教文化建设与道教文化资源开发分开运作，对于不可直接参与开发的核心道教文化资源由道教界人士进行运作，对于道教养生文化资源、道教音乐文化资源、道教医药文化资源等则由企业通过市场运作。五是建立了一支具有深厚传统文化素养、懂得企业经营的儒商队伍对道教文化资源进行开发及产业化运作。中国儿童艺术剧院创作的《十二生肖》，其创意、生产、制作和推广由中国儿童艺术剧院参与，把道教民间"太岁信仰"文化资源间接地通过艺术化的方式进行开发。武当山模式运用市场机制组建了一支由道教界、企业、社会人士参与的武当山太极拳团队，包括武当功夫艺术团、武当太极功夫团、道教功夫团，形成了表演、电影、艺术等产业链，吸引了海内外的游客参与和体验。

2. 创新道教文化产品和服务"走出去"的贸易模式

当代陈氏太极拳掌门大师陈小旺在海外有30多万名"洋弟子"，他在首届中央电视台"中华之光"颁奖盛典上，荣膺"中华之光"传播中华文化年度十大杰出人物。陈小旺还通过拍摄影视剧来弘扬道教太极拳文化，对我国文化产业的发展有独特贡献。"十二生肖模式"是中国传统文化"走出去"的成功范例，儿童剧《十二生肖》是中国儿童艺术剧院和澳大利亚国家艺术中心合作的项目，在国外取得了非常好的演出效果和可观的经济效益。"纳西古乐模式"是以道教经典音乐为主，其每天为世界游客提供精美的道教古典音乐大餐，并形成了完整的产业链。但"纳西古乐模式"还要突破传统的道教文化传播方式，创造道教文化传播的新技术路线。创新以文化贸易为路径的道教文化传播形式，重点要加强和促进对道教文化第一层次的道教文化产品和道教文化服务的贸易，即道教文化贸易是在政府的引导下，利用国际文化市场经营道教文化产品和道教文化服务，让世界分享和品味中华文化的魅力和韵味，并在道教文化产品和道教文化服务中体现中国文化的核心价值，带给世界人民健康和快乐，最终实现巨大的经济效益。

3. 创新道教文化产品的生产模式

恩威模式：恩威集团挖掘道教文化资源，研制了一批造福人类的中药品种。经过多年的探索，恩威已由一家只有几十名员工的小企业发展成为以制药为主的高科技跨国企业集团，他们还积极寻找道教文化的发源地，用上亿元帮助恢复位于四川鹤鸣山的道教祖庭。

隆力奇模式：隆力奇积极参与道教文化资源开发的研究与实践，一方面，与科研院所合作开发道教文化资源，另一方面，借助道教文化资源，生产一批符合现代人健康生活的保健产品。在参照企业开发道教文化资源的经验基础上，政府要从科研、财政、金融、投资、贸易等方面给予政策支持，引导更多的科研机构和企业共同挖掘我国道教文化资源宝库，并把中国的传统文化产品推广到世界各国。

4. 道教文化资源开发及产业化

目前，最关键的是政府、企业、道教界还没有形成对道教文化资源价值的深度认识和价值定位。政府定在一个"管"字，企业定在一个"钱"字，道门中人定在一个"护"字。因此要充分发挥道教文化资源的真正价值，需要法律的完善、企业对道教文化资源开发的自律以及道门中人"开门看世界"。

在参照国际、国内经验的基础上，我国道教太极拳文化资源需要整合、规范，由专门的非营利机构来统一运作，广泛进入社区、进入百姓家，在帮助中国老百姓保持健康的过程中传承和保护这一道教文化资源。同时，组建由政府主导，企业、道众参与的道教太极拳文化传播中心，推动道教太极拳文化产品成为我国对外文化贸易的项目，把道教太极拳文化产品卖到世界各地，让世界人民分享中华传统文化。

第七章 结论与建议

随着文化产业的快速发展，文化产业作为支柱性产业在转变经济发展方式中的作用和地位不断突出。随着中国文化"走出去"战略的实施，政府和社会投资者都把目光更多地聚集在文化产业尤其是文化旅游产业的发展上来。在此过程中，道教文化资源作为文化产业的核心要素之一，其地位受到了更多的关注和重视。在道教文化资源得到合理保护和传承的前提下，如何合理、合规、合法开发利用道教文化资源的经济价值，选择合理的产业化经营模式，成为道教文化资源所在地政府进行角色定位并进行机制创新的切入点之一，这也引发了关于道教文化资源作为人类文化遗产、作为特殊资源，其保护与开发的均衡机制如何构建的思考。而相关法律法规的不明确，部门政策文件的相互冲突，又使其成为实践中的一个难题，一个有争议的问题。对道教文化资源的认识，对道教文化资源产业化开发的认可与否，直接关系到道教文化资源可持续发展的路径选择。

显然，传统的道教文化资源单一的管理体制和运行模式已无法适应中国特色社会主义市场经济体制改革不断深入、文化产业振兴规划的落实及弘扬中国传统文化并实施中华文化"走出去"的战略需要，也无法有效解决道教文化资源所面临的严峻的财政约束及自我发展不足的问题。在整个文化市场化改革的大背景下，道教文化资源管理体制改革和机制创新势在必行。问题在于：道教文化资源这一具有宗教性、历史性的特殊资源改什么？怎么改？产业化是否就是最合适的路径？本文从道教文化资源的价值属性和保护的特殊要求入手，从类别比较、区域比较的角度将道教文化资源与其他宗教文化资源进行比较，对我国东、中、西部地区道教文化资源进行 SWOT 方法分析，在对道教文化资源的价值评估、道教文化资源的产权分析、道教文化产品价格分析的基础上，通过总结国外国家公园、国内文化资源产业化经营问题的经验教训，明确了道教文化资源对于扩大中华文化的国际影响力、提升中国文化软实力的深度认识，得出了中国道教文化资源产业化开发问题的基本认识和基本结论。

第一节 结论

中国道教文化资源在文化产业发展中的地位越来越重要，道教文化资源的开发及产业化也成为一种趋势和重要现象。用科学的态度对待产生于中国本土的道教文化资源是很重要的；理性选择合适的道教文化资源开发模式并进行深度开发及产业化是关键；借鉴其他文化资源开发的经验，发挥道教文化资源的养生文化资源、音乐文化资源、生态文化资源等的优势，做优做实道教文化产品和道教文化服务是目标；制定并推动道教文化产品和道教文化服务的"走出去"战略是根本。不能因为出现了一些问题就因噎废食，采取消极回避的态度，或者完全模仿佛教文化资源的开发。只要我们正视开发中形成的负面影响，积极采取应对措施，道教文化产品和道教文化服务就一定能保持自身的独特性和健康形象。它不但不会削弱道教文化资源自身的功能，反而能对道教文化资源的发展、文化遗产的保护和社会教化功能的发挥起到良好的促进作用。

一 科学认识道教文化资源极其重要

（一）科学认识道教文化资源的历史价值

道教文化资源的内涵、道教文化资源的类型、道教文化资源的形成与发展以及道教文化资源的管理体制形成过程告诉我们，道教文化资源在我国文化发展中有着重要的历史地位和价值作用，它以极其丰富的资源类型突破了作为一种宗教信仰上的意识形态功能，形成了道教文化资源的经济价值和竞争力。道教文化资源不仅对前人的物质生活、精神生活产生了重大影响，也对我国古代哲学思想、政治制度、人格理想、伦理道德、科技实践、审美情趣、养生保命、生活习俗等产生了深远影响，而且也对提升我国文化软实力、构建和谐社会、发展经济等具有明显的比较优势。今天，我们许多地方政府仍然把道教文化资源的历史价值作为发展经济的重要资源。

(二) 科学认识道教文化资源的经济价值

道教文化产品作为特殊的"准公共品"，既有一般准公共品的共性特征，又有其特殊性要求。从共性来讲，道教文化资源形成的风景名胜区门票的设立使之具有排他性，这种排他性产生的较大内部效益为市场提供带来了可能。但道教文化资源的价值特性和保护的特别要求，又决定了道教文化产品和服务的提供不能与一般"准公共品"的提供方式相同，这也是道教文化产品和服务作为特殊准公共品的"特殊性"所在。从理论上讲，道教文化产品和服务的提供可采取市场与政府相结合的方式，其中，政府提供的份额应建立在成本—效益分析的基础上。需要指出的是，如何确保"道教文化资源优先保护原则及代代享用"，是成本—效益评价要素中的一个决定性因素。

随着文化旅游业的兴起，我国道教文化资源在产业经济学上的价值日益凸显，尤其是将道教文化资源和优美自然环境相结合的杰出代表的世界遗产，其品牌效应及其特殊资源凸显的垄断经营的价值内涵，更会为地方带来巨大的社会效益和经济效益。大部分道教文化资源属于不可交易型产品，不能直接进入市场流通，普通经济规律不能发挥作用。比如，道教祖庭文化资源、道教神仙文化资源、道教仪式文化资源、道教节日文化资源、道教劝善文化资源等，它们属于道教文化建设方面的范畴，而且只能由道教教职人员参与建设和保护，但其可以间接地为所在地带来综合经济利益。例如，道教文化资源的品牌效应能够直接促进文化旅游业的发展，从而带动交通、住宿餐饮、商业等各行各业发展，增加就业机会。

(三) 科学认识道教文化资源的多元化价值

在坚持道教文化资源社会所有的前提下，哪些道教文化资源能够进行产业化开发，主要看其是否有利于道教文化资源的可持续发展，这主要包括三个方面：一是有利于道教文化资源的科学保护和合理利用；二是有利于道教文化的自身发展；三是有利于道教文化资源所在地的经济发展和社会进步。其中，道教文化资源的科学保护和合理开发是道教文化资源可持续发展的基础，也是制定道教文化资源产业化开发经营政策的重要前提，因此，应树立对道教文化资源"保护为先"的理念，也就是在道教文化资源产业化开发过程中，把道教文化资源的保护放在第一位，而把开发经营放在第二位，在经营中不能随意改变道教文化遗产资源原有的风貌。但是，"保护为先"绝非简单地维持现状，不做任何改变地任其自生自灭，而应树立科学的道教文化资源发展观，在发展中寻找更好的保护方式。应允许道教文化资源所在地积极探索适应文化产业发展需要、适应本地道教文化资源保护的机制，在政策法规的范畴内开展试验，通过对道教文化资源价值的评估分析，道教文化资源可以成为区域文化产业化开发或形成文化产品的核心竞争力。

（四）科学认识社会资本是道教文化资源开发及产业化的关键

国际、国内的经验告诉我们，道教文化资源开发及产业化需要社会资本的参与，这是解决道教文化资源开发与保护的根本所在。在开发过程中，在明确各产权主体的责、权、利的同时，构建独立、权威、监督有力的规制体系必不可少。应改革现有的规制管理体制，通过明确规制主体和完善规制法律等手段，对道教文化资源产业化开发依法、有效进行控制，促使企业产权激励有效与道教文化资源产权激励有效协调一致。

本文认为，第一，道教文化资源开发及产业化是实现道教文化资源可持续发展的一种途径。要传承和保护道教音乐文化资源、道教养生文化资源、道教医药文化资源等道教文化资源，并在全球文化中占有一席之地，需要道教文化资源产品化、产业化。道教文化产品能否得到有效文化消费需求的引导，能否得到资本的认知、认同和认购，只有用文化经济的流程，通过文化供应链、产业链，将优秀的道教文化资源转化为可购买的"文化商品"，才能有效激活"道教文化生产力"，实现道教文化的社会价值和经济价值。可见，道教文化资源的开发与利用在于产业化。道教文化资源的产业化依赖于产业的发展。道教音乐文化资源、道教养生文化资源、道教医药文化资源等并不是关在"玄门"中"沉睡"的奢侈品，而应该通过市场化运作，让道教音乐文化产品、道教太极拳文化产品、道教饮食文化产品、道教酒文化产品、道教养生方法等成为老百姓健康的普遍需求，同时也有利于道教文化资源的保护和传承。

第二，道教文化资源开发的规模化经营有重要意义。目前，我国文化产业在某些行业尤其是文化旅游业的市场集中度不高，企业规模偏小，条块分割比较严重，没有实现规模化经营，陷入"文化资源开发—旅游亏损—文化资源重复开发"的怪圈，既破坏了现存的珍贵历史遗迹，又没有产生经济效益，道教文化资源的开发也是如此。因此，可以实现"区域性寡头垄断"经营，以利于整合道教文化资源进行产业化经营，实现规模效益。这样做，一是因为"寡头垄断"有利于区域对本地的道教文化资源有效整合，并实施对道教文化资源的有效保护。如西方国家的石油、汽车等行业普遍出现寡头垄断，而且新闻传播与影视等文化产业的市场集中度也在迅速提高。二是因为"寡头垄断"有利于市场的稳定，在市场结构中只有少数几家大企业经营，企业进出频率低，有利于对道教文化资源的保护和合理利用，促进企业持续发展。三是因为"寡头垄断"有利于提高创新能力，道教文化资源在不断的创新发展中孕育出极强的生命力，因此，企业对道教文化资源的利用必须遵循道教文化资源成长和发展的规律，以"敬畏"的理念创新资源利用模式，在道教文化资源的第一层次开发出适应大众所需并能走向全球的道教文化产品和服务。四是因为"寡头垄断"有利于政府对道教文化资源开发及产业化的引导与监管，并降低监管和寻租的成本。

第三，选择道教文化资源开发及产业化恰当的模式有利于道教文化资源保护和传承。道教文化资源的经济价值比较分散，且道教文化资源区域性比较优势明显，因此，需要选择不同的道教文化资源开发模式，使道教文化资源得到科学利用，实现可持续发展，并得到传承性保护。可以参照国际、国内对文化资源（道教文化资源）开发的经验有针对性地选择一些合适的模式进行开发及产业化。

第四，要实现道教文化资源开发及产业化需要具备道教文化背景的人才来运作。道教文化资源种类比较多且历史悠久，道教文化资源管理需要综合素质高的道教文化管理人才，尤其是需要从事文化贸易的人才。

二 道教文化资源开发及产业化的发展需要彰显爱国主义精神

道教是中华民族土生土长的传统宗教，道教文化诞生于中华大地，道教文化资源是吸收中华民族传统文化的乳汁而形成的，与我国传统文化资源的许多领域都有血肉相连的密切关系。在长期的发展过程中，道教文化资源对我国古代的思想文化和经济社会的各个领域都起到了巨大而复杂的辐射和带动作用，产生了深远影响。直到今日，道教文化依然在中国人的生活方式和文化构成中显示出独有的生命力，道教文化资源开发及产业化依然被政府、企业作为经济、社会发展的一个愿景，道教文化产品和道教文化服务依然为许多中国人所选择。道教文化资源是中华文化资源中的一部分，中华文化是爱国主义的基础。因此，无论是选择哪种道教文化资源的开发模式，无论是把道教文化产品和道教文化服务输出到哪个国家，无论是通过道教文化资源的开发拥有了多少财富，都必须彰显爱国主义精神，必须对体现我国传统文化的道教文化资源给予维护，并尽力反哺。

三　制度建设是道教文化资源开发及产业化的根本保障

道教文化资源管理体制的建立是道教文化资源开发及产业化发展的重要课题。改革开放 30 多年来，我国文化赖以生存和发展的经济基础、体制环境、社会条件发生了深刻的变化，同时我国文化体制改革也取得了相当的成绩，但从解放和发展生产力的现实需要来看，需要破除道教文化资源产业化发展的体制障碍。应在以下几方面努力：

首先，加快培育提供道教文化产品和服务的市场主体。道教建筑文化资源、道教生态文化资源等公益部分的资源，应作为文化建设项目由政府扶持；道教神仙文化资源、道教科仪文化资源、道教节日文化资源、道教劝善文化资源等涉及信仰的核心资源，应作为道教信仰文化建设项目由道教人士按道教规制运作；道教音乐文化资源、道教养生文化资源、道教医药文化资源等，应作为文化产品经营项目由企业按照市场经济规律建立现代企业制度进行市场运作。

其次，加快文化产业结构调整，努力满足人民群众多层次、多方面的需求。除借助旅游、电视、电影等大众化的方式传承道教文化和开发道教文化资源，还要通过动漫、艺术表演、出版、雕塑、陶艺、刺绣等现代和传统的方式传承道教文化。

最后，明确道教文化资源的管理主体，统一对道教文化资源进行管理。传统的道教文化资源管理体制及运行机制的弊端是有目共睹的，管理部门多，资源利用率不高，尤其是对世界级、国家级的道教文化资源过度商业化，造成了对道教文化资源的严重破坏，引起了业内外人士的极大关注和深度忧虑，不少学者借鉴国外国家公园的管理模式也提出了一些建议。对此，笔者认为，要明确道教文化资源统一管理的主体和范围：一是统一管理的主体，成立专门的文化遗产管理机构，将现在由文物部门管理的文化遗产、环保和林业部门管理的自然遗产以及由建设部门管理的以"风景名胜区"和"历史文化名城"冠名的遗产资源统一归口管理。二是针对道教文化资源中具有巨大历史价值和巨大国际影响力的道教祖庭文化资源、道教洞天福地文化资源等世界级和国家级文化遗产交由国家统一的文化遗产机构管理，并统一规划、统一设计、统一对外、统一授权。三是建立由文化部牵头，有关部门、协会、专家学者共同参与的综合事业单位机构。与此相对应，地方政府也可以采取类似的办法，解决现行管理体制中的政策冲突、互相扯皮、有法难依等问题。

四 价值评估是检验道教文化资源经济性的一种有效方法

成熟的资源具有更好的发展空间和发展潜力，也更容易形成良好、健康的传承机制，同时对资源的环境也具有很大影响。道教文化资源经过数千年的大浪淘沙，可以说能够留存到今天的大部分都是积淀很深、很成熟的中国传统文化资源。中国许多的思想文化都汇集于道教，并且借助道教的经典留存下来。这表明道教文化资源在中国传统文化中作为一种成熟的文化资源有着极其重要的地位。通过对道教文化资源品相、道教文化资源价值、道教文化资源效应、道教文化资源预期、道教文化资源传承五个方面的评估，可以认定道教文化资源是一种具有经济价值的资源，能够形成道教文化旅游产品、道教音乐文化产品、道教养生文化产品等并对其进行产业化运作。

五 比较优势是道教文化资源开发及产业化的基础

作为人类发展进程的信息载体，文化是整个人类社会的缩影。长期以来，不同地域的人们由于所处自然环境及人文环境的不同，形成了各具特色的地域文化，与其他宗教文化资源最明显的区别是，道教文化资源不仅具有精神价值，而且还具有"物质功能"，可成为促进经济增长的诸多资源之一。有的道教文化资源可以直接成为经济增长资源，有的间接带动经济增长。在现实中，道教文化资源在区域经济发展中的重要作用也日趋增强。中国经济发展最大的特征就是区域发展极不平衡，东、中、西部经济发展水平有很大的差距，资金、技术、投资等固然是产生这些差距的影响因素，但文化资源也是造成这些差距的另一个重要影响因素。随着市场经济的纵深发展，文化产业的不断发展，道教文化资源将成为区域经济发展的比较优势资源。

六 创新精神是选择道教文化资源开发及产业化模式的依据

由于道教文化资源产业化的开发尚处于初级阶段，其产业发展的规模、产业链的形成、产业集聚的力度处于弱势状态，尤其是缺乏对道教文化资源产业化的保障机制，因此，要学习和借鉴道教文化资源开发及产业化的国际、国内经验，大胆实践，不仅可以运用国内资本还可以引进国际资本；不仅可以在道教文化资源所在地开发，也可以在市场基础比较好、资本充足的发达地区运作；不仅可以在国内开发，还需要走出去到境外去经营。

本文认为，道教文化资源积累到今天主要是创新的结果。在今天，对道教文化资源的开发及产业化需要进行技术创新、管理创新和制度创新。一是技术创新。需要借鉴"恩威模式"和"隆力奇模式"，以新技术对道教文化资源进行开发及产业化，创造道教文化新产品，创造企业利润。二是管理创新。需要借鉴"纳西古乐模式"和"中华灵宝文化产业园模式"，对道教文化资源进行有效整合，培养和吸纳懂道教文化、懂企业经营的综合人才。三是制度创新。要将以政府支持为主转化为以市场支持为主，发挥市场在资源配置中的基础作用。可借鉴"圣达菲模式""纳西古乐模式""龙潭模式"等，以市场的力量配置道教文化资源，并为消费者提供满意的道教文化产品和道教文化服务。

七 道教文化产品和道教文化服务"走出去"是一种战略性的理性选择

我们应该反思，西方通过一系列政治、经济和文化手段取得了文化的优势地位,东方的文化产品"走出去"将会起到什么样的作用?"走出去"战略可否以更为强健的姿态参与构建新的当代世界文化图景?在中华文化中,占有重要地位的道教文化资源形成的文化产品和文化服务又该如何发挥作用?国家的整体文化命运不仅是建设和发展的问题,更是关乎盛衰兴亡的国际政治问题。中国文化产品和文化服务需要明确自己的战略,不是在既有的游戏规则下争取部分话语权和利益,更不存在吞并或改造其他文化的企图,而是要明确如何让传承几千年的中华文化摆脱无声和边缘的状态,为世界文明整体推进与和谐发展贡献自己的力量,真正发出东方文明的声音,为人类的文化未来提供更多的选择。

同时,需要对道教文化产品和道教文化服务进行"文化输出"。一方面,在全球化时代,道教文化产品和道教文化服务"走出去"的文化战略更多地关注文化传播的技术策略;另一方面,"走出去"的道教文化产品和文化服务战略是整体性和前瞻性的。道教音乐文化产品、道教养生产品等"走出去"的道教文化产品和道教文化服务不是针对眼前的蝇头小利,而是针对在世界文化圈的竞争博弈中,如何在未来保持中华文化的活力和生命力,它必须面对未来50年、100年以后的文化命运。本文认为,应该借鉴"龙潭模式""陈小旺模式""武当山模式"等走国际化道路,把道教文化产品和道教文化服务"卖出去"。

第二节 政策建议

一 建立道教文化资源的产权制度

道教文化资源要实现科学、合理、可持续地开发利用,使之能够带动文化产业的发展,应重点建立道教文化资源的产权制度,以制度规范政府、企业、个人对道教文化资源的有偿使用并进行特许经营。

(一) 道教文化资源所有权的问题

道教文化资源不同于一般的事物,道教文化资源是中华民族几千年积累的文化软实力资源。在道教文化资源所有权制度的设计上,必须立足于社会整体利益,确保国家所有权的主体地位,制度建设的重点应放在树立什么样的指导思想并以什么样的方式和途径推动国家所有权的有效实现上。根据道教文化资源的多样性及其在社会生产生活中的重要意义，立足于我国国情，道教文化资源产权制度应包括以下几方面。

第一，不可动摇道教物质文化资源的国家所有权。道教物质文化资源包括道教文物、道教建筑文化、道教遗址文化、道教文化景观等，它们具有鲜明的不可再生性。对于这类道教文化资源世界上大多数国家都建立了单一的国家所有制度，在我国也一样，所有权归国家，私人、企业和其他社会组织可以依法取得经营权。

第二，不可再生道教文化资源应属国家所有与集体所有。道教建筑文化资源（包括雕刻、壁画、造像等）、道教经典文化资源（如《道藏》）、道教科仪文化资源、道教节庆文化资源等这类资源是全民性的活的记忆，是中华民族宝贵的文化资源和连接民族情感的纽带。对这类道教文化资源的产权界定，应确认为国家所有和集体所有的性质，有相应法律保护产权的排他性，社会其他主体不宜享有所有权。在我国社会主义市场经济条件下，解决这类道教文化资源的有效配置和激励作用行为，应在国家所有和集体（道教团体）所有的前提下依法建立起市场化的经营权制度。

第三，非物质可再生、可移动道教文化资源可采取多元主体所有。非物质可再生、可移动道教文化资源主要包括道教美术、道教书法、道教音乐、道教养生等，它们富有"生命"，以现实生活为基础，且不断创造出新的道教文化产品。非物质可再生、可移动道教文化资源以其不同属性，可以满足不同社会生产生活主体的不同需求，在使用上表现出较强的竞争性。世界级的道教美术书法作品，有晋代顾恺之的《刘仙像》、唐代吴道子的《天尊像》和《列圣朝天图》、元代著名高道黄公望的《富春山居图》、20世纪张大千的《老子挂犁松》和《庄子诗意》等。非物质道教文化资源涉及全社会公共利益，代表国家软实力的道教文化资源应确立为国家所有；对于与集体生活关系密切的道教文化资源应确立为集体所有（社团产权、俱乐部产权），如道教音乐（如国家级非物质文化遗产苏州玄妙观道教音乐、武当山道教音乐、青城山道教音乐等）、道教武术、道教医药等；对于省级以下、一般的非物质可再生资源、可移动道教文化资源，私人、企业、团体可确认其所有权，即国家可以通过拍卖或授权的方式将其所有权转让给其他经济主体。

第四，对于道教文化资源应建立国家所有权制度，明确认定其属于国有财产，同时建立道教文化资源分级集中管理体系，世界级、国家级道教文化资源统一改为国家公园，允许特许经营和租赁经营。

（二）道教文化资源管理权的问题

第一，应建立道教文化资源分级集中管理体系。国家级道教文化资源与其他文化资源、自然资源统一归口为国家公园，由国务院下设的国家公园管理局全面负责管理；省级道教文化资源与其他文化资源、自然资源归口统一改为省公园，由省政府下设省公园管理局全面负责管理；市（县）道教文化资源与其他文化资源、自然资源归口统一改为市（县）公园管理局负责。这样做，一方面考虑到不同等级的道教文化资源所面临的问题与管理目标的不同而进行差异性安排，另一方面则考虑到国家公园管理局—省公园管理局—市（县）公园管理局作为唯一的政府管理机构，集中对各级公园进行管理和环境质量管理。

第二，应允许对具有旅游价值和能够直接经营的道教文化资源进行特许经营。特许经营需要设定合理的特许经营时间长度和特许经营费；对特许经营企业需要约束其具有负外部性的行为，同时要满足道门中人修真、传承的需求及享受基本的国家福利政策，满足当地社区居民的就业需求。

第三，应建立公平的利益分配机制。国家公园和特许经营的收入要上缴国家财政，并作为国家公园资源保护专项资金，在保护专项资金中要专门明确道教文化资源的保护专项资金。

（三）道教文化资源经营权的问题

面对我国道教文化资源被滥用的严峻形势，应尽快完善这类资源的所有权制度，并通过其使用权的有偿制度和竞争性的取得来提高道教文化资源的使用效率，同时保证国家作为道教文化资源所有者的根本权益，形成科学、合理的道教文化资源的经营观。

第一，实现道教文化资源所有权、管理权、经营权的分离，在国家所有或集体所有的前提下构建市场化的经营主体。道教文化资源所有权归国家所有，所有权的代表应是国务院，产权意义上的管理权归国务院指派的权威部门统一行使,参照国有企业由国资委统管的办法,建立自上而下垂直领导的道教文化资源产权管理体制。

第二,应引入民营、私人、外资等多元主体,参与道教文化资源使用经营的竞争,在竞争的前提下,授予特许经营权。具体来讲,对道教文化资源区内和核心区的部分,可由道教文化资源管理单位实施非营利性经营;对于道教文化资源区外和核心区外的部分,则应交给经营企业和单位开发经营。

第三,政府应介入道教文化资源的使用经营。对于公共性和外部性很强的道教文化资源,应由政府公共部门经营,或在政府管制下经营;对于排他性、竞争性强,公共性和外部性相对较弱的道教文化资源,应让经营权进入市场交易,由市场主体提供竞争获得。

第四,应建立和完善道教文化资源使用权的有偿使用制度,根据不同道教文化资源的性质和用途,规定不同的使用税费。对于一般性非物质可再生、可移动的道教文化资源实行市场定价,对公共性资源实行限价使用制度。

二 建立道教文化资源开发及产业化的支持和服务体系

政府一方面应加强对道教文化资源的开发,加强监管,另一方面也需要为道教文化资源开发企业提供全方位的支持和服务,从而为道教文化产品服务大众并为"走出去"创造更加有利的条件。

(1) 信息服务。为投资道教文化资源的企业制定包括宗教文化资源使用的政策法规,提供文化产业发展变化趋势、市场需求情况,其中包括道教文化产品"走出去"的对象国当地的政治局势、政策取向、法律法规、经济情况、外汇管制情况等。

(2) 财政支持。财政支持是道教文化资源产业化开发的重要手段,一是应对公路、水电等公共项目给予平台支持;二是税收政策给予倾斜,投资初期(3~5年),由于企业经营不稳定,盈利水平较低,可以对企业给予所得税减免,并且鼓励企业将所获利润充实资本金,帮助企业渡过困难期;三是对到境外投资道教文化资源的文化企业作为投资的出境设备、原材料等实行全国统一的出口退税政策,要改"先征后退"为"免、抵、退"。

（3）金融促进。一是应放宽对道教文化资源投资开发企业的约束，在宏观政策允许范围内，对其给予适当的扶持；二是应建立对道教文化资源投资开发的信用机构，国内商业银行可以根据实际情况采取多种信贷方式和手段支持文化企业对道教文化资源的投资开发；三是应放松对境外投资道教文化资源的外汇管制，对于在境外投资道教文化资源的文化企业在外汇使用和结汇等方面给予更多的自由和方便。

（4）投资保护。道教文化资源的开发是一项新兴产业，尤其是对境外的投资，无论是商业风险还是政治风险都很大，因此，需要尽快建立和完善我国道教文化资源产业化投资保险制度，不断形成我国道教文化资源产业化的大环境。

三 对具有重大价值和影响力的道教文化资源进行保护性修缮规划

建议由政府组织高校、科研机构对全国道教文化资源情况及潜力优势进行全面、深入的调查。在充分调研的基础上，提出在海内外具有重大影响、最具代表性的"洞天福地"（"十大洞天""三十六小洞天""七十二福地"）以及道教宫观建筑进行统一的保护修缮规划。保护修缮规划对保护中国传统文化资源，提升中国传统文化的软实力，发展道教文化旅游产业具有重大而深远的意义。

自改革开放以来，全国的道教名山、宫观胜迹在各级政府及有关部门的关心和支持下，道教"洞天福地"和道教宫观建筑不断得到维护和修缮，成为地方发展经济的重要资源，但由于各地政府的偏好不一样，目前，还有许多"洞天福地"和宫观建筑面临消失的危险。因此，需要对最具代表性的"洞天福地"进行统一的保护修缮规划，建立政府主导，社会、民间参与的机制。

（1）限制数量。建议控制没有多少价值和地位的道教宫观建筑的数量，支持保护和恢复一批具有历史地位和影响力的道教建筑文化资源，借助中央及各地财政资金的支持，恢复和保护道教祖庭、"洞天福地"（"十大洞天""三十六小洞天""七十二福地"）、五岳名山的道教宫观建筑，并借鉴美国、日本、韩国等国的国家公园模式，对道教宫观建筑进行统一的保护修缮规划，如道教正一派天师道祖庭江西龙虎山上清宫、灵宝派祖庭江西樟树阁皂山大万寿崇真宫、净明派祖庭江西新建西山万寿宫，全真派祖庭陕西户县重阳宫、北京白云观，山西芮城永乐宫，"天下第一洞天"河南王屋山、"第一福地"江苏茅山、陕西终南山、湖北武当山、山东崂山等道教文化资源名胜地。

（2）区别对待。建议区别道教物质文化资源和非物质文化资源中特别需要保护的道教祖庭文化资源、道教建筑文化资源、道教科仪文化资源、道教音乐文化资源、道教养生文化资源、道教医药文化资源，原则上应严格区别道教文化资源保护项目和经营性项目，仅允许经营性项目以特许经营方式进入市场，道教文化资源保护项目则由国家财政、社会、道观共同负责。鉴于目前道教宫观的困难，以国家财政支持为主。对于道教养生文化资源、道教音乐文化资源、道教医药文化资源等应以市场经营为主，但在经营中应建立确保公益性保护和传承道教文化资源的机制，使道教文化资源在生产中既服务于大众又得到保护和传承。

（3）统一规划。建议对道教祖庭资源、道教洞天福地资源、道教名观名胜风景区资源统一规划，实行规划专家和机构相结合的审查制度，明确道教风景名胜区的规划资质。

（4）建立机制。建议加强国家宗教事务局和中国道教协会在规划、协调等方面的合作，建立道教文化风景名胜区综合协调机制。

（5）完善法律。建议逐步建立加强相关道教文化资源利用的法律法规体系，出台道教文化资源风景名胜区管理的法律法规，避免部门法规条例相互矛盾的情况，从而才能够从根本上解决道教文化资源被滥用、使用不当或无人负责的情况。

四 推动道教文化资源开发及产业化的区域性合作

进入21世纪，中国文化产业集聚发展的态势逐渐形成，以长三角城市群、珠三角城市群、环渤海地区、东北地区、中西部城市群及具有地方特色的文化产业园区为重点，我国形成了若干个有规模效应的文化产业集群和文化产业园区。可以预测,中国文化产业集聚发展将成为2011~2020年中国文化建设的一个重要方向。发达国家的产业集群是在工业化快速发展的阶段开始出现的,而中国现代化具有后来居上和地区发展不平衡的特点。我国既要加快实现国家的工业化和城市化,又要迎接知识化、信息化和生态化的浪潮。中国文化产业的发展不能重复发达国家的老路,而必须从中国的国情出发,充分利用中国的文化资源(包括道教文化资源在内),制定文化产业发展战略,以推动中国文化产业的核心竞争力获得历史性提升。

在制定道教文化发展战略时,需要引导东、中、西部地区的合作与互补,利用东部地区的过剩资本转移到中西部地区,促进东、中、西部地区资金、人才、技术以及道教文化产品与服务的自由流动,从而形成道教文化资源开发及产业化的集聚力量。

道教文化资源具有区域特色,是形成区域文化品牌的要素,各地应根据道教文化资源的要素禀赋程度,纳入区域经济发展战略中,并选择不同的开发模式。

(1) 东部地区应做细、做优道教文化旅游产品。道教音乐文化产品、道教养生文化产品可通过市场和公益运作方式进行。如,举办国际道教音乐节,在一些有条件的道观面向游客设立专场道教音乐演出;道教科仪文化资源、道教劝善文化资源、道教神仙文化资源、道教节日文化资源由道教教职人员按照道教文化资源的内涵进行演示,增加旅游的道教文化特色。

(2) 中部地区应以道教建筑文化资源为核心,打造一系列道教文化旅游产品并形成主导产业,以此吸引大量彼此相联系的道教文化资源产品开发企业群和相关的服务机构,并通过内部和外部有效的激励,使得它们尽快扩大国际影响力。一是重点加强江西龙虎山天师道祖庭——上清宫、江西樟树阁皂山灵宝派祖庭——大万寿崇真宫、江西新建西山净明派——万寿宫、江西婺源五显大帝——灵顺庙、江西南城麻姑山——仙都观、江西峡江玉笥山——承天观以及山西芮城道教全真派祖庭——永乐宫等道教祖庭的建设,吸引海内外香客到祖庭朝拜,以此带动交通、餐饮、住宿等服务业的发展。二是充分挖掘武当山道教太极养生资源,扩大陈小旺太极文化发展网络，开拓海外道教文化旅游市场，以道教文化资源优势提升中部地区文化旅游业的发展。三是融入地区经济发展的战略格局中，借助政策、环境、资金的优势推动道教文化资源开发及产业化发展。

（3）西部地区应对道教文化资源的内涵和外部环境进行优化，促进道教文化资源形成文化旅游产业。一是保持道教文化产品的多样化，将道教文化与民族文化相结合。如，丽江纳西古乐是道教文化与民族文化有机结合的经典模式，为了挖掘道教地母文化信仰资源，云南省委、省政府将其列为2012年云南省十大文化建设项目，地方政府在政策、资金方面给予大力支持。内蒙古自治区则充分利用成吉思汗与道教文化的渊源及草原生态文化资源的优势，大力开发具有吸引国内外信众和游客的道教文化旅游产品。二是加大落实宗教政策的力度，借助政府的支持，恢复道教宫观的功能，改变道教宫观被占用的现象，并修复一些在历史上有影响力的道观。三是改善道教文化资源产业化发展的外部环境，尤其是要重点改善基础设施。因为交通不方便，一些丰富多彩的道教文化产品不能为外界所知。四是借助《中国－东盟全面合作框架协议》，利用道教文化资源在东盟国家深厚的基础，建立道教文化产业园区发展文化产业。如为弘扬道教净明文化，在遍布西南地区的万寿宫的基础上，建立中华净明文化产业园。

五 制定道教文化产品和文化服务"走出去"的战略

我国不需要模仿西方的文化产业发展模式，而是要根据我国国情，发挥我国文化资源的比较优势，突出传统文化强劲而持久的资源优势，形成我国文化产业的核心竞争力。道教文化资源在我国具有独特的资源优势和传播优势，道教音乐文化资源、道教养生文化资源、道教建筑文化资源等直接开发为文化产品，很容易被世界人民所接受，其中蕴含着巨大的商机，可成为我国发展对外文化贸易的产品之一。对道教文化资源开发及产业化不仅可以带动文化产业的发展，还可以抵御外来文化的渗透。

通过对外文化贸易可将优秀的道教音乐文化产品、道教养生文化产品、道教建筑文化产品、道教生态文化产品推向国际市场。道教文化为中国文化"走出去"所做的贡献是显而易见的，道教文化产品和道教文化服务具有一般商品的共性和文化商品的特殊性，既有难以估量的文化价值，也有每个消费者都承认的商品交换价值。通过道教文化贸易而"走出去"的道教文化产品和服务，是在国际贸易规制下平等交易的结果，而具有广泛的商品交换价值的文化产品，往往也是最具群众性的文化产品。

除了获得经济利益，国家对外文化贸易更为关注的是在外交和文化传播方面的辐射作用。因此，为让世界全面了解中国，要进一步发展文化贸易，变"送出去"为"卖出去"，以适当的价格提供受全世界人民欢迎的道教文化产品和道教文化服务。

六 推动道教文化资源开发及产业化的政府规制创新

在文化产业蓬勃发展的今天，挖掘道教文化资源不仅是必要的，而且是必须的。道教文化资源是一种特殊的文化资源，在发展文化产业的过程中，它既是一种文化服务，又是一种文化产业。而文化服务和文化产业又有很大的差别：文化服务强调文化的公共服务性，文化产业以文化为内容和形式去赚取利润。道教文化资源特有的神秘性使得我们在面对道教文化资源开发及产业化的时候，会想到经济的运作是否会亵渎道教文化；而如果把道教文化资源原封不动地尘封在道观之中，又几乎是不可能的，因为很多地方已经利用道教文化资源来获得经济利益。所以，在利用道教文化资源发展文化产业时，政府要正视市场经济和文化产业发展的现实，并制定相应的措施：一是实施进入规制。非道教教职人员或非道教团体禁止参与道教内部的管理活动（如财务）和经销道教用品、道教文化艺术品、道教出版物。二是实施价格规制。对道教文化资源景区的门票价格或道教文化产品价格要进行规制，不能把道教场所变成地方政府或企业的一棵"摇钱树"，把道教文化资源变成企业的"百宝箱"，而把广大的信教群众排除在外——过高的门票价格让广大信教群众望而却步。三是实施接入费（门票）使用的规制。对于道教文化资源旅游景区门票的使用，要考虑道教宫观的利益分配，其资金使用要严格按《宗教事务条例》的规定，只能用于道教文化事业的发展以及公益事业；对道教团体或道教宫观资金的使用有关部门也要加强监管。四是政府要对经营道教旅游景区文化资源的企业实施特许经营。特许经营期过后，应该把使用权和管理权交还给道教团体或道教场所，归真历史原貌。

（一）明确规制主体

设计规制主体结构应考虑专业性，由于道教文化资源规制涉及人类学、社会学、民族学、宗教学、道教史、历史学、语言学、考古学、民间文学、旅游学、法学、经济学、公共管理等多方面的学科知识，因此，在设计主体结构时，可以考虑聘请一些有专业背景的人才充实到规制主体结构中。有道教文化知识背景的专家或学者，可以避免因不尊重宗教习惯而导致不必要的误解。

（二）创新规制模式

现行的道教文化资源规制模式是"行业规制"或"部门规制"，即道教文化资源规制由建设部门、文化部门、宗教事务管理部门、文物管理部门、旅游管理部门等从行业的角度出发进行规制，这往往造成谁都有权管，而谁都不管、谁都管不好的"多头规制、互相冲突"的乱局。这个乱局不仅使道教文化资源得不到保护，企业经营者的利益也难得到保证，而且广大的消费者和众多的信众都可能成为受害者。如果处理不当，很可能引发群体事件，产生严重的社会后果。因此，一方面，必须建立独立、完整的道教文化资源产业化开发与保护的监督体系，该体系包括国际组织和国际公约的监督、国家法律法规监督、规划系统的监督、社会媒体的监督、经济手段的监督和制约；另一方面，可结合中国国情对政府监管进行规制影响评价，其目的在于，发现政府对道教文化资源的执行力和规制政策效率的影响因素，提出强化规制执行力和提高规制政策效率的相应机制。

（三）充实规制法律

法律法规是各国政府解决外部性问题最基本、最常用的政府规制政策。其特点是：第一，政府可以利用自己的强制权，对道教文化资源核心部分禁止某些人擅自进入，从而防止对道教文化资源的破坏（人们越来越认识到，道教文化资源正从传统的使用方式走出来，成为市场交易的对象和商业利润的来源)。笔者建议,对《宗教事务条例》进行适当修改和提升,要明确在历史上有地位、有影响的宗教文化遗产由宗教界来参与管理,并明确宗教非物质文化遗产的经营由宗教团体授权给企业;《文物法》和《非物质文化遗产法》需要明确对宗教文化遗产保护的条规。这里的"提升"主要是指《宗教事务条例》由全国人大来颁布,要明确规制手段,增强规制功能。第二,政府可以按照某种保护道教文化资源的原则,规定利用道教文化资源的具体行为,如道教文化资源核心景区的基础设施和旅游服务设施的面积、高度、外装修颜色、道路的等级及标识等。道教文化内涵深厚,在实施保护措施时,必须听取道教教职人员和道教文化学者的意见,这也是对道教人士的尊重。为了落到实处,建议政府制定相应的规定。第三,政府可以对违反规定(允许做什么)、突破禁令(不允许做什么)行为的惩罚措施作出规定。我国应学习和借鉴国外保护宗教文化资源的经验,抓紧制定有关道教文化资源保护和开发利用的法律,并建立保护道教文化资源的一个常设机构和监督机构,如制定《宗教文化遗产保护法》,在全国各级人大宗教工作委员会中增设宗教文化遗产保护机构。

第三节 结束语

几千年来,中国道教文化积累了丰厚的资源,还可以让我们这一代享用,如果再不采取措施去抢救,那么我们的后代将不知道道教文化资源产生于中国,也不了解道教文化资源的千年价值和巨大的正能量。笔者选择"中国道教文化资源开发及产业化"这个课题是受文化大师、国学大家南怀瑾先生文化思想的启发,也包含先生弟子们的鼓励,并得到导师的支持和指导。目前,在国内对这个课题的研究还没有系统的研究成果,因此,对这样一个关系道教文化资源可持续发展、关系道教文化事业发展与文化产业相互协调、相得益彰的热门话题展开专题讨论,确实很有必要也很有意义。

首先,由于问题的复杂性、敏感性及占用资料的零星、有限,本文尚未解决与道教文化资源开发及产业化相关的所有问题。比如,运用评估模式只对道教文化资源的综合旅游价值进行了分析，没有针对不同类型的道教文化资源的价值进行评估。实际上，每一种道教文化资源其产生和形成的年代不一样，其对经济、社会、生态文明建设等的作用都不一样，其价值也不一样。本文首次引入评估模型对道教文化资源价值进行分析，证明部分道教文化资源存在经济价值，是形成道教文化产品和服务的基础。

其次，本文将道教文化资源的开发及产业化与佛教文化资源的开发及产业化进行比较，只是简单分析，没有深入比较、借鉴。

再次，由于数据缺乏，本文尚未建立道教文化资源开发及产业化与地方经济增长的模型。

总体来说，本文首先梳理了道教文化及资源的形成与发展，提出道教文化资源是人类劳动创造的成果，是一种"有用"的资源，并从经济学角度分析了道教文化资源是一种特殊的"准公共品"，提供了道教文化资源开发及产业化开发的模式及内涵分析，从而引出了道教文化资源开发及产业化需选择符合我国国情、符合道教文化资源特色、符合道教文化资源可持续发展的要求。与现有对道教文化资源开发及产业化话题的研究成果所不同的是，本文首次运用比较优势理论、产业集聚理论及SWOT方法，剖析了道教文化资源在城市经营、生态经济发展、文化产业园区及区域经济发展的比较优势和竞争力，回答了企业和政府相关部门对道教文化资源关注的根本原因，同时也澄清了社会对道教文化资源开发及产业化的模糊认识。本文还在现有相关问题研究的基础上就理顺道教文化资源管理体制，强化政府规制，明确道教文化资源产权，建立东、中、西部道教文化资源开发及产业化区域性合作，推动道教文化产品和服务"走出去"等问题提出了多种建议。

综上所述，本文仅仅就中国道教文化资源开发及产业化问题的专题研究开了一个头，对于巨大的道教文化资源这个"大矿"，本文也只是抛砖引玉。笔者期待更系统、更深层次及多方位、多视角的研究能够继续下去，从而为复兴中华传统文化、为在市场经济条件下的道教文化资源可持续发展尽微薄之力。

参考文献

[1] 〔英〕亚当·斯密:《国富论》,唐日松等译,华夏出版社,2005。

[2] 〔美〕保罗·A. 萨缪尔森、威廉·D. 诺德豪斯:《经济学(第十四版)》,首都经济贸易大学出版社,1996。

[3] 〔英〕庇古:《福利经济学》,金镝译,华夏出版社,2007。

[4] 〔美〕埃里克·弗鲁博顿、〔德〕鲁道夫·芮切特:《新制度经济学》,姜建强、罗长远译,格致出版社、上海三联书店、上海人民出版社,2006。

[5] 〔美〕皮得·戴蒙德、汉努·瓦蒂艾宁:《行为经济学及其应用》,贺京同译,中国人民大学出版社,2011。

[6] 费方域:《企业的产权分析》,上海人民出版社,2006。

[7] 史忠良:《新编产业经济学》,中国社会科学出版社,2007。

[8] 〔美〕丹尼斯·W. 卡尔顿、杰弗里·M. 佩洛夫:《现代产业组织》,中国人民大学出版社,2009。

[9] 陈鼓应:《老子今注今译》,商务印书馆,2003。

[10] 陈鼓应、赵建伟:《老周易今注今译》,商务印书馆,2005。

[11] 〔德〕马克斯·韦伯:《新教伦理与资本主义精神》,阎克文译,上海人民出版社,2010。

[12] 林惠祥:《文化人类学》,商务印书馆,2011。

[13] 胡惠林:《文化产业发展与中国文化变革(1998~2008)》,上海人民出版社,2009。

[14] 魏民:《试论风景名胜资源价值》,《中国园林》2003年第3期。

[15] 卿希泰主编《中国道教思想史》，人民出版社，2009。
[16] 申维辰：《评价文化：文化资源评估与文化产业评价研究》，山西教育出版社，2004。
[17] 陈富良：《规制政策分析：规制均衡的视角》，中国社会科学出版社，2004。
[18] 叶郎：《中国美学史大纲》，上海人民出版社，2008。
[19] 胡郁青：《中国古代音乐美学简论》，西南师范大学出版社，2007。
[20] 王杰主编《领导干部国学大讲堂（国道篇）》，中共中央党校出版社，2011。
[21] 杨玉辉：《中华养生学》，重庆出版社，2011。
[22] 王天玺：《文化经济学》，云南人民出版社，2010。
[23] 顾江：《文化遗产经济学》，南京大学出版社，2009。
[24] 胡惠林、李康化：《文化经济学》，书海出版社、山西人民出版社，2006。
[25] 胡惠林：《文化产业学》，高等教育出版社，2006。
[26] 顾江：《文化产业经济学》，南京大学出版社，2007。
[27] 陈雅岚：《文化遗产经营权问题研究》，《江西社会科学》2011年第9期。
[28] 盖建民：《汉魏两晋南北朝道教的科技思想》，人民出版社，2009。
[29] 张松辉译注《抱朴子内篇》，中华书局，2011。
[30] 詹石窗等：《汉代道教思想体系的初步建构》，载《中国道教思想史》，人民出版社，2009。
[31] 盖建民：《道教医学》，宗教文化出版社，2001。
[32] 张晓：《自然文化遗产资源管理体制研究》，社会科学文献出版社，2006。
[33] 杨丽霞：《道教神仙文化遗产旅游资源开发研究》，《中南民族大学学报》2004年第8期。
[34] 毛丽娅：《道教文化旅游资源优势分析与深度开发》，《西南民族大学学报》2010年第12期。
[35] 张香风：《龙虎山道教文化与旅游发展》，江西师范大学硕士学位论

文，2003 年 5 月。

[36] 陈雅岚：《论宗教文化遗产资源的政府规制》，《云南社会科学》2012 年第 2 期。

[37] 蔡尚伟、温洪泉等：《文化产业导论》，复旦大学出版社，2006。

[38] 李岚清：《中国近代音乐笔谈》，高等教育出版社，2009。

[39] 冯梅：《中国文化创意产业发展问题研究》，经济科学出版社，2009。

[40] 牟钟鉴：《道家、道教与中国文化》，载王杰主编《领导干部国学大讲堂》，中共中央党校出版社，2011。

[41] 徐行言：《中西文化比较》，北京大学出版社，2004。

[42] 彭自强：《宗教学概论》，宗教文化出版社，2010。

[43] 国家宗教局教研中心：《当代世界宗教问题》，宗教文化出版社，2007。

[44] 赖永海：《中国佛教文化论》，中国人民大学出版社，2007。

[45] 许嘉璐：《打造文化强国从身边做起》，《凤凰周刊》2012 年第 3 期。

[46] 王作安：《发挥宗教界在文化建设中的积极作用》，《人民日报》2011 年 12 月 16 日。

[47] 许嘉璐：《促进道教道学的国际化》，《中国宗教》2011 年第 11 期。

[48] 梁漱溟：《人生的三路向——宗教、道德与人生》，当代中国出版社，2010。

[49] 叶小文：《宗教问题——怎么看怎么办》，宗教文化出版社，2007。

[50] 裘士京：《试论中国文化的特性》，《安徽大学学报》1999 年第 2 期。

[51] 叶郎：《美学原理》，北京大学出版社，2009。

[52] 张金涛：《中国龙虎山天师道》，江西人民出版社，2010。

[53] 范正义：《民俗八神——扬善止恶的象征》，宗教文化出版社，2009。

[54] 张崇富：《济世度人——八仙传说及其启示》，宗教文化出版社，2010。

[55] 孙亦平：《道教文化》，南京大学出版社，2009。

[56] 杨波：《阁皂山的历史文化及其旅游发展》，江西师范大学硕士学位

论文，2007。

[57] 任宗权：《道教科仪概览》，宗教文化出版社，2006。

[58] 盖建明：《试论道教"三元延寿"养生思想及其现代意义》，《湖南大学学报》（社会科学版）2006年第7期。

[59] 黄键：《隐仙风范——张三丰传奇》，宗教文化出版社，2012。

[60] 上海城隍庙、香港蓬瀛仙馆：《拜太岁》，宗教文化出版社，2010。

[61] 袁康就：《钟吕内丹道德观研究》，宗教文化出版社，2005。

[62] 卿希泰、唐大潮：《道教史》，凤凰出版传媒集团、江苏人民出版社，2006。

[63] 刘海燕、郭丹：《闽台客家宗教与文化》，福建人民出版社，2009。

[64] 黄永锋：《道教饮食养生指要》，宗教文化出版社，2007。

[65] 吴逢辰：《江南第一衙——浮梁县署》，江西人民出版社，2002。

[66] 冯先铭：《中国陶瓷》，上海古籍出版社，2001。

[67] 浮梁县地方志编委会：《浮梁县志》，方志出版社，2009。

[68] 樊光春：《西北道教史》，商务印书馆，2010。

[69] 孔令宏、韩松涛：《江西道教史》，中华书局，2011。

[70] 熊传薪、游振群：《长沙马王堆汉墓》，生活·读书·新知三联书店，2006。

[71] 卿希泰主编《中国道教史》，四川人民出版社，1996。

[72] 张晓：《自然文化遗产资源管理体制研究》，社会科学文献出版社，2006。

[73] 王云龙：《依托自然文化遗产发展旅游业的资源配置问题研究》，《江西财经大学学报》2004年第2期。

[74] 马梅：《公共产品悖论——国家旅游产品市场分析》，《旅游学刊》2003年第4期。

[75] 林毅夫：《关于制度变迁的经济学理论：诱致性变迁与强制性变迁》，格致出版社、上海三联书店、上海人民出版社，1991。

[76] 桑玉强、郑根立、靳旭燕：《武当山旅游经济特区对嵩山景区管理的启示》，《河南职业旅游学院学报》2011年第8期。

[77] 赵刚、肖欢：《国家软实力：超越经济和军事的第三种力量》，新世

界出版社，2010。

[78] 陈雅岚：《发展文化产业需要不断创新》，《当代江西》2012年第1期。

[79] 林毅夫：《再论制度、技术与中国农业发展》，北京大学出版社，2003。

[80] 谢茹：《国家风景名胜区经营权研究》，人民出版社，2006。

[81] 依绍华：《对景区门票涨价热的冷思考》，《价格理论与实践》2005年第1期。

[82] 刘元春：《依法惩戒"借佛敛财"》，《中国宗教》2012年第10期。

[83] 刘稚、王亚南、董棣：《发展人文经济 面向东盟开放》，云南大学出版社，2005。

[84] 伏来旺：《我看内蒙古》，内蒙古人民出版社，2012。

[85] 乐后圣：《21世纪黄金产业——文化产业经济浪潮》，中国社会出版社，2000。

[86] 程恩富：《文化经济学通论》，上海财经大学出版社，1999。

[87] 马萱：《我国区域文化产业竞争力研究》，社会科学文献出版社，2011。

[88] 刘灿：《我国自然资源产权制度构建研究》，西南财经大学出版社，2009。

[89] 《龙虎山志》，江西科学技术出版社，2007。

[90] 上海社会科学院文化产业研究中心：《文化产业集聚发展战略研究》，载《国家文化产业课题研究报告（2009年度）》，云南大学出版社，2010。

[91] 联合国开发计划署：《2004年人类发展报告：当今多样化世界中的文化自由》，中国财政经济出版社，2004。

[92] 联合国教科文卫组织：《旅游、文化与可持续发展》2006年英文版。

[93] 骆玉安：《关于实施中华文化走出去战略的思考》，《殷都学刊》2007年第2期。

[94] 黄向阳：《中华文化"走出去"的认同基础》，《传承》2008年第6期。

[95] 陈正良：《中国"软实力"发展战略》，人民出版社，2008。
[96] 李嘉珊、杨嫔秋：《文化贸易：中国文化"走出去"的理性选择》，载《中国对外文化贸易年度报告（2010）》，北京大学出版社，2011。
[97] 陈和塬、陈凌：《武当丹道修炼》，社会科学文献出版社，2011。
[98] 吴敦序：《中医基础理论》，上海科技出版社，1995。
[99] 刘红：《当代道教音乐的回顾与展望》，《中国道教》2006年第6期。
[100] 周南：《要钱还是要命〈道德经〉的启示》，北京大学出版社，2012。
[101] 保继刚、陈云美：《宗教旅游开发研究》，《热带地理》1996年第16期。
[102] 恒占伟：《我国佛教文化旅游开发问题和误区》，《沧桑》2009年第4期。
[103] 林少春：《继承发扬禅宗优秀》，《中国宗教》2012年广东专刊。
[104] 陈卫华：《对佛教文化旅游事业发展的思考》，《法音》2012年第11期。
[105] 浦亨强：《道教音乐养生功能论略》，《中国音乐》2003年第4期。
[106] 李娜：《中国道教旅游营销策略研究》，《商业营销》2011年第7期。
[107] 卢世菊：《中国道教旅游资源及其开发研究》，《北方经贸》2001年第11期。
[108] 甘筱青：《庐山文化大观》，江西人民出版社，2009。
[109] 〔美〕迈克尔·詹森：《企业理论》，童英译，上海财经大学出版社，2008。
[110] 马耀鹏：《制度与路径》，人民出版社，2010。
[111] 南怀瑾：《老子他说》，复旦大学出版社，2011。
[112] 南怀瑾：《庄子南华经》，上海人民出版社，2007。
[113] 南怀瑾：《论语别裁》，复旦大学出版社，2012。
[114] 南怀瑾：《孟子旁通》，复旦大学出版社，2007。
[115] 南怀瑾：《黄帝内经与生命科学》，东方出版社，2008。

[116] 南怀瑾：《我说参同契》，东方出版社，2009。

[117] 南怀瑾：《漫谈中国文化》，东方出版社，2008。

[118] 王岳川、胡淼森：《文化战略》，复旦大学出版社，2010。

[119] 程宗锦：《洞天福地——江西道教名山》，百花洲文艺出版社，2002。

[120] 梁思成：《中国建筑史》，生活·读书·新知三联书店，2011。

[121] 程圩：《文化遗产旅游价值认知的中西方差异研究》，陕西师范大学博士学位论文，2009。

[122] 费方域：《企业的产权分析》，上海人民出版社，2006。

[123] 胡孚琛：《道学通论》，社会科学文献出版社，2009。

[124] 陈撄宁：《道教与养生》，华文出版社，2000。

[125] 饶宗颐：《文化之旅》，中华书局，2011。

[126] 〔美〕爱德华·霍尔：《无声的语言》，何道宽译，北京大学出版社，2010。

[127] 许抗生：《佛教的中国化》，宗教文化出版社，2008。

[128] 〔美〕塞缪尔·亨廷顿、劳伦斯·哈里森主编《文化的重要作用》，程克雄译，新华出版社，2010。

[129] 詹石窗：《道教与女性》，宗教文化出版社，2010。

[130] 罗伟国：《中国道观》，上海古籍出版社，2009。

[131] 王谋寅：《道教与中国传统法律文化》，中国政法大学博士学位论文，2009。

[132] 林西郎：《唐代道教管理制度研究》，四川大学博士学位论文，2005。

[133] 胡锐：《道教宫观文化研究》，四川大学博士学位论文，2003。

[134] 杨帆：《青城山旅游发展战略研究》，西南财经大学硕士学位论文，2009。

[135] 吴保春：《龙虎山天师府建筑思想研究》，厦门大学硕士学位论文，2009。

[136] 潘新萍：《武当山旅游经济突破性发展研究》，华中师范大学硕士学位论文，2002。

[137] 何鑫：《云南道教建筑特色及其文化研究》，昆明理工大学硕士论

文，2010。

[138] 杨朝明、宋立林：《孔子文化十五讲》，山东人民出版社，2010。

[139] 满义：《星云模式的人间佛教》，天下远见出版股份有限公司，2010。

[140] 袁志鸿：《鸿爪雪泥》，社会科学文献出版社，2013。

[141] 国家宗教局政策法规司：《宗教政策法规选编》，宗教文化出版社，2012。

[142] 潘雨廷：《道藏书目提要》，上海古籍出版社，2003。

[143] 陈莲生：《陈莲生文集》，上海辞书出版社，2008。

[144] 仲富兰、何华湘：《越地非物质文化遗产综论》，人民出版社，2010。

[145] 陈鼓应：《道家的人文精神》，中华书局，2012。

[146] 吴炳志：《澳门道教科仪音乐》，澳门道教协会，2011。

[147] 南怀瑾：《中国佛教发展史略》，复旦大学出版社，1996。

[148] 齐涛：《中国古代经济史》，山东大学出版社，2007。

[149] 董沛文：《方壶外史》，宗教文化出版社，2010。

[150] 赵文：《宗教行为与心理治疗》，宗教文化出版社，2008。

[151] 叶至明：《庐山道教初编》，华文出版社，2000。

[152] 李墨丝：《非物质文化遗产保护国际法制研究》，法律出版社，2009。

[153] 叶郎：《中国文化产业发展报告》，北京大学出版社，2010。

[154] 袁志鸿：《思问晓録》，宗教文化出版社，2013。

[155] 王建、丁武军：《江西历史旅游文化资源开发——理论与实践》，人民日报出版社，2006。

[156] 马福平、马泽锋：《穆斯林商道》，民族出版社，2010。

[157] NESTA Research Report, *Creating growth: How the UK can Develop worldclass creative business*, 2007.

[158] Bradford City of Film Project Team, *Bradford City of Film*, August 2008.

致　谢

　　古代禅宗有两句话："一片白云横谷口，几多归鸟尽迷巢。"在读博期间，每天都在品味中华文化之大美，"玄鉴""自然""心斋""坐忘"……也有一团团"断素""零纨""剑气"……还有"浪花有意千里雪，桃李无言一队春。一壶酒，一竿身，世上如侬有几人？"……现在，窃以为中华文化才是最美的。

　　中华传统文化，无论是儒家、佛家，还是道家，都是建立在对自己生命认识的基础上，使生命成为智慧，从而使生命得到改造和解放。道教文化长期积累所形成的资源蕴含着生命的智慧，发现人的生命价值在自己——"我命在我不在天"，解决生命价值的权力在自己手中，人可以用自己的力量，打破种种困难，来提升生命的价值，这是中国道教文化资源对人类世界的巨大贡献。我能够完成这篇具有原创性兼具挑战性的论文，得益于中华传统文化的滋养，得益于道教文化资源深厚价值的存在，得益于众多好人、高人、友人、亲人的帮助，他（她）们是我的福星！

　　感谢这个伟大的时代。读书的确很苦，但品味古典文化的清香又是一种快乐而奇妙的境界。"不须计较苦劳心，读书原来有乐趣"，这种苦中有乐的境界的确很微妙，值得回味！借用法国作家雨果的一段话："世上有一种东西比所有的军队都更强大，那就是，恰逢其时的一种理想。"我是幸运的，因为我们恰逢其时，我们处在一个高度关注和以多种视角观察"文化重要性"的时代！选择"中国道教文化资源开发及产业化"这个命题就是期望唤醒人们注意到道教文化资源作为中国民族传统文化正在流失以至于消失的危险，剥开宗教外衣反观道教文化资源的深厚价值对时代的影响力。

感谢智者型的导师廖进球。有幸在不惑之年攻读博士学位,我最感激的是导师廖进球老师。导师不仅给了我学习深造的机会,更让我懂得许多做学问、做人、做事业的道理。导师善良的品行,严谨的风格,深厚的学识,足够一生学习。如何用西方建立的才几百年的经济学理论来阐释几千年的中国道教文化资源价值,对我来说,这是一个极大的挑战,而且意味着没有多少资料可以借鉴。然而,导师的鼓励和指点,使我有了动力和后盾,导师在行政与教学双肩挑、事务极其繁忙的情况下,从论文题目的斟酌、论文框架的结构、结论的精确提炼、建议的政策意义等多方面,从一稿到三稿,反反复复提出修改意见,并且按时让我顺利毕业。最后我的博士学位论文获得好评。正如在论文通讯盲审时,有一位不知名的评阅老师说:"该论文立足于中国道教文化资源开发及产业化的角度研究中国文化产业发展,选题具有重大的现实应用价值,论文从产业经济学的视角认识和评估道教文化资源的经济价值,提出了中国道教文化资源开发及产业化的模式,填补了学术空白,具有原创性。"我自己对论文不敢有太高的期望,自评分是81分,但让我没有想到的是,在论文盲审时老师都给了我85分以上。在论文答辩时,更让我没有想到的是,5位省内外产业经济学专家不仅对中国传统文化有浓厚的兴趣,并且对佛道文化都有深入的研究,他们提出的9个问题极具专业性和挑战性,使我既紧张又兴奋,专家、老师的包容、善意与肯定,让我顺利过关。

感谢这些负责任的专家和老师。中国社会科学院张晓研究员,她是我国研究自然与文化遗产的专家。我们素不相识,我拜读了她的许多专著,通过书和中国社会科学院张昕竹老师的介绍,我认识了她。第一次在北京相见时,她就对我的研究方向非常感兴趣,鼓励我认真思考,还亲自对我的论文选题思路进行梳理;张昕竹研究员则从文化遗产资源的利用、政府规制的角度对我的论文提出了许多宝贵意见;江西财经大学卢福才教授启发我从文化资源价值的角度去构思论文并"逼"我走上讲台去讲课;李良智教授利用其深厚的产业组织理论启发我对道教文化资源规模化开发的模式进行思考,这不仅有利于保护和传承道教文化资源,还能产生一定的规模效益;还要感谢江西财经大学史忠良教授、陈富良教授、方宝璋教授、陶长琪教授、许统生教授、聂高辉教授、匡翠坚教授、吴昌南教授及其他任课老师的释疑解惑以及对我经常"逃课"的宽容；感谢刘小瑜教授、王自力教授、张孝锋教授在论文开题时给予的指导和帮助；香港中文大学道教文化研究室主任黎志添教授、国家宗教局一司刘威博士、《中国宗教》胡绍皆博士、中国道教协会尹志华博士在论文写作过程中给予了许多鼓励和启发。

感谢这一群热心的朋友。云南社会科学院道教研究所研究员萧霁虹女士为我在云南的道教文化资源考察和学习提供了许多帮助；陕西八仙宫的胡诚林道长提供许多方便，使我在华山、终南山等地的道教文化调研工作很顺利；香港蓬瀛道乐团团长、上海音乐学院教授刘红先生在道教音乐方面为我指点迷津；国家宗教局佟玲女士，特意到宗教文化出版社找资料，从北京邮寄一大包道教文化方面的书籍；澳门道教协会会长吴炳志先生专门托人从澳门给我带来了一套完整的澳门道教音乐文化的资料；中华台湾道教团体联合总会理事长刘美德女士及其儿子吴国本先生（台湾实践大学学生），他们为我提供多次赴台机会并联系到台湾的许多道教宫观考察、学习；新加坡道教协会会长李至旺道长、马来西亚道教协会会长陈和章道长为我提供机会和方便在两国道教宫观调研；北京东岳庙袁志鸿道长和马建勋道长、武汉大道观住持伍宗权道长、绍兴大香林旅游开发公司潘建国先生、樟树阁皂山旅游开发公司卢超英先生、北京市龙泉寺住持学成法师、北京市潭柘寺住持常道法师、江西财经大学图书馆周子剑先生、江西财经大学党委办公室副主任郑威先生、江西财经大学产业经济研究院周志红女士、鹰潭市编制办左真香女士以及和我一起学习的同学谢娟娟、尹飞宵、郭馨梅也给了我许多帮助和关照，在此一一表示谢意。

瞧这一家子。我的先生是大学中文老师，为让我更好地理解道教文化的内涵，读博期间，为我"恶补"了古文、文学、诗词，他还是一本"活字典"，阅读道教经典时不认识的字、不理解的义，立马能得到答案，还有他也不认识的古字、古文，他就查阅《康熙字典》《辞源》；儿子戴源在上海读大学，虽然不在一起，但通常是接受我的遥控"指挥"，他是我的计算机和英语"老师"，还是我论文写作的助手。他利用假期到四川、尼泊尔、越南等地区和国家考察时，总不忘为我带点儿道教文化、佛教文化方面的图片资料并送上远方的鼓励，我们一起分享写作的

"美味"和"苦涩"。

特别要感谢的是，中国社会科学院世界宗教研究所道教文化研究室主任王卡研究员在百忙中欣然为本书作序，奖掖后学，勖勉有加，令我十分感动；还有江西省社会科学界联合会将本书纳入"江西省哲学社会科学成果文库"并全额资助出版；社会科学文献出版社周琼、贾晓明责任编辑的字斟句酌，以及为本文出版提供无私帮助的老师、朋友、领导和同事，没有他们这本书不可能顺利完成和如愿出版。

图书在版编目(CIP)数据

中国道教文化资源开发及产业化/陈雅岚著.—北京:社会科学文献出版社,2015.5
（江西省哲学社会科学成果文库）
ISBN 978-7-5097-6557-9

Ⅰ.①中… Ⅱ.①陈… Ⅲ.①道教-宗教文化-资源开发-研究-中国 ②道教-宗教文化-文化产业-产业发展-研究-中国 Ⅳ.①B958 ②G124

中国版本图书馆 CIP 数据核字（2014）第 224496 号

·江西省哲学社会科学成果文库·
中国道教文化资源开发及产业化

著　　者 / 陈雅岚

出 版 人 / 谢寿光
项目统筹 / 王　绯　周　琼
责任编辑 / 贾晓明　周　琼

出　　版 / 社会科学文献出版社·社会政法分社（010）59367156
　　　　　 地址：北京市北三环中路甲29号院华龙大厦　邮编：100029
　　　　　 网址：www.ssap.com.cn

发　　行 / 市场营销中心（010）59367081　59367090
　　　　　 读者服务中心（010）59367028

印　　装 / 三河市尚艺印装有限公司

规　　格 / 开　本：787mm×1092mm　1/16
　　　　　 印　张：16　字　数：244千字

版　　次 / 2015年5月第1版　2015年5月第1次印刷

书　　号 / ISBN 978-7-5097-6557-9

定　　价 / 68.00元

本书如有破损、缺页、装订错误，请与本社读者服务中心联系更换

▲ 版权所有 翻印必究